中华现代学术名著丛书

当代中国社会学

孙本文 著

商务印书馆
创于1897
The Commercial Press

图书在版编目(CIP)数据

当代中国社会学/孙本文著. —北京:商务印书馆,2011(2022.3 重印)
(中华现代学术名著丛书)
ISBN 978-7-100-08444-4

Ⅰ.①当… Ⅱ.①孙… Ⅲ.①社会学学派—中国 ②社会学史—中国 Ⅳ.①C91-092

中国版本图书馆 CIP 数据核字(2011)第 126005 号

本书据胜利出版公司 1948 年版排印

中华现代学术名著丛书
当代中国社会学
孙本文 著

商 务 印 书 馆 出 版
(北京王府井大街36号 邮政编码100710)
商 务 印 书 馆 发 行
北 京 通 州 皇 家 印 刷 厂 印 刷
ISBN 978-7-100-08444-4

2011 年 11 月第 1 版　　开本 880×1240 1/32
2022 年 3 月北京第 2 次印刷　　印张 11¼ 插页 1

定价:88.00 元

孙 本 文

(1892—1979)

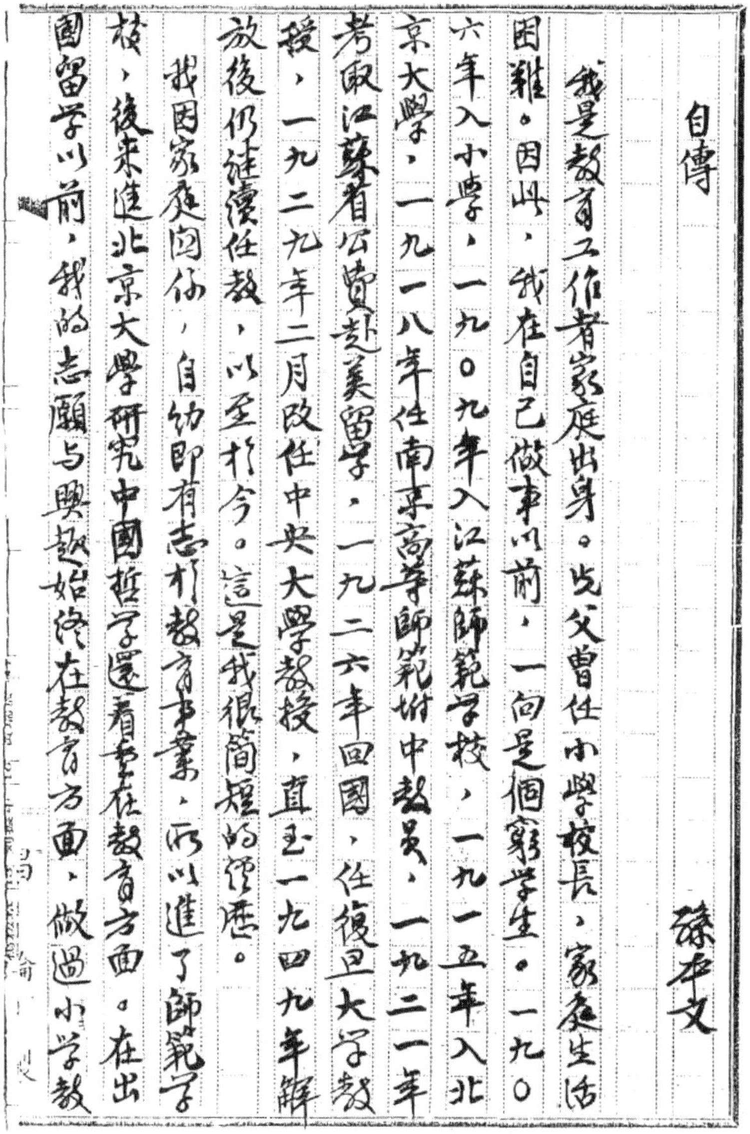
自傳

孫本文

我是教育工作者家庭出身。先父曾任小學校長，家庭生活困難。因此，我在自己做事以前，一向是個窮学生。一九〇六年入小學，一九〇九年入江蘇師範学校，一九一五年入北京大學，一九一八年任南京高等師範附中教員，一九二一年考取江蘇省公費赴美留学，一九二六年回國，任復旦大学教授，一九二九年二月改任中央大學教授，直至一九四九年解放後仍繼續任教，以至於今。這是我很簡短的經歷。

我因家庭關係，自幼即有志於教育事業，所以進了師範学校，後來進北京大學研究中國哲学，還看重在教育方面。在出國留学以前，我的志願与興趣始終在教育方面，做過小学教

作者手迹

出版说明

百年前，张之洞尝劝学曰："世运之明晦，人才之盛衰，其表在政，其里在学。"是时，国势颓危，列强环伺，传统频遭质疑，西学新知亟亟而入。一时间，中西学并立，文史哲分家，经济、政治、社会等新学科勃兴，令国人乱花迷眼。然而，淆乱之中，自有元气淋漓之象。中华现代学术之转型正是完成于这一混沌时期，于切磋琢磨、交锋碰撞中不断前行，涌现了一大批学术名家与经典之作。而学术与思想之新变，亦带动了社会各领域的全面转型，为中华复兴奠定了坚实基础。

时至今日，中华现代学术已走过百余年，其间百家林立、论辩蜂起，沉浮消长瞬息万变，情势之复杂自不待言。温故而知新，述往事而思来者。"中华现代学术名著丛书"之编纂，其意正在于此，冀辨章学术，考镜源流，收纳各学科学派名家名作，以展现中华传统文化之新变，探求中华现代学术之根基。

"中华现代学术名著丛书"收录上自晚清下至20世纪80年代末中国大陆及港澳台地区、海外华人学者的原创学术名著（包括外文著作），以人文社会科学为主体兼及其他，涵盖文学、历史、哲学、政治、经济、法律和社会学等众多学科。

出版“中华现代学术名著丛书”，为本馆一大夙愿。自1897年始创起，本馆以“昌明教育，开启民智”为己任，有幸首刊了中华现代学术史上诸多开山之著、扛鼎之作；于中华现代学术之建立与变迁而言，既为参与者，也是见证者。作为对前人出版成绩与文化理念的承续，本馆倾力谋划，经学界通人擘画，并得国家出版基金支持，终以此丛书呈现于读者面前。唯望无论多少年，皆能傲立于书架，并希冀其能与“汉译世界学术名著丛书”共相辉映。如此宏愿，难免汲深绠短之忧，诚盼专家学者和广大读者共襄助之。

商务印书馆编辑部

2010年12月

凡　例

一、"中华现代学术名著丛书"收录晚清以迄20世纪80年代末，为中华学人所著，成就斐然、泽被学林之学术著作。入选著作以名著为主，酌量选录名篇合集。

二、入选著作内容、编次一仍其旧，唯各书卷首冠以作者照片、手迹等。卷末附作者学术年表和题解文章，诚邀专家学者撰写而成，意在介绍作者学术成就，著作成书背景、学术价值及版本流变等情况。

三、入选著作率以原刊或作者修订、校阅本为底本，参校他本，正其讹误。前人引书，时有省略更改，倘不失原意，则不以原书文字改动引文；如确需校改，则出脚注说明版本依据，以"编者注"或"校者注"形式说明。

四、作者自有其文字风格，各时代均有其语言习惯，故不按现行用法、写法及表现手法改动原文；原书专名（人名、地名、术语）及译名与今不统一者，亦不作改动。如确系作者笔误、排印舛误、数据计算与外文拼写错误等，则予径改。

五、原书为直（横）排繁体者，除个别特殊情况，均改作横排简体。其中原书无标点或仅有简单断句者，一律改为新式标点,专名号从略。

六、除特殊情况外,原书篇后注移作脚注,双行夹注改为单行夹注。文献著录则从其原貌,稍加统一。

七、原书因年代久远而字迹模糊或纸页残缺者,据所缺字数用“□”表示;字数难以确定者,则用“(下缺)”表示。

目　　录

序 ………………………………………………………………… 1
凡例 ……………………………………………………………… 2
第一章　绪论 …………………………………………………… 3

上编　中国社会学的起源与发展

第二章　中国社会学的萌芽 ………………………………… 9
第三章　普通社会学的研究 ………………………………… 23
第四章　社会进化与社会变迁的研究 ……………………… 64
第五章　社会问题的研究 …………………………………… 83
第六章　社会心理学的研究 ………………………………… 125
第七章　社会思想与社会学史的研究 ……………………… 140
第八章　农村社会学与都市社会学的研究 ………………… 155
第九章　社会学方法的研究 ………………………………… 168
第十章　社会事业与社会行政的研究 ……………………… 188
第十一章　其他社会学研究 ………………………………… 197
第十二章　实地调查的推广与发达 ………………………… 221
第十三章　社会学课程的扩充与专系的设置 ……………… 235
第十四章　社会学团体组织与刊物的发行 ………………… 241

下编　中国社会学的流派及其特点

第十五章　注重社会的心理因素者 …………………………… 252
第十六章　注重社会的文化因素者 …………………………… 257
第十七章　注重社会的生物因素者 …………………………… 264
第十八章　注重社会的经济因素者 …………………………… 267
第十九章　注重社会整体或综合的观察者 ………………… 270
第二十章　注重社会问题的研究者 …………………………… 280
第二十一章　注重社会实地研究者 …………………………… 289
第二十二章　结论——回顾与前瞻 …………………………… 292

附录

一、中国社会学重要文献分类简表 …………………………… 300
二、中国各大学社会学教授姓氏录 …………………………… 317

孙本文先生学术年表 ………………………………… 陆　远 321
孙本文与20世纪上半叶的中国社会学 ……………… 周晓虹 328

序

本书讨论当代中国社会学,似应限于现时中国流行的社会学;但现时流行的社会学是由过去社会学演进而来,不有过去,何有现在!而况中国社会学自从西洋传入以来,甫逾50年,凡奠定中国早期社会学的基础之人,都是当代学者。因此,本书虽名为"当代社会学",实则无异一部中国社会学简史。全书分为上下两编:上编采分题讨论法,除综述社会学的起源外,乃就普通社会学、社会进化与社会变迁、社会问题、社会心理学、社会思想、社会学史、农村社会学与都市社会学、社会学方法、社会事业与社会行政及其他社会学研究等部门,分叙自初期以来发展的状况,并及社会实地研究、社会学课程,社会学团体组织等项。下编采分派讨论法,就现时各家的研究重心与兴趣所在,分述注重心理、文化、生物、经济诸因素,以及综合观察、社会问题与社会实地研究等趋向。最后综述过去状况,瞻望未来发展,对中国社会学的前途抱无限希望。

本书内容,著作与人物并重,虽自知遗漏必多,但重要者略具于此。初学之人读之,可知前辈学者的学术造诣与研究精神,或可因此感发而兴起乎?则著者企予望之矣。是为序。

民国三十七年二月一日吴江孙本文撰

时在南京国立中央大学任教第二十年

凡　例

一、本书以叙述纯正的社会学理论与应用各部门为主，凡涉及宣传性质的作品，概未列入。

二、本书认为已往所出社会史一类著作，应属于历史部门而不属于社会学，故书中未经论及。

三、本书认为唯物史观的著作不属于纯正的社会学，故凡从此种史观所编的书籍，概从割爱。

四、本书所论各家著作，仅就著者涉猎所及，或认为比较重要者列举之。初无轩轾于其间，如有遗漏或过于简略之处，至祈谅宥。末附重要文献分类简表，略加扩充，藉备查考。

五、本书可与拙著《近代社会学发展史》（商务印书馆三十六年一月初版）配合阅读，俾明了中西社会学发展的关系。

六、本书编著时，除在本校图书馆参考外，并承国立中央图书馆、国立中央研究院社会研究所图书室、社会部图书室，概予借阅图书，使本书得以完成，均应于此志谢。

第一章　绪论

在中国古代典籍中可以发见不少片断的科学智识，但是严格的近代科学，则发源于西洋。自然科学如此，社会科学亦然。中国古代并无社会学，社会学是近代西洋的产物。1830 年，法国哲人孔德(Auguste Comte)出版其名著《实证哲学》第一册，力言：社会现象必须有独立的研究，以别于其他科学。此项研究氏称之为“社会物理学”。及 1838 年，在《实证哲学》第四册中，始创“社会学”的学名。“社会学”一词的法文原名为“Sociologie”，是合拉丁文“Socius”与希腊文“Logos”两词而成。“Socius”意即社会中的个人，“Logos”意即科学；合而言之，即含有社会的科学之义。从此，“社会学”之名逐渐传至世界各国。可见社会学自诞生以来，不过一百十余年，至其传入中国，则甫逾 50 年。在 50 年以前，不仅中国不知有社会学，即世界各国，除极少数专门学者外，亦不为一般人士所注意。当此时期，世界上以社会学著名的学者，寥寥可数；而其脍炙人口的重要著作，亦不过十余种。今列举如下：

一、孔德的《实证哲学》(Auguste Comte：*Cours de Philosophie Positive*，6 Volumes，1830—1842)

二、斯宾塞的《社会静学》(Herbert Spencer：*Social Statics*，1850)

三、斯宾塞的《社会学研究》(*The Study of Sociology*，1873)

四、斯宾塞的《社会学原理》(*Principles of Sociology*,3 Volumes,1876—1896)

五、华特的《动态社会学》(Lester F. Ward:*Dynamic Sociology*,1883)

六、杜尼士的《社区与社团》(F. Tönnies:*Gemeinschaft und Gesellschaft*,1889)

七、谢富尔的《社会团体的构造与生命》(A. Schaffle:*Bauund Leben des Sozialen Körpers*,1875—1881,4 Volumes)

八、甘博维的《社会学基础》(L. Gumplowicz:*Grundriss des Soziologie*,1885)

九、涂尔干的《社会分工论》(E. Durkheim:*De La division du travail Social*,1893)

十、涂尔干的《社会学方法论》(*Les regles de la methode Sociologie*,1893)

十一、戴基甫的《社会学导论》(G. De Greef:*Introduction ala Sociologie*,2 Volumes,1886—1889)

十二、司马尔与文信德的《社会研究绪论》(A. W. Small & G. Vincent:*An Introduction to the Study of Society*,1894)

十三、葛德的《社会进化论》(B. Kidd:*Social Evolution*,1894)

十四、季廷史的《社会学原理》(F. H. Giddings:*Principles of Sociology*,1896)

大概在1896年以前的50年中,社会学的发展甚为迟缓。上面所举的寥寥数人,即为当时世界各国社会学舞台上的主要人物,而其中尤以斯宾塞为中心。斯氏在此四五十年中,陆续发表其大量著作,使各国学者对社会学的研究,渐感兴趣,其影响尤大。

各国社会学的发展，只是这50年以来之事，而我国社会学自50年前输入以来，亦有渐趋发达的倾向。这正是世界各国共同的潮流。

本书编著的目的，即在将中国社会学自输入以来的发展情形，予以简略的叙述。

第一，使初学之人明了中国社会学的起源与发展的经过状况。一方面可以知道，前辈社会学者如何筚路蓝缕开辟社会学研究的道路，以及他们努力探讨的精神；另一方面也可以知道，中国社会学发展迟缓的原因及其现状，俾与各国比较，藉知中国社会学尚需积极推进，及后辈学者责任的重大。

第二，使初学之人能在此小册中知道中国社会学发展时期中各种译著的性质与内容，以及各位社会学者的学历景况，藉以明白中国社会学思想的来历及其流派。

本书著者初习社会学系在距今32年之前，而在近27年中尤专心研究未敢一日懈怠。中国社会学比较发达的时期，只在近二十余年中。著者始终参加这二十余年以来的社会学运动；比较对社会学有贡献的学者无不相熟，他们的个性与造诣大体上知道得还清楚。具有这样的历史基础，很忠实地把所知道的中国社会学发展状况，编成一部中国社会学简史，似乎值得每一个中国社会学者的注意。

本书内容分为上下两编：上编叙述中国社会学的起源与发展，除总述社会学当初输入中国的情形外，并就普通社会学、社会进化与社会变迁、社会问题、社会心理学、社会思想与社会学史、农村与都市社会学、社会学方法、社会事业与社会行政及其他社会学等八部门，分别叙述自初期到近时的发展情形；末复分述实地调查、社会学课程、社会学团体与刊物等状况。下编论中国社会学的流派及其特点，把近时国内社会学者研究的重心与趋向，分别加以研讨，藉以明了各家的理论与造诣；末章结论，综述中国社会学的过去与未来，及其可能发展的方向。

上编　中国社会学的起源与发展

第二章　中国社会学的萌芽

中国社会学自初由西洋输入以迄清朝末年为止，可以说是萌芽时期。中国原来没有社会学这一门科学，社会学是西洋的出产，由西洋传入中国。初时仅仅传入一个学名，不久就把社会学的内容，逐译到中国来，于是中国始有社会学。起初不过极少数人为新奇之故，把西籍译成中文，社会上阅读这类新书的人，当然不多。继而订入学校课程，正式传授学生，社会学智识，始逐渐推广。兹将社会学名词的输入、内容的介绍，以及课程创设的情形，分节简述于后。

第一节　社会学名词的起源

"社会学"一词，系西文"Sociologie"或"Sociology"的译名，最初或系采自日译。据著者近时考证，各种书刊中，最先采用"社会学"一词者，当为谭嗣同的《仁学》。谭氏于前清光绪二十二年(1896)著《仁学》一书，其第一篇"仁学界说"中，有"社会学"之名。原文如下：

凡为仁学者，于佛书当通华严及心宗、相宗之书，于西书当通《新约》及算学、格致、社会学之书，于中国当通《易》、《春秋公羊传》、《论语》、《礼记》、《孟子》、《庄子》、《墨子》、《史记》及陶渊明、周茂叔、张横渠、陆子静、王阳明、王船山、黄黎洲之书。（见《谭浏阳全集》，文明书局本，第四册《仁学》，“仁学界说”廿五，第3页。）

谭氏虽在上文中仅列“社会学”之名，而未及其内容，但彼著此《仁学》，倡导仁学的理论，告学者研究仁学，必须精通社会学，可见谭氏本人，对于社会学必已有相当的认识，惜无从知其从何处学得社会学，又所学者为何家的社会学耳。

我国社会学，在初输入时，尚有“群学”或“人群学”之称。据著者所知，初用“群学”之名者，为康有为氏。康氏于清光绪十七年（1891）讲学于广州长兴里之万木草堂，号为长兴学舍。据梁启超所记，长兴学舍“教育大纲”分为学纲、学科、科外学科三类，其中学科又分为义理、考据、经世、文章四种，而经世之学中列有“群学”之名，与“政治原理学”并重。兹录其“教育大纲”中学科之部如下：

学　科			
义理之学	考据之学	经世之学	文章之学
孔学 佛学 周秦诸子学 宋明学 泰西哲学	中国经学史学 万国史学 地理学 数学 格致学	政治原理学 中国政治沿革得失 万国政治沿革得失 政治实际应用学 群学	中国词章学 外国语言文字学

按长兴学舍自光绪十七年开讲后，迄梁任公于二十三年离粤

赴湘时，已有六七年历史，其所列“群学”一门，必已开讲多年。惟不知当时所讲的内容如何？所根据的参考资料如何？学生所编的劄记如何？惜目前均已无可考证，否则大有研究价值。

其次，严复迻译斯宾塞的《社会学研究》一书，取名《群学肄言》，始于光绪二十四年（1898）；其首二篇，“砭愚”与“倡学”，即于是年在《国闻报》发表，当已用“群学”之名。光绪二十八年（1902），梁启超著《乐利主义泰斗边沁之学说》、《格致学沿革考略》和《论学术之势力左右世界》三文，均有“群学”之名。同时在《进化论革命者颉德之学说》一文中，更有“人群学”一词，与史学、政治学、生计学、宗教学、伦理学等并列。不过在该文“社会”一词下，加注“即人群”三字。是在梁氏看来，“人群学”即“社会学”。但在严氏译著中，则对“社会”与“人群”二词，加以区别。据严氏《群学肄言》的“译余赘言”中说：

> 荀卿曰：“民生而有群。”群也者，人道之所不能外也。群有数等，社会者有法之群也。
>
> 西学社会之界说曰：“民聚而有所部勒祈向者曰社会。”

又严氏所译《社会通诠》中有云：

> 社会者，群居之民，有其所同守之约束，所同蕲之境界。是故偶合之众虽多，不为社会。（见原书第 1 页。）

由此看来，严氏仅视“社会”为“人群”的一种。“群”或“人群”比“社会”为广。“群”指一般人类结合，而“社会”仅指有组织的人群而言。如此,则“群”或“人群”与“社会”既不同其大小,而严氏译斯氏的《社会学研究》为《群学肄言》,未免稍有不合。

第二节 社会学著作的介绍

上节仅指“社会学”或“群学”名称的起源,尚未论及社会学内容。其以社会学的内容介绍入中国者,当以上述严氏所译《群学肄言》的前二篇为始,时为光绪二十四年(1898)。全书至二十八年(1902)译完。严氏在该书“译余赘言”中云:

> 此译为戊戌之岁,为国闻报社成其前二篇,事会错迕,遂以中辍。辛丑乱后,赓续前译。……壬寅中,此书凡三易稿,岁暮成书。

是年杭州史学斋发行《群学》一书,即《群学肄言》中的第一章“砭愚”的全部。该书由杭州译印局印刷,末有史学斋主人识语。至光绪二十九年(1903)五月,严氏所译的《群学肄言》全稿,始由上海文明编译局以线装四册出版。该书虽系译本,但造句用词,极富文学意味,无异严氏本人著作。今举其全书16章的篇名于后,藉见一斑:

第一 砭愚(Our Need of It)
第二 倡学(Is There a Social Science?)
第三 喻术(Nature of the Social Science)

第四 知难(Difficulties of the Social Science)

第五 物蔽(Objective Difficulties)

第六 智絯(Subjective Difficulties:Intellectual)

第七 情瞀(Subjective Difficulties:Emotional)

第八 学詖(The Educational Bias)

第九 国拘(The Bias of Patriotism)

第十 流梏(The Class Bias)

第十一 政惑(The Political Bias)

第十二 教辟(The Theological Bias)

第十三 缮性(Discipline)

第十四 宪生(Preparation in Biology)

第十五 述神(Preparation in Psychology)

第十六 成章(Conclusion)

观此,严氏似为介绍西洋社会学入中国第一人。但考之成本译著,在《群学肄言》出版前一年,尚有章太炎氏所译日人岸本能武太的《社会学》。该书原著于1900年出版。中文译本系于光绪二十八年(1902)八月二十三日发行。由广智书局出版。可见中国之有成本社会学书籍,当以此书为始。而社会学正式输入中国,即当在光绪二十八年。此书分上下两册,约五万余言。其纲目如下:

甲、绪论

一、社会学之定义

二、社会学之研究法

三、社会学与其他科学之关系

四、社会学与社会学定义之异同

乙、本论

一、原人之状态

二、社会与环境之关系

三、社会起源之各种学说

四、社会发达之原理

五、社会之性质

六、社会之目的

该书有章炳麟氏“自序”一篇，可略窥全书内容及章氏对于该书的认识。该序文字优美，在社会学著作中殊属少见，诚不愧出于大文学家之手，足为早期社会学文献生色。因全录于此，藉供观摩。

社会学始萌芽，皆以物理证明，而排拒超自然说。斯宾塞尔始杂心理，援引浩穰，于玄秘淖微之地，未暇寻也。又其论议，多踪迹成事，顾鲜为后世计。盖其藏往则优，而匮于知来者。美人葛通哥斯（按即季廷史 Giddings）之言曰：社会所始，在同类意识；俶扰于差别觉，制胜于模效性，属诸心理，不当以生理术语乱之。故葛氏自定其学，宗主执意，而宾旅夫物化，其于斯氏优矣。日本言斯语者，始有贺长雄，亦主斯氏。其后有岸本氏，卓而能约，实兼取斯、葛二家。其说以社会拟有机，而曰非一切如有机。知人类乐群，亦言有非社会性。相与偕动，卒其祈向，以庶事进化，人得分职为侯度，可谓发挥通情、知微知章者矣。余浮海再东，初得其籍。独居深念，因思刘子骏有言，道家者流，出于史官。固知考迹皇古，以此先心，退藏于密，乃能斡人事而进退之。考迹皇古，谓之学胜。先心藏密，谓之理胜。然后言有与会，而非夫独应者也。岸本氏之为书，综合故言，尚乎中行，虽异于作者，然其不凝滞于物质，穷极往逝，而将有所见于方来，诚学理交胜者哉。乃料简其意，译为一编，无虑五万余言。有知化独往之士，将亦乐乎此也。壬寅六月章炳麟序。

观此可知，全书见解，大抵综合斯宾塞与季廷史二家的理论。故章氏称道岸本此书，“卓而能约，实兼取斯、葛二家”。又谓：“岸本氏之为书，综合故言，尚乎中行。”可见书中大旨。

光绪二十八年尚有日人有贺长雄原著上海广智书局译本的《族制进化论》一书，不署译者姓名，系是年六月七日发行。书内标明《增补族制进化论》，大概系根据原著的增补本编译而成。据凡例云：

此卷是《群学》之第三部也。第一部是《群体进化论》（原名《社会进化论》，今译作《群体进化论》）。第二部是《宗教进化论》。于第一部通论群体现象之大体，于第二部分析其大体，而细论其所以成之之五大本。本卷只详论族制之事，即五大本中之一也。

按日人有贺长雄于1883年著《社会学》一书，内分三部，即“社会进化论”、“宗教进化论”、“族制进化论”。此译本即其第三部，故凡例云云。所谓“族制”，即今所谓“家庭制度”。据译者序文云：

> 中国历代圣贤，言治国者必先言齐家。盖国者由家族发生也。生民之始有家族而无国，其时事物甚简，只有家族即足以保其生，及后世界进化，诸事渐繁，有非一家族可能尽者，于是国从此兴。

全书虽仅线装70页（即140面），而讨论族制进化甚备，共分3部13章47节，其部名如下：

> 第一部　族制发生篇
> 第二部　族制发达篇
> 第三部　族制盛衰篇

有贺氏的理论，大抵根据斯宾塞的《社会学原理》而以穆尔根的《古代社会》等书加以补充者。这可见十九世纪末叶斯氏社会学的影响。又此书凡例称有贺氏的《社会学》为《群学》，亦可见当时我国以"社会学"为"群学"。

光绪二十九年出版的"社会学"，除《群学肄言》而外，尚有数书可考。

一为吴建常氏所译的《社会学提纲》，系是年正月出版，译自日人市川源三之日文译本，原书为季廷史（Franklin H. Giddings）的《社会化论》（*Theory of Socialization*）乃为季氏《社会学原理》一书的"纲领"（A syllabus），与《原理》配合而专供学生应用的。故译本篇幅甚短。

二为马君武氏所译斯宾塞《社会学原理》的第二编"社会学引论"（The Inductions of Sociology）的全部。于是年六月二十八日由西

江欧化社发行,列为“少年新中国丛书”第五种。全书分 12 章,约七万余言,其篇目如下:

第一章　何谓社会(What is a Society?)
第二章　社会者一种有机件也(A Society is an Organism)
第三章　社会之生长(Social Growth)
第四章　社会之构造(Social Structures)
第五章　社会之职能(Social Functions)
第六章　社会之系制(Systems of Organs)
第七章　供给系(The Sustaining System)
第八章　分配系(The Distributing System)
第九章　统制系(The Regulating System)
第十章　社会之体型及国制(Social Types and Constitutions)
第十一章　社会之变体(Social Metamorphosis)
第十二章　本篇所论之限制(Qualifications and Summary)

斯宾塞著作正式翻译者,仅有这一小部分。

三为上海作新社于同年七月印行的《社会学》。此书亦未署译著者姓名,仅标明“作新社编译”,推想当系译自日文者。全书 198 页。内容条理分明,颇为难得。

四为光绪二十九年六月十七日《国民日日报》所载的《社会学原理》。虽此书著者姓名、出版日期以及内容状况,均无可考,惟见戈公振所编《中国报学史》上有影印的广告,略言全书九万余言,久为海内所欢迎等语。查该书广告距《群学肄言》出版仅迟一月有余,今谓“久为海内所欢迎”,可见其出版已久。

此后，直至清末宣统三年，即辛亥革命之年(1911)始有欧阳钧编译的《社会学》出版。该书系根据日人远藤隆吉的《社会学讲义》，并参照氏所著其他各书，编译而成。全书13章146页，于辛亥三月初版，其纲目列下：

第一编　总论

一、社会学之名称

二、社会学之意义

三、社会学与诸科学之关系

四、社会成立之要素及其沿革

五、社会学研究之方面

六、研究社会学之利益

第二编　各论

一、社会之解释

二、社会物理

三、社会心理

第三编　本论

一、社会之概说

二、意志结合之原动力

三、意志结合之种类

四、意志结合之统一

观此可知，此书乃为心理学派的社会学，其中心概念为意志的结合，书中有云：

故社会云者，乃指人间相互之作用，及其相互影响之动作之谓也。总称其相互之作用与其影响之动作，是为具体的；总称其所为相互的作用之各个人于一定之关系，一定之组织，是为抽象的。于此研究其普通发表之现象与其实际，是即社会学意义之所在也。

书中所举之研究方法有五方面：即经验观察、单位研究、网罗无遗、抽象研究与综合为一。其述研究社会学的利益，则曰：

社会学，通古今，综东西，比较事物而发见真理者也。

其列举者有四：一曰发生爱国心，二曰匡正学术，三曰改良政事，四曰完备教育。而此书尤重视教育。其论社会究极之目的，则曰：

社会本于精神，而发见其组织之种类；又就其复杂而发见其统一之趋势。更由此而求其当于合理的精神以为正当社会的精神统一，则归本于教育。

其所谓社会之究极目的有二：一为物质的进步，二为团体的改良。其论团体之改良，则由家族而国家而国际，所谓："以增其辑睦，兵祸永息，人群之混合，乃国际之完成也。"其结论谓："如上之论，则圆满具足之幸福，将于此焉期之，而达此目的以充其欲望，亦仍与教育相终始，非教育普及不可遽得也。"（第146页）

此书持论，大体与季廷史相近。其"例言"中说：

远藤先生所主，大较以杰金克斯（即季廷史）氏为宗，置重心理，而亦不脱物界。

大抵我国在辛亥以前，社会学译著甚少，如上述各书，可见大略；即有遗漏，亦必不多。欧阳氏在此书例言中曾说：

近年我国编译之书颇富，惟于社会学一科，尚在缺如，颇为遗憾。

又说：

有贺、浮田、岸本三氏所说《社会学》，先后已有译本。

观此可知，当时欧阳氏所见之《社会学》，亦仅此三氏的译本，其他诸书，恐不尽寓目。故例言云云。

第三节　社会学课程的设置

我国学校中社会学课程的设置，究始于何时何校，尚难确定，兹据早期各学校章则中，所考见者约举如下：

一、在光绪三十二年以前，京师大学堂及京师法政学堂课程内，均无"社会学"之名。有之则只是《奏定大学堂章程》中国史门及西洋史门随意科所列之"公益学"。

二、光绪三十二年十二月二十日《奏定京师法政学堂章程》中，正科政治门第一学年课程表内，有"社会学"二小时。

三、宣统二年十一月十九日《改订法政学堂章程》中，政治门及经济门课程表内，第一学年均有“社会学”二小时，第三学年均有“工业政策”及“社会政策”四小时。

四、宣统二年京师大学堂造送分科大学第一学年学科课程表，其中法政科大学政治学门第一学年课程时刻表说明第四条：“社会学、政治、地理及论理学，均与政治诸学科极有关系。”“均拟于补助课中增入讲授。”下注：“本条所增三门，系于第三学年及第四学年中讲授，故本表未经开列。”

五、宣统三年六月京师大学堂改正法政科课程表，补助课中第三学年有“社会学”二小时。（以上均见教育部所藏京师大学堂旧档。）

但此类课程，在当时的京师大学堂及京师法政学堂，是否实际开设，为何人所教，用何课本，有无讲义，一时均无从考见。

至于京师以外各大学，在辛亥以前成立者，已不为少。远如光绪十七年(1891)康有为在广州长兴学舍中已设“群学”课程，光绪二十三年(1897)梁启超等在长沙办理时务学堂，亦必设有“群学”，因其完全模仿长兴学舍。此外如上海南洋公学、天津头二等学堂，或亦已设有此项社会学课程，惟均无可考。其可考者惟上海圣约翰大学。该校于光绪三十四年(1908)始设社会学课程，由美人孟教授(Arthur Monn)担任，采用白芝浩(W. Bagehot)的《物理与政治》(*Physics and Politics*)为教本。

由上看来，在此萌芽时期，社会学方由外洋传入，除《群学肄言》等寥寥数译本外，国人尚无自著之书。学校讲习，虽已有规定，但除法政学堂及法政科大学仅有普通社会学科目外，他如分科大学及其他学校，均少规定课程。可知社会学在当时研习者甚少，而普通学者更不知社会学为何物。即有一二学者知此科目,亦仅阅及如《群学肄言》等类的书籍耳,未必有多大的研究。这诚是一般科学在萌芽时期的普通现象。

第三章　普通社会学的研究

自辛亥革命以后，国体变更，全国人民，耳目一新。欧美新文化新思潮，源源输入，社会科学思想，渐受知识分子的重视，而尤以五四运动以后为盛。社会学的译著，亦渐见增多。各大学中添设社会学课程，并进而创办专系，造就专才。此正表现社会学逐渐发展的状况。

关于社会学方面的译著，除普通绪论一类书籍外，余如社会进化、社会问题、社会心理学、社会思想、社会学史、农村社会学、都市社会学、社会学方法、社会事业、社会行政以及其他社会学等，亦均逐渐加多。兹从本章起，分别加以叙述，藉见梗概。

在萌芽时期编译各书，几乎全属于普通社会学一类。辛亥以后迄民国十年以前，此类译著不多；民十以后，稍见增加。自欧阳钧编译的《社会学》出版以来，一时颇受欢迎。及至民国九年始有覃寿公所译日人远藤隆吉所著的《近世社会学》。此书与欧阳氏之书，同为远藤氏著作，故内容见解，相差甚少。译者序文中说：

> 其主要之论旨，在于意志结合，其重要之关系，一在于人与人，又一在于人之与国家。社会学之内容若此。（第1页）

又说：

以今兹綦重若此之科学，而坊间尚未有发见者，得此为作始。（第2页）

可见当时覃氏尚未看到国内已经印行的数种社会学译本，故有“尚未发见”的话。全书分15章382页，为民十以前篇幅最长的社会学著作。书分三部分，即“序论”、“本论”及“附录”。其纲目如下：

序论

一、本书的内容

二、本书的材料

三、社会学之为科学乃记述的归纳的科学

四、社会学研究法

五、社会学之对象

六、社会学问题之深浅

七、社会学研究法与系统

本论

一、从来诸方面之研究

二、从来之社会学系统

三、社会学之问题

四、意志论

五、意志结合之条件

六、意志结合之种类及统系

七、意志结合之标准

八、社会学的结果

附录

社会史

该书分社会学知识为四大部分:(一)具体的社会史,(二)具体的社会史论,(三)社会学研究法,(四)社会现象论。而以为最重要者为第三部分的研究法,盖因研究的方法不同,故见解亦异。该书以为,“社会学的研究对象,为社会现象。社会学言各社会现象及其相互之关系,而乃有此过去或现在之对象者也”。(第8页)

同年尚有赵作雄译爱尔华(Charles A. Ellwood)所著的《社会学及现代社会问题》(*Sociology and Modern Social Problems*)一书出版。查以前所出各种编译的社会学,除严译《群学肄言》外,余均自日文译出,至此始逐译美国社会学者的著作。该书原文于1910年出版,文字简明扼要,叙述社会学的领域、性质以及近代各种社会问题,如家庭、人口、都市等问题,为初学入门最佳之书。在美国本国行销20万册,我国译本亦风行一时。可说,国人之稍知社会学,在初期此书的影响甚大。

全书分15章360页,于是年十二月出版,载明由陶履恭校。其章目如下:

第一章　总论
第二章　演进学说与社会问题的关系
第三章　现代的心理学与社会问题的关系
第四章　家庭在社会中的功用
第五章　家庭的起源
第六章　家庭的体制
第七章　家庭发展史
第八章　现代家庭问题
第九章　人口增加

第十章　都市问题

第十一章　贫穷及寄养

第十二章　犯罪

第十三章　社会主义的批评

第十四章　教育与社会进步

第十五章　结论

自民国十年以后,此类书籍渐增。民国十二年有世界书局出版署名德普与延年二人编辑的《社会学入门》。此书著者所见者为十三年二月第三版。书仅 90 页,却分为上下编共 18 章,为该局"学生门径"丛书之一。据"编辑旨趣"中说:

要对社会有深切的了解,自不得不借助于社会学了;社会学是用科学的方法去研究社会的原理和实际问题的。社会学在中国还是很幼稚,没有可以读的书籍。

这是说明他们编辑这部书的用意,这书恐怕是国人自著的社会学第一部书。书的内容固然是很简略,但他的方面,却包括得很多。看下面的节目,就可以知道:

上编　社会学史

第一章　叙论

第二章　古代社会学的研究

第三章　中世社会学的研究

第四章　近世社会学的研究

第五章　社会学的成立和奥古斯德·孔德

第六章　社会学研究的现状

下编　社会学

第一章　总论

第二章　社会略论

第三章　社会生活的形成

第四章　社会生活的特性

第五章　社会生活的分析

第六章　社会生活的变异

第七章　较高等的社会活动

第八章　社会和个人

第九章　社会制裁

第十章　社会进化论

第十一章　社会进化和教育

第十二章　结论

全书编制，除上编社会思想史外，下编大体上是依照海逸史(E. C. Hayes)的《社会学研究绪论》一书，故内容多采自该书，间亦有采自爱尔华(C. A. Ellwood)的著作的。书虽简略，中亦颇多中肯之言。例如，关于社会学与社会问题的关系及社会学研究的重要，他们说：

社会问题的解决，我们虽然不能够说："非研究社会学莫办"，但我们至少总可说："社会学的研究是有助于社会问题的解决的。"——实际上确是如此，我们决不可把这几句话当作理想之辞看。而且今日的社会状况,实可说复杂到极顶了,人们所过的"不能离社会而独存"的个人生活,处处免不了有从事于社会学的研究的必要,假使把改造社会这几个字抛过一边,社会学对于人们的重要性,仍旧是不能减去了一分的。(第2页)

对于社会学的定义,他们说:

社会学是研究社会的起源和本质,以及影响于社会生活的各种现象,和社会演进的方法。(第19页)

这定义的措词,虽则有可议的地方,但接着还有一句重要的话是值得称述的。他们说:

但我们须得注意的一点,便是社会学研究的对象和范围,是全社会,决不是或种社会,或社会的一部分。(第20页)

对于"社会",他们下一个定义说:

社会是一团有意识关系的人群,藉着各人心的相感作用,互为因果,形成以公共生活联结的一个浑合体。(第25页)

对于社会进化与教育的关系,他们说:

社会进化最主要的是社会的和谐,最基础的是"齐心"(Like-mindedness),教育便是造成齐心最有效的东西。(第86页)

民国十三年，有常乃悳氏自著的《社会学要旨》出版。该书系中华书局“青年丛书”之一，内容简短扼要。全书分14章118页，附有译名表及中西文参考书目表各一。全目如下：

第一章　社会学与社会
第二章　社会学在学问系统中之地位和它的研究法
第三章　社会学的问题和本学的系统
第四章　社会之起源
第五章　社会实在的境遇和动因
第六章　家族
第七章　国家
第八章　经济
第九章　教化
第十章　社会化之程序
第十一章　社会发展之原因
第十二章　社会心意
第十三章　社会之弊病
第十四章　社会学的起源及其派别

据常氏序言，知此书系彼自己的著作，虽篇幅甚短，而参考英文书籍六种、日文书籍七种之多，亦可见其用力之勤了。他在这书中提出几个要点，值得注意。他以为：

社会就是一群有情的生物结合而成的团体。（第2页）
社会学是研究社会的组织和生长的学问。（第3页）

社会不但是一个浑一体，还是个有机体。……凡是有组织能生长的东西都叫做有机体。(第7页)

常氏对于社会学的效用，说得很简单明了。他说：

第一我们研究社会学可以明了自己所生存的社会的真正性质。……研究了社会学的人，心胸必是开阔，眼光必是远大，遇事可以有一定的主见。(第9页)

研究学问只是我们的一种兴趣，我觉得研究社会学于我的心灵快乐非常。这便是社会学最大的功用。(第10页)

他对于社会学与社会主义的区别，说得很清楚，这是一种重要贡献。他说：

所以社会学与社会政策、社会主义等并不是一物：研究社会的人固然有信从社会主义的，但也有不信从的。社会主义等是一种药方子，而社会学是一种学问，二者绝然不同。现在有许多人往往把社会学和社会主义扯在一处混个不清，真是可笑极了。(第6—7页)

氏在书的末章分现代社会学为三大派如下：

一、唯物派，又分两派

(一)物理的观察派，如孔德等

(二)生物的观察派，如斯宾塞等

二、唯心派，如达尔德(G. Tarde)、季廷史(F. H. Giddings)等。

三、综合派，如涂尔干(E. Durkheim)、华特(L. F. Ward)等。

要之，这书是早期一部简明的好书。

同年尚有曹聚仁等编著的《社会学大纲》一书，由民智书局出版。内容分下列四编：

一、绪论

二、影响于社会生活底诸因

三、社会活动

四、社会治理

此书大体上系采译海逸史教授的《社会学研究绪论》(E. C. Hayes:*An Introduction to the Study of Sociology*)的一部分，而删去最后“社会演进”一编。所谓“社会治理”，他书称为“社会约制”或“控制”，盖当时尚无此二种译名。

民国十四年，瞿世英氏译鲍格达(E. S. Bogardus)的《社会学概论》(*Introduction to Sociology*)由商务印书馆出版，系该馆高级中学教科书。盖当时高级中学尚有社会学课程。全书计 13 章 174 页。鲍氏原书系于 1913 年初版，为大学初步教本，颇风行一时。瞿氏译本亦为国内当时流行之书。

其次，朱亦松氏的《社会学原理》，是这时期的重要著述。朱氏系于民国十六年八月间完成，十七年五月由商务印书馆出版。全书分 4 编 18 章 284 页。其纲目如下：

第一编　社会学研究之对象范围及其方法

　第一章　社会学研究之对象

第二章　社会学研究之范围
第三章　社会学研究之方法
第二编　影响社会生活的四种势力
第一章　地理的势力
第二章　技术的势力
第三章　技术的势力(续)
第四章　心理的势力
第五章　心性的势力
第六章　社会自身的势力
第三编　社会演化
第一章　社会演化的性质
第二章　社会的变异
第三章　社会的甄择
第四章　社会的传袭
第五章　社会的适应
第四编　社会制裁
第一章　社会制裁之根据
第二章　社会制裁之手段
第三章　社会制裁之组织

此书是朱氏在上海各大学担任社会学教课时所编的讲稿屡次修改而成。全书有两个特点,值得注意。

第一,朱氏在书中特别重视功能的观点。他在例言中说:

> 第二编述诸种势力影响社会之生活,其注重功能方面,望文

生义，可想而知也。第三编论社会演化，则以一切风习之存在，皆须经过变异、甄择、传袭、适应四种过程。……此功能问题也。……第四编说社会制裁之必要。……关于社会制裁之手段，暨其统系，悉视其功能如何，以为批评之标准焉。故曰著者编著是书，自首至末，完全从功能上着眼也。（第1—2页）

第二，朱氏又重视"群"的观点与"群"的势力。他说：

关于社会现象，是书于个人方面，如领袖的势力或声望，虽亦承认之，然尤其注重群的势力。以为一切风习，皆是其群之产品；一切制裁，皆是其群之制裁。群之势力是普遍的、永久的；而个人之势力，则为零碎的、间断的也。……故社会现象，自其根本上言之，实为群之势力之现象也。此所以社会学以群之现象，为其研究之对象也。（第2—3页）

例言中指明该书取材于十种参考书，而尤以海逸史（E. C. Hayes）、恺莱（A. G. Keller）、劳史（E. A. Ross）三家为多。我人如审察其目录，即可知其第一编系泛采各书，第二编采之海逸史，第三编采之恺莱，第四编采之于劳史者。但此系指材料的来源说，实际上朱氏文笔雅洁，行文流利，完全出诸自己口吻。这是朱氏融会贯通后的作品。

朱氏以为：

社会学者盖研究基于人们结合，所产生一切社会的现象之科学也。（第2页）

所谓社会二字，自社会学言之，凡人们结合组成一种团体，其团员彼此有若干相互持久的关系者，皆得为一社会。（第2页）

除去国家、都市等等包举一切的大组织之外，所有小社会通称之为“社群”（Social Groups）以区别于大社会焉。而大社会则简称之为“社会”。社会学即研究此等社群之现象，及其与个人和社会的相互关系者也。（第3页）

社会与社群之分别，即在前者以自身为目的，至于社群之存在，则须尽其特殊的功能，以服役社会，否则即无存在价值之可言。（第3页）

社会学的问题，极其繁赜，其基本的问题，则为了解社会演化之过程，以及社会制裁之标准、手段与其组织。换言之，即治社会学者，不可不明白诸般社会现象的因果关系之谓。（第9页）

朱氏又以为：

一切社会活动，皆受因果律之支配。此种因果律，虽与自然律同称科学律，然性质迥别。故吾人谓之曰社会律。假使社会一切活动，无有社会律以支配之者，一切社会现象，吾人乃绝对的不能研究之也。（第179页）

朱氏，江苏南京人，自金陵大学毕业后，曾留学美国西北大学，归国后任大同大学教职，又复先后担任暨南、政治、中央、河南、北平师范、中山诸大学，及女子师范、社会教育两学院社会学教授，著作尚有《现代社会主要问题》(钟山)、《社会政策》(商务),并翻译《政治学与其他社会科学》(商务)、《经济学与其他社会科学》(商务)等书。

其次,本书著者有《社会学ABC》一书,于民国十七年七月由世界书局出版,亦可一提。这是著者所出的第三部书。内容浅显简要。这可说是后来所出《社会学原理》的基础,在概念与体系方面,大体表示相同的轮廓。这是自著的一部书,不依傍任何名家的成例。故在例言中曾说:

> 本书材料排列,系出于著者个人独断,不依据任何社会学书籍成例。

此书在著者当时看来,有数特点可予注意。"例言"第三条说:

> 本书注重文化与态度二概念。著者相信,一切社会行为,不外乎文化与态度的交互作用。所以全书上下,对文化与态度的讨论较详。

又"例言"第四条说:

> 书中亦有数处,或为前人所未曾详细论及者,今举如下,希望学者加以批评:
>
> (一)关于社会行为的意义。
>
> (二)关于社会要素的区分,如限制的要素与活动的要素。
>
> (三)关于社会标准与社会控制的关系。

（四）关于文化失调与社会问题的关系。

全书凡九章122页，其要目如下：

第一章　绪论

第二章　社会行为及其限制的要素

第三章　社会行为及其活动的要素

第四章　社会的性质和种类

第五章　社会制度与社会组织

第六章　社会标准与社会控制

第七章　社会变迁和人口

第八章　社会变迁和文化

第九章　社会学和社会改进

在第九章论到社会学的应用时，以为一个人读了社会学以后，可以得到四种新见地：

一、社会全体的见地——这可以免去个人的私见。

二、社会相对的见地——这可以免去社会的偏见。

三、社会因果的见地——这可以免去主观的武断。

四、社会影响的见地——这可以免去环境的恶化。

一个人得到了这四种新见地，就可以增进对于环境的调适，而得到一种较调和、较愉快的社会生活。（第113—114页）

本书著者自此书出版后，深感当时大学中可作教本或参考的社会学书籍太少,而个人一人的力量尚不足以在一二年内完成一篇幅较长的著作,乃发愿编一"社会学丛书",包括普通社会学的各方面,邀请社会学界同人协助完成之。全书分为15种,除著者自任3种外,余12种分请吴景超、游嘉德、黄凌霜、杨开道、寿勉成、李剑华、潘菽、黄国璋、吴泽霖等九位担任。自十八年至十九年于两年中由世界书局出全。其全目依出版先后列之如下:

第一种 《社会学的领域》 孙本文著
第二种 《社会的文化基础》 孙本文著
第三种 《社会的心理基础》 潘菽著
第四种 《社会的经济基础》 寿勉成著
第五种 《社会的生物基础》 吴景超著
第六种 《社会的地理基础》 黄国璋著
第七种 《社会组织》 吴景超著
第八种 《社会变迁》 孙本文著
第九种 《社会进化》 黄凌霜著
第十种 《社会约制》 吴泽霖著
第十一种 《农村社会学》 杨开道著
第十二种 《都市社会学》 吴景超著
第十三种 《社会学史纲》 李剑华著
第十四种 《社会研究法》 杨开道著
第十五种 《人类起源》 游嘉德著

兹将该丛书的编辑旨趣,摘录如下,藉见一斑。

本丛书编辑的目标有四:

第一，社会学是一种科学；其科学的性质，与物理学、化学等没有差别。不过因其研究的对象，较为繁复，且又发展较迟，所以学者往往易于误会。我国近时，且有视社会学为一种主义者，尤为大谬。本丛书意在阐明社会学的性质及范围，以免除误解。

第二，欧美社会学在近年以来，进步极速。新学理、新方法层出不穷。至于我国则普通学理的介绍尚少，专门学说的陈述尤稀。本丛书就社会学上各种最新学理及方法，为有系统的介绍，以广传播。

第三，社会学的起源发展，似都有线索可寻；而其在各国的发展状况，则又因环境关系而发生差异。本丛书意在介绍社会学上各派学说的历史的发展，及其在各国的现状，以资比较。

第四，我国现在训政开始，百端待理；社会建设，尤为重要。而健全的社会建设，似须根据适当的社会学理。本丛书意在介绍在社会建设上所必需的基本知识，以资考镜。

依据上述目标，本丛书内容，划分为两大类：即第一类为介绍社会学学理及方法的著作，第二类为介绍社会学历史的著作，各书篇幅，务求简短，而陈述务求详明。俾期分之各自成一种社会学分部的专著；合之可总社会学全体的大成。事属创举，缺点必多；高明学者，幸进教之。

后来，著者为便于大学讲授之用，乃将丛书合编成《社会学大纲》一书，都九十余万言，分订上下两册，共计1652页，于民国二十年六月仍由世界书局出版。此为我国社会学著作中篇幅最巨之书，出版后颇受社会学界欢迎。

民国十九年出版的书，下列三种较为重要：

第一，刘叔琴译加田哲二原著的《社会学概论》，于是年十月由开明书局出版。全书13章200页。其要目如次：

第一章　社会学对于现代的意义
第二章　社会学的名称及意义
第三章　近世社会学的成立
第四章　近世社会学的建设者
第五章　社会学的诸潮流
第六章　社会学的对象
第七章　社会的本质
第八章　社会的构成
第九章　社会的种类
第十章　基本社会和环境
第十一章　基本社会的发达
第十二章　基本社会形态的变迁
第十三章　基本社会的倾向及发展的动因

该书有几个特点，应予一述。第一，该书重视社会学与社会主义的区别。书中第29页说：常识上极容易把社会学和"社会问题"、"社会主义"等相混。有教养有学问的人，也会因学校中社会学功课，便联想到喜欢社会主义等思想恶化的人。这当然是一种误解。"社会学不是社会主义。"第二，该书重视近世社会学的特征。第34页说："近世社会学的特征，即是那自然科学的看法。"第三,重视“社区”的分析。书中有四章论及“基本社会”,这所谓“基本社会”,就是“社区”(Community or Gemeinschaft)。

第二,杜季光译高田保马原著的《社会学总论》,于是年十月由商务印书馆出版。全书仅5章92页。该书云:

从前之社会学尝囊括一切社会现象而研究之,领域至为广泛。近则社会科学业已分为多数部门,各为特殊之研究。故粹纯之社会学单从全社会现象之结社的一面以发见其普遍的原则为目的,即就社会的形态关系发达过程等一一分析,以获得社会之实在认识者也。大战以后,此种形式的分析的社会学,已有起代综合的社会学之势,此书即本上面一短话而编成。

第三,陈翊林著的《社会学概论》,于是年十一月由中华书局出版。全书分为4编13章154页。其纲目如下:

第一编　绪论
第二编　社会生活的基础
第三编　社会生活的形态
第四编　社会生活的进化

这书以为,“社会学是研究人类社会的动力形态和进化的科学”。全书简单扼要,颇为当时通俗所欢迎。

民国二十年有下列三书可以一述。

一、余天休著的《社会学大纲》,于是年二月由北平文化学社出版。全书18章180页。因所涉及的方面甚广,故内容甚为简略,有数章仅列大纲，并未讨论，似系余氏在学校中讲演的纲领，而未加修饰者。其全目如下：

第一章　欧洲近代文明之演化
第二章　科学导言
第三章　社会之意义
第四章　社会学之定义
第五章　社会学与诸科学之关系
第六章　社会学之派别
第七章　社会之起源
第八章　社会之演化
第九章　左右社会之势力
第十章　人口论
第十一章　社会活动
第十二章　社会之阶级
第十三章　社会之威力
第十四章　社会之求治
第十五章　社会之进步
第十六章　宗教
第十七章　家庭
第十八章　犯罪

余氏以为，“社会学乃论人类团结之起源演化构造作用及其间所发生之一切问题之科学”。（第 34 页）氏在“社会学派别”一章中分为八派：即理想派、环境派、生物学派、人类学派、心理学派、史学派、经济学派及综合派。按余氏为我国提倡社会学较早之人。民国十一年即创设中国社会学会，编辑《社会学杂志》，对于早期社会学，颇有贡献。

二、张资平编的《社会学纲要》，于是年四月出版，列入商务印书馆的“学艺丛书”。全书9章165页。据张氏说：此书“本论”系根据日人今井时郎的《社会学大纲》摘译，其附录系根据岩崎卯一的《社会学序论》及加田哲二的《近世社会学成立史》编辑而成。内容如下：

序论

绪言

一、社会学的思想之发展

二、社会学之发生

三、社会学的释义

本论

第一编　社会之发生过程

一、人类之发生过程

二、社会发生过程之基础阶段

三、社会之类型

第二编　社会之成立过程

一、社会之素因

二、社会的结成

三、社会格的成立

附录

一、社会学体系图表——包括 Comte、Vierkandt、Durkheim、Tönnies、Spann、建部遯吾、米田庄太郎、高田保马。

二、社会学体系三种类型

(一)组织社会学体系

(二)综合社会学体系

(三)纯正社会学体系

三、关于研究社会学之参考书

张氏对于社会学的见解,则谓:

我们要先从一般的概念,以社会为人类的集团,以社会学为就于此人类集团而考察其发生及成立之过程,并就其间所表现的一切社会类型以求科学的理法之树立,及科学的说明之完全,斯即社会学之任务。(第30页)

又书中尤重视"社会格"的探讨,据氏说:

社会格者对于社会之所以为社会的本质而下的一般的概念名词也。若更进一步赋与具体的内容时,可以适当地称为社会性。社会有种种不同的类型,社会性应这些类型的名称而不同,在家族为家风,在民族为民族性,在国家为国粹国风,在阶级为阶级性等是。(第104页)

三、伍绍垣译高田保马原著的《社会学概论》,于是年十月由华通书局出版。全书21章385页。其内容如次:

第一编　社会学

社会学

普遍化的文化科学之社会学
社会法则
社会之本质
社会学之问题
第二编　社会之形成
社会之成立
社会之单纯分化
社会之复合分化
社会之分立
社会意识
社会组织
社会之绵延
第三编　社会之相互关系
关系结合之一般法则
分离之一般性质
诸社会之静的关系
基本社会之发达方向
第四编　社会之结果
文化之发达
文化之发达过程
自由之增进
个性之形成

书中以为，社会学是普遍化的文化科学之一。

由社会或结合之见地，处理文化的实在，而有普遍化的认

识目的之社会学，实为一种普遍化的文化科学。（第10页）

此书早已把社会学分为普通的及特殊的两类。

一般社会学将社会的实在，为包括的考察。……与一般社会学对立之特殊社会学概念，亦有种种。以社会生活之浑一性为高调，由全体可以为部分的说明，而以部分为部分的说明至为难能。是以在全体的研究之社会学外，否认社会科学之独立性，而所谓经济社会学、法律社会学等对于一般社会学占有社会学各论的地位。（第16—17页）

以上五书，除余氏书外，余均系自日文译出。

其次，应成一氏于民国二十一年著《社会学原理》一书，由民智书局出版，分订两册。上册于二十一年十一月出版，下册于二十二年二月出版。全书16章，上册422页，下册428页。

其总目如下：

上卷

第一章　导言

第二章　何谓社会

第三章　社会之自然原素

第四章　社会之生物原素

第五章　社会之心理原素

第六章　社会之社会原素

下卷

第七章　社会形体

第八章　家庭制度

第九章　政治制度

第十章　刑法制度

第十一章　教育制度

第十二章　道德制度

第十三章　经济制度

第十四章　宗教制度

第十五章　社会思想

第十六章　结论

全书阐发详明,文字优美,为社会学著作中不可多得的书。惟据应氏函称:“二十六年中日战事发生,书局停闭,版亦被毁告绝。嗣后稿本数经修改,原文几已删削无余。”应氏近示新著《一个社会学思想之体系——我对社会学之见解》一文,详示其思想的体系。因摘录其要义如下,藉见一斑。

全文纲领:

一、何谓社会

二、社会与社会意识

三、社会意识与个人意识

四、社会活动之作用

五、社会原始

六、社会制度之呈现与破坏

七、个人意识之发生

八、何谓文化

九、哲学之性质

十、社会意识与社会进化

结论说：

本文所提出一个社会学思想之系统，大部分见解皆系当代社会学家之所发明。至于作者认为特别强调之假定，共有四点：

第一，所谓社会与个人者均非宇宙中固有单位，皆是一个观念，个人是一个观念，社会亦是一个观念。

第二，自我观念不能从本身上发生，必在另一个个体互相对照之下发生。

第三，个人之自我观念是从社会自我观念中蜕化而出，个人是社会之产物，并不存在于社会之先，更非构成社会之基本单位。

第四，宇宙中之事物，其与人类之关系在事物之意义，不在事物之本身。但事物意义亦从意识作用上发生，并非天然具有。个体将自我观念通过客观环境，始获得逐事逐物之意义。事物有意义后，才是人类之社会环境，对于人类发生作用。

以上讨论，均在确定社会意识为研究社会现象之关键，谓吾有社会学思想可言，亦惟在此一点。

应氏，浙江人，早岁留美，入卫司康辛大学攻社会学，为劳史（E. A. Ross）教授学生，历任上海复旦、大夏等大学教授、系主任，为

一能深思之学者。

民国二十二年四月有周谷城译 J. L. Gillin & F. W. Blackmar 原著的《社会学大纲》一书，由大东书局出版。书分 17 章 378 页，其内容如下：

第一章　社会生活
第二章　社会学之范围及定义
第三章　社会学的目的问题及方法
第四章　社会的起源及进化
第五章　文化与社会进化
第六章　人口问题
第七章　社会组织
第八章　家庭生活之起源及发展
第九章　现代家庭生活之变迁
第十章　财产与社会
第十一章　宗教的起源
第十二章　宗教的发展
第十三章　团体的行为
第十四章　社会公律
第十五章　社会的病态
第十六章　犯罪：其原因及防止之法
第十七章　社会的改造

按此书原本，系根据白克马的《社会学要义》（*Elements of Sociology*，1915），由季灵扩充而成。白氏原书曾由陶乐勤氏译出，取名

《社会学原理》，由新文化书店出版。白、季二氏合著大纲，在美国曾风行一时，为初期重要大学教本。民国二十六年复由吴泽霖氏与其夫人陆德音女士将全书译出，取名《白季二氏社会学大纲》，由世界书局出版。

吴氏系国内社会学界重要人物之一，江苏常熟人，自清华学校毕业后，赴美留学，在卫司康辛大学从劳史攻社会学，继后至俄海俄大学从学于龙烈（F. E. Lumley）教授。归国后，历任大夏、复旦、清华诸大学教授、系主任等职。译著除此书外，尚有《社会学与社会问题》（中华书局高中教本）、《社会控制》（在拙编“社会学丛书”中，已见前）、《世界人口问题》（与叶绍纯合编，商务版）、《炉山黑苗的生活》（与陈国钧合编，二十九年文通版）、《民族学论文集》（与李振麟等合编，同上版）等。

二十二年九月尚有汤增扬著《社会学概论》一书，为大东书局“社会科学基础丛书”之一，内分9章143页。其纲目如下：

第一章　何谓社会及社会学之性质
第二章　社会之制度及家庭与家族
第三章　社会的物理的现象
第四章　人口与社会生活之关系影响
第五章　文化和社会生活之关系
第六章　人类态度和社会生活的关系
第七章　群众与社会
第八章　个人原始
第九章　社会原始

书末附有名词汉译表，列名词310个，系采自拙著《社会学名词汉译表》一文（载《社会学刊》第三期，民国十九年）。据该书第2页云：

> 社会学是讨论社会学全体的科学，社会学的任务，是在设法寻求社会组织和社会演进的因果关系。

同时该书是采心理学派的观点，所以说：

> 一切人类间的动作是根据心理上面的。我们要研究社会复杂的现象，自然先要知道心理学的要素。（第20页）

其次，张世文译麦其维（R. M. MacIver）的《社区》（*Community, A Sociological Study*）一书，取名《社会学原理》，于民国二十二年十二月由商务印书馆出版。张氏把"社区"（Community）一词，在书中一律译为"人群"。这与现时通行的译语不同，读此书者必当注意。全书分15章458页。其纲目如下：

第一卷　绪论
　　第一章　社会事实与社会定律的意义
　　第二章　人群与联合
　　第三章　社会学在诸科学中的地位
第二卷　人群的分析
　　第一章　对于人群的错误观点
　　第二章　人群的原素
　　第三章　人群的结构

第四章　制度

第三卷　人群发展的基本定律

第一章　人群的发展的意义

第二章　人群的灭亡的假定律

第三章　人群发展的根本定律

第四章　与以前定律相连的问题——人群内的协调

第五章　与以前定律相连的问题——个人生活的统一

第六章　人群发展的第二个定律——社会化与人群的经济的双关

第七章　人群发展的第三个定律——社会化与环境的制裁的双关

第八章　综论

附论

一、个人联合与人群

二、对于新异哥儿学派"'国家'即'社会'"观念的批评

三、文化的灭亡

四、遗传范围内生活与环境的双关

书首附有序文七篇之多。首为张东荪氏序,次为许仕廉氏序,再次为译者自序,再次为原著初版、再版、三版及美国版序各一。据原书初版序文说:

我所以称本书为"人群"者,因为这个名词,实在最能表现社会科学所研究的对象。只有在人群——共同生活——之内,

各种特殊社会科学所代表的兴趣，才能联锁在一起，成为一个整个东西。（序第15页）

张东荪氏序中有一段如此说：

论到社会学的对象，美国总是喜欢与旁的特殊科学争地盘，或作经济的调查，或作心理的研究。结果弄好了，便是经济、心理等科学，而不是社会学。……所以德国是由旁的社会科学走到社会学，美国是由社会学走到旁的社会科学。（第3页）

在张氏看来，麦氏这书是可以补救这种缺点。许氏序文是大致介绍译者所以迻译此书的理由。而译者自序是说明此书翻译时，尚在大学中肄业，深得黄子通氏的指导与鼓励，才将此书译成。按张世文氏系燕京大学毕业，为许仕廉氏的弟子，曾从李景汉氏习社会调查，历任金陵女子文理学院副教授、华西大学教授等职。译著除此书外，尚有《生命统计学》（择自 Whipple 原著，商务版）、《生命统计》（商务版）、《农村社会调查》（商务版）等。

同年尚有赵卓甫译海逸史（E. C. Hayes）的《社会学纲要》（原书名 *An Introduction to the Study of Sociology*）一书，由百城书店出版。按海氏之书，民国十三年已有曹聚仁氏酌译而成《社会学大纲》一书，复有朱亦松氏及德普、延年所论的书，均经酌量采译一部分，已于上面述及。

至二十四年一月，本书著者的《社会学原理》一书由商务印书馆列入“大学丛书”出版。全书5编26章717页。初印精装一册，继出平装二册。其要目如下：

第一编　总论

第一章　社会学上的基本概念

第二章　社会学的性质

第三章　社会学的范围及其与社会科学的关系

第四章　社会学研究的单位及材料

第五章　社会学的研究方法

第六章　社会学的目标

第七章　社会学的分部及内容

第二编　社会要素与社会生活的关系

第八章　人类生活及其与环境的关系

第九章　地境要素与社会生活的关系

第十章　生物要素与社会生活的关系

第十一章　心理要素与社会生活的关系

第十二章　文化要素与社会生活的关系

第三编　社会过程

第十三章　接触与互动

第十四章　暗示与模仿

第十五章　竞争与冲突

第十六章　顺应与同化

第十七章　合作

第四编　社会组织与社会控制

第十八章　社会组织的形成

第十九章　社会组织举例

第二十章　社会解组与社会改组

第二十一章　社会控制

第五编　社会变迁与社会进步

第二十二章　社会变迁的性质及史迹

第二十三章　社会变迁及其原因

第二十四章　社会惰性与文化失调

第二十五章　社会进步

第二十六章　总结

书末并附有(一)社会学重要参考书籍提要，分甲乙丙三项，即英文参考书、中文参考书及22种基本参考书；(二)社会学名词汉译表，分甲乙两项，即学名之部及人名之部。此书编著的宗旨，据例言所云，略可表示其要点。兹摘录数条如下：

> 社会学发源于欧西，其输入中国，甫三十年。清光绪二十九年严复氏译斯宾塞《群学肄言》，吴建常氏编季廷史《社会学提纲》，为社会学入中国之始。自是厥后，译著渐多，学校亦列为教科。十数年来，各大学应世界潮流，设置社会学专系，而社会学始为国人重视。从事研究者既众，著述亦日见发达。但以前偏于译述，其自著者较少。或篇幅甚短，或取材陈旧，其适合于学校研究与参考之用者甚属寥寥。数年前，著者曾为世界书局编“社会学丛书”，集全国社会科学者十人之力，成书十五种，都八十万言，合订为《社会学大纲》一书行世。顾此书优点，在各就所长，自成一编，而其缺点，在于理论材料，稍欠一贯。似尚需要一有系统、有组织之教本，以补其缺陷。

这是编著此书的动机。至于书的内容，则有下列特点可举。

一、欧美社会学教本,其编制颇不一致。本书采各家之长,凡社会学上重要方面,无不论及。循序渐进,欲使社会学全部智识,成为一有机的体系。

二、欧美社会学者,其见地颇有参差,故其著作,常有所偏倚。本书论断,务取欧美社会学上最新思潮,并信其较为正确者。其有争论之点,亦常附以对方意见或参考书籍,使学生因有所引导而自为判断。

三、著者个人见地,以受美国乌格朋、汤麦史两教授之影响为最大。故全书注重文化与态度之讨论,但对于其他名家论断,凡可以说明社会行为现象者,亦概予引述,以资比较研究。

四、本书引证事实之处,凡可得本国材料者,即用本国材料。其来源约分二类,一为历史事实,二为统计资料。盖欲使此书成为我国人适用之书。(“例言”第2页)

书末所附的汉译人名表,所搜罗的人名,计有434。每一人名之下,附有出生及死亡年份、译名、国籍、主要著作及其出版年代;其现尚生存者,则仅书出生年份。此表在初学者非常便于参考,即在欧美方面尚缺少此项参考书。著者经过多年搜集,始成此表。

此书自出版后数年之中,颇受社会学界欢迎,采为大学教本。旋于民国二十九年经教育部学术审议会采为部定大学用书(按此书为该会当时在大学各科中采取已出版书籍二书之一)。后经著者加以修订,将原书第十九章分为两章,易名为“社团组织”及“社区组织”。并新增第二十一章“阶级组织”,这是接受国立编译馆方面的建议的。至于其他章节名称及全书内容材料,亦颇多增删。

因此，修订后的部定大学用书本《社会学原理》，共为28章，分订上、下两册，上册258页，下册294页，于民国三十三年九月由重庆商务印书馆印行。按此书稿本著者于二十余年来，在大学中用以讲授凡32次，尚觉适用。近年以来继续搜集新资料，如事实可能，将再加以修订，以期渐趋完善。

同年九月有简贯三氏的《理论社会学》一书，由中华书局发行。简氏此书纯粹属于理论的探讨。据例言云：

> 本书按纵的方面说，叙述社会的起源与进化，按横的方面说，叙述各种社会现象的关系。一纵一横，头绪纷繁，本书为整理头绪，使成为有机的体系起见，共分5编20章41节。（第1页）

全书凡356页。其要目如下：

第一编　理论社会学的本体

第一章　现代社会科学发达的原因与理论社会学的性质

第二章　理论社会学的体系及其在科学上之地位

第三章　理论社会学的派别及其趋势

第四章　理论社会学与其他社会科学之关系及其研究方法

第二编　宇宙、生物、人类社会的起源

第五章　宇宙、生物、人类

第六章　生物社会与人类社会

第三编　社会生活的要素

　　第七章　地理环境与社会生活

　　第八章　心理与社会生活

　　第九章　个人与社会生活

　　第十章　文化与社会生活(上)

　　第十一章　文化与社会生活(下)

第四编　社会的生理

　　第十二章　经济

　　第十三章　政治

　　第十四章　宗教

　　第十五章　教育

第五编　社会的静态与动态

　　第十六章　社会结构

　　第十七章　社会活动的因素与社会进化的阶段

　　第十八章　原始社会与宗法社会

　　第十九章　封建社会与资本主义社会

　　第二十章　结论——人类社会的回顾与前瞻

据例言,该书所持的态度,有下列数点可述:

(甲)采取综合的眼光。

(乙)从综合理论之中,特别注意经济一层,但并不主张机械的经济决定主义。

(丙)最尊重历史的观点,因为我们对于一切问题,若知其真正的来源及变迁,即觉得没有什么神秘奇怪的性质。

(丁)绝不持一笔抹杀的态度。对于任何事物,一方面认识其劣点,而他方面还要指出其优点。

(戊)处处根据科学的精神即是"闲言少谈,拿证据来"。编者所拿的证据,一是事实,二是学理。(第2—3页)

由上各点,可以看到简氏此书的内容及其观点。按简氏,河南人,毕业于武昌高等师范,曾任河南大学社会学教授多年。

民国二十五年有两种译本值得介绍。

(一)张沄译靳斯堡(Morris Ginsberg)著的《社会学导言》(原书名 *Sociology*,1934)于是年一月由商务印书馆出版。全书8章197页。其要目如次:

第一章　社会学的范围和方法

第二章　社会文化和文明

第三章　种族与环境

第四章　社会生活的心理基础

第五章　社会的发展

第六章　社会阶级与经济组织

第七章　心理发展的各方面

第八章　结论

按靳斯堡氏为英国社会学大师霍伯浩(L. T. Hobhouse)的高足弟子,任教伦敦大学。其所著《社会的心理学》(*Psychology of Society*,1921)、《社会学研究》(*Studies in Sociology*,1932)及此书,均为名作。张氏遂译此书,使国人能知近时英国社会学者的理论,极可钦佩。此书的主要见解,以为向来社会学有两种概念,“一个把它作为一种界限分明的特殊社会科学的一支,另一个把它作为各种社会研究的综合”。前者为专门的研究,后者为综合的研究。而靳氏则谓:“实在综合的和专门的研究都是必要的,应该同行而不悖。”“所以就社会学包括许多研究社会局部事实的专门学问而言,那么社会学可说即是社会科学的全体。但就另一方面说,它本身就是一种专门的研究,它的目的,在于发现各种社会研究中间的联系,和企图对于社会关系的一般性质,得到一个说明。”(第10页)

(二)高达观译布葛来与纳富尔(C. Bougle & G. Raffault)合编的《社会学原理》(*Eléments de Sociologie*, 1926)一书于是年六月由商务印书馆出版。全书分6编24章521页。译者在自叙中说:

> 原书系法国巴黎大学教授布葛来与麦陇师范学校校长纳富尔合编而成。布氏继涂尔干之后,常与傅高乃等主持《社会学年刊》(*L' Année Sociologique*),著作丰富,早经世人尊之为当代第一流学者。顾我国对于布氏著作尚少介绍,爰选译是书。书中集各家学说之英华,以阐明社会学之精义。不特旁证博引,为治社会学者解释各派学说之要旨,且能引线串珠,提纲挈领,自成一贯,诚现代有数之杰作也。译时更附录布氏与戴锷(M. Déat)合编之《社会学指南》(*Le Guide de L' Etudiant en Sociologie*,1926)上之书目。此类书目,原系布、戴二氏所精选,且印成单行本,盖示治社会学者以南针也。

按布葛来亦译作蒲格烈,为法国社会学大师涂尔干的门生之一,曾任教巴黎大学,并任巴黎高等师范学校校长,甫于1940年去世，著作甚多，重要者有《价值进化的社会学观》(*Lecons de Sociologie Sur L'evolution des Values*，1922)及《法国社会学概观》(*Le Bilan de la Sociologie Francaise*，1935)等。此书系依据布氏自定纲领，搜集世界各国著名社会学者的文章，撷其菁英，编为是书，乃是一种参考读本。其纲目如下：

普通社会

一、集会为自然的及普遍的事实

二、人类社会里社会事实的特性

三、社会生活的实效

四、如何区分社会团体

家族社会

一、家庭的古代的及原始的状态

二、近代家庭之进化及其职权之变迁

政治社会

一、族党、城市、帝国

二、封建制度

三、近代国家

法律的及道德的社会

一、法律及道德

二、风俗学及道德生活

三、法律制度之类似性

四、政府与法律之形成

五、集团之责任与个人之责任

六、法律之最近趋向

七、从国际公法到国际联盟

经济社会

一、经济的动力

二、社会型式与经济演进的变象

三、分工

四、各团体的经济任务

五、历史唯物论

观念的社会

一、宗教与社会团体

二、从宗教到科学

三、艺术之发端与社会的职责

读此纲领，便可知此书完全系法国涂尔干派的体系，与上述靳斯堡的英国学派与以前所述美国学派的体系，均大有不同。布氏在其自序中，虽自谦并没有建立一种学说系统的奢望，但事实上确是依照涂氏的体系而加以修正的。自序云：

社会现在正迈步前进，我们撇开那些空洞的辩论而引用一些实例以证明之。我们借证于许多社会学专家、法制史家、宗教史家及经济学家的许多名著以制成这一本选集，可以让人家明了社会学已自动的作如何预备，及他所增进的情况。这样的一种选集自没有替代那些教本的野心，又没有建立一种学说系统的奢望。实在，他只不过是各种基本理论的集成。但是我们可以断然的说，这些具体的基本理论对于教材上确可贡献一些利益。

高氏遂译此书，使国人知道法国社会学的体系，厥功甚伟。高氏，安徽人，自北京大学毕业后，即赴法留学，在巴黎大学专修社会学，回国后历任安徽大学教授、国立编译馆编审，现在国立中山大学教授。译著除此书外，尚有《中国家族社会之演变》（正中）一书。

在近数年中，除拙著修订本《社会学原理》以“部定大学用书”名义于民国三十三年九月在重庆出版已在前面述及外，尚有姜蕴刚氏的《社会学原理》，于同年十月在成都出版。该书系由姜氏讲述，经燕京大学毕业生王维明君笔记而成，非姜氏自著。全书分7章196页。据姜氏自序，这《社会学原理》，仅是他想完成的三部书的第一部。第二部是《社会哲学》，第三部是《艺术社会学》。而他说：“表面上虽说是三部书，实际上则仍是一部书的三部分。”“关于《社会学原理》，本为社会哲学之初步阶梯，而《社会哲学》又复为《艺术社会学》准备的过程，惟有《艺术社会学》方是我们所要衷心建筑的全部思想之殿堂。”（“自序”第1页）其章目如下：

第一章　总纲
第二章　社会的发生
第三章　社会的形成
第四章　社会的关系
第五章　社会的完成
第六章　社会学之理论与应用
第七章　社会学的历史

观此，便可知道姜氏此书的大概，姜氏现任成都华西大学社会学系教授。

以上所举25种社会学，虽不足以尽民国以来所出普通社会学类的全部文献，但较重要的科学的社会学已略备于此。其中自著者11种，译自美国著作者6种，日人著作者5种，英人著作者2种，法人著作者1种。就时期的先后言，最初取材于日文者多，以日文易习之故。稍后则逐译英美著作，则以留美、留英的学生渐多。其自著者亦大率取材于美国人著作，真正独出心裁、自成体系者究属少数。但一般趋向，内容渐见充实，篇幅渐见增长，体系渐见完整，思想亦渐见成熟，这似有极明显的演进的痕迹可寻的。

第四章 社会进化与社会变迁的研究

初期介绍入中国的社会学,大抵重视社会进化的理论,这是受斯宾塞、季廷史等学说的影响。如上述广智书局于光绪二十八年译印日人有贺长雄的《族制进化论》,似是最早之书。其次,为商务印书馆于民国四年十一月二十八日发行的闽侯萨端译述的《社会进化论》。此书未标明原著者姓名,但观第5页第9行有"本书初版刊行之先"一语下注"本书明治十九年出版"。或者此即有贺长雄所著《社会学进化论》的译本。有贺氏原著《社会学》一书,内分三部:第一部《社会进化论》,第二部《宗教进化论》,第三部《族制进化论》。《族制进化论》已有译本,今再译《社会进化论》,事极可能。以书之内容纲领言,完全相符。全书分4篇18章90节175页。其纲目如下:

第一篇 总论

第二篇 社会发生篇

一、研究社会学之法

二、社会发生之外部要素

三、社会发生之内部要素

四、社会发生之相互要素

第三篇 社会发达篇

一、社会体形之长成
二、社会体制之开展
三、督制部之开展
四、供给部之开展
五、分配部之开展
六、社会发达之际限

第四篇　国民盛衰篇

一、国民盛衰之理
二、君主专制之起源
三、君主专制之破坏
四、由战国扰乱而进于教权统一之世
五、教权统一之破坏
六、由革命时代而进于法律统一之世
七、法律统一之破坏
八、由议论扰乱时代而进于道理统一之世

该书表明,“解释社会进化之理学,是谓社会学”。(第8页)又谓:

> 今日所谓社会学者,人间社会之现象也。一般人类,相聚而成部落,进而为国民,皆可指为人间社会。人间社会之现象,有真理存其中。剖析真理而穷之,此所以有社会学也。(第1页)

其阐释社会进化的过程,则有如下的说明。

欲明社会普通之现象，须先察社会未发之初，其情状如何？由小社会进而为大社会，其趋势如何？大社会既立，则有政体、宗教、仪式、亲族、殖产、交易等事。而政体之中，有王侯、官吏、议员、地方制度、司法裁判、武备、财产、赋税之制；宗教之中，有僧侣，有宗派，有鬼神、妖魔、地狱、极乐之说，及坟墓、寺庙、葬式、祭礼之制；仪式之中，有礼拜，有敬语，有馈赠；族制之中，有父子夫妇之别，有氏族家长之分；产业之中，有农工商分业之制。此国家内部之编制，所不可缺者也。国家内部之编制，既如是之备，而时势之盛衰又日变不穷；部落时代，一变为君主专制之世，一变为战国扰乱之世，一变为教权一统之世，一变为革命时代，一变为法律统一时代，及其结局，遂进为道理一统之世。夫社会发生之后，苟中途消灭，斯亦已矣。如其不然，则变迁之顺序，势必如上所云，其变迁之全体，是谓社会之进化，此研究社会学者所当从事解释也。（第1—2页）

关于社会学的实际应用，该书举出三点：

一、振爱国之心

二、为政术之基础

三、为宗教产业之基本

而归结到重视社会全体的特质。

其次，为严恩椿编纂的《家庭进化论》，于民国六年十二月出版。此书系严氏在沪江大学的讲稿，根据欧美著作编著而成。亦可说是早期国人自著的一部很好的社会学著作 。全书分12章151节，凡90页，都三万余言。其纲目如下：

第一章　总论

第二章　婚制

第三章　原人之家庭

第四章　父权家庭

第五章　中国之家庭(一)

第六章　中国之家庭(二)

第七章　新家庭之组织(一)

第八章　新家庭之组织(二)

第九章　经济压力下之家庭

第十章　离婚与独身主义

第十一章　政治与教育

第十二章　优生学与优境学

书中表明中国上古之家庭为母系,由文字之起源与古人姓系可证之。其举中国父系家庭的特点为:一、祭祖,二、同居,三、父权特重,四、立长,五、婚姻不自由等。并以为,儒教一向拥护父权家庭。(第39页)

书中论列中国家庭的优点劣点。其论中国家庭的优点谓:

即以孝一端而论,已可为凡百道德信条之根据。盖孝不特尽礼于父母,以之事君则忠,以之立身则敬,以之接物则诚,以之待人则爱,尊贤养老,爱国仁民,悉肇原于亲亲,故为百善之首也。……不宁惟是,我国祭祀则有宗祏,公产则有义庄,设家谱以辨别亲疏,置家法以惩治不肖,上自翁婆伯叔,下至妯娌姑嫂,凡事皆遵礼节,故牵一支则全族动摇,损一人则全家被累,虽时隔百年,地去万里,而族人仍有血系之可寻,其制

度之完备，阶级之分明，万非欧西所可比拟。（第42—43页）

其论中国家庭的弱点有五：

（一）祭祖——祭祖为中古时代之宗教。欧美文明国，早已出此阶级，我国而崇奉之，是仍在中古时代也。

（二）同居——同居之弊实滋多，一曰有损于名教，二曰有损于经济，三曰不宜于环境，四曰不宜于教育，五曰不宜于卫生。

（三）婚姻——我国婚姻之亟宜改革者有二：一曰主婚问题，二曰早婚问题。……欲改良家庭，于子女结婚，宜重视本人之意见。……男女早婚，有百弊而无一利，盖在必除之列。

（四）立长与重后系——立长之积弊滋多，争产其一也。夫同为子女，今徒凭年岁，恣为轩轾，致子女之间，启衅隙而伤天伦，甚无谓也。……我国之重视子女，自古而然，然弊端殊多。……游荡之子，过嗣接宗，家人之纷争，往往以之而起。

（五）守节——男女贞节，固为美德。然专责妇女，尤乖情理之平。（第43—45页）

最后，复归纳中国家庭的弱点为三："一曰不适于今日之时势也，二曰束缚家人之自由也，三曰阻止社会之进步也。"（第45页）

书中有二章论新家庭的组织。所谓"新家庭者指今日欧美文明国之家庭而言"。（第48页）关于新家庭的组织，其要点有三：

（一）分居——新家庭限于夫妇、子女之二代。

（二）婚制——婚姻成立于男女之情爱，两方面均有自由选择之权。

（三）财产——新家庭之中，财产属诸家庭。（第55—57页）

按此书虽仅90页，中多中肯的议论。在民国初年，而有此著作，甚足珍贵。

其次，为蔡和森著《社会进化史》。该书系民国十三年八月，由民智书局出版。全书分3编35章230页，约十余万言，其编名如下：

一、家族的起源与进化
二、财产的起源与进化
三、国家的起源与进化

该书大致系根据穆尔根（Lewis H. Morgan）所著《古代社会》（*Ancient Society*）一书为蓝本编译而成。

其次，为陶孟和、沈怡、梁纶才所译德国缪禄楼（F. Muller-Lyer）的《社会进化史》（*The History of Social Development*）。该书共分5卷15章386页，其要目如下：

第一卷　社会学绪论
　　第一章　文明与文明学
　　第二章　文明的源流
　　第三章　全部文明的分类
第二卷　饮食、工具、衣服及居住的进化史
　　第一章　食物演化史
　　第二章　工具进化史

第三章　衣服进化史

第四章　住居进化史

第三卷　工作演化史

第一章　工作组织的构造

第二章　工作组织的变象

第三章　分工之发达(分作)

第四章　综合的变象学

第五章　另一种的阶级次序

第六章　发达的经济定律

第四卷　文化进步之原因

第一章　经济发达之原因

第二章　进步的一般的原因(进步的理论)

第三章　文化的阶级

第四章　文化时期的期间

第五卷　文化与幸福

全书从第一卷第一章起至第三卷第三章止,系沈怡、梁纶才两氏合译,第三卷第四章起系陶孟和氏所译。初据德文 1908 年原本,后因英译本出版,乃取英译本对勘,全书于民国十二年九月间脱稿,后于十三年六月出版。

原著作人缪禄楼系德国著名社会学家之一,生于 1857 年,卒于 1918 年。缪氏于生前拟订十二册的一部归纳社会学,全书取名《人类进化的阶段》,包括纯粹社会学的全部。应用社会学尚不在内。不过后来仅出七册,连应用社会学亦不过八册。其书名如下:

一、《生命与科学之意义——民族哲学的基础线索》,一册

二、《文化的变象与进步的趋向》，一册

三、《婚姻与家族的型式》，一册

四、《家族》，一册

五、《恋爱的变象研究——性别关系的社会学》，一册

六、《优生学——选种教育遗传的社会学》，两册

七、《苦痛社会学》（应用社会学之一），一册

陶氏等所译者即第二种，改名为《社会进化史》。该书所采用的研究法，据陶氏序中说：

> 就是自然科学上所用的比较法，但是著者称他为变象的研究法（Phaseological Method）。按这个方法，先将文化的全范围分为若干部分，然后再将各部分自最古以至现代所经由的途径，分别排列为若干变象（Phases）或阶级。我们如果将各种不同的变象互相比较，就可以发现这些变象的演化都是有一定的方向的。这个方向可以称为"进步的趋向"。（序第3页）

据著者原序说：

> 变象的研究法，可以用来研究文化的各重要分支。文化全体的研究，可分为以下部分：
>
> 第一部分（即本书）包括经济发展的变象（经济学的变象研究）。这一部分可以称为文化的阶段，因为文化发展的高度，常可以用经济发展的标准量计，经济的变化，也常认为文化的阶段。
>
> 第二部分讨论人种的繁殖的现象（爱情、婚姻、家庭、亲族

等等)。

第三部分讨论社会组织的发展,从游群到现代的强权国家。

第四部分讨论人类智慧的进化,即言语、知识、哲学的与宗教的信仰的发展。

第五部分讨论伦理、法律、艺术的发展。

最末将进步的趋向与文化发展的一般定律,为现在所公认的,总束为一结论。

全书五个部分,讨论特殊的原则,结论专讨论社会发展一般的原则,两种相合,包括文化学的全体,即孔德所称为社会学的全体。(原序第4—5页)

以上各点,可以知道该书的方法与内容。

译者陶孟和氏,原名履恭,以字行,河北人。早年留学英国伦敦大学,从霍伯浩(L. T. Hobhouse)教授攻社会学。归国后,任国立北京大学教授,为国内早期著名社会学者。其著作甚多,重要者有《社会与教育》、《社会问题》、《中国劳工生活程度》、《北平生活费之分析》等,本书均将在适当处所予以介绍。

上述蔡和森的《社会进化史》,是根据穆尔根的《古代社会》编译而成。穆氏原书于民国十八年由杨东莼氏译成中文,在昆仑书店出版。全书分上下两册,上册456页,下册582页。内容纲目如下:

第一篇 藉发明及发见而来的——理智之发达

一、种族上之诸时代

二、生存上之技术

三、人类之进步率

第二篇　政府观念之发达

一、以性为基础之社会组织

二、Iroquois 氏族

三、Iroquois 胞族

四、Iroquois 部族

五、Iroquois 联合

六、属于加罗汪尼亚种族的其他诸部族之氏族

七、阿兹忒克联合

八、希腊的氏族制

九、希腊的胞族、部族及民族

十、希腊政治的社会之制度

十一、罗马的氏族制

十二、罗马的胞族、部族及国民制

十三、罗马政治的社会之设立

十四、从女系到男系的家系之转移

十五、人类种族其他部族中的氏族

第三篇　家族观念之发达

一、古代家族

二、血族家族

三、Punalum 家族

四、对偶家族及父系家长家族

五、一夫一妻制家族

六、与家族制相关联的诸制度出现之顺序

第四篇 财产观念之发达

一、三种相续法

二、三种相续法(续)

按穆氏系美国十九世纪末叶著名的人类学家,生于1818年,卒于1881年。此书系于1877年出版。他曾在伊洛国(Iroquois)住过近四十年,对于该处的社会生活状况非常熟悉。氏于是将古代与近代旅行家历史家所记载的社会事实,与彼亲自在伊洛国所得的经验,整理出一个系统,成立了他的著名的社会进化论,即在这书中详细写出。所以这书在1920年以前,享了几乎四十余年的盛名。可是自1920年路卫(R. H. Lowie)的《初民社会》(*Primitive Society*)出版后,穆氏的学说,几乎全盘为路氏推翻。所以这书,在目前看来,已成为过去的文献了。路氏之书,亦已译出,当在下章叙及。不过从学术史上看来,这二书都是研究社会进化的名作,初学者都不可不加以注意的。

民国十八年十月同时有二书由世界书局出版,此即前述拙编"社会学丛书"中的《社会进化》与《社会变迁》二书。

《社会进化》系黄凌霜氏著,凡8章116页。其纲目如下:

第一章 绪论

第二章 社会进化的阶段

第三章 初民组织与社会进化

第四章 政治进化说

第五章 文化人类学者之社会进化观

第六章 社会轮化论

第七章　文化变迁的因子
第八章　结论

黄氏此书采取社会学上较新的趋势，视社会进化不外文化进化。他说：

> 我们可以说，社会的进化，无非文化之发达，一群的文化之演进，支配社会进化之方向或趋势，必要求诸文化进化的原理。（第5页）

全书要点，不外五层：

（甲）文化与制度之普遍进化，独立原始，划一发展之假说。其根本公准为：（一）人类心理的一致说，（二）地理环境之相类，（三）文化与制度的生长之阶段是一致的，其进化是有普遍性的。

（乙）文化分播说。其公准为：（一）不信人类的创始力及文化独立原始学说，（二）以一切并行发展都由文化接触而来。

（丙）文化进化的综合的或历史的分析解释：（一）破坏的批评普遍及一致进化之说，（二）承认独立发展与文化分播两说之确实性，（三）对于文化类似，作批评的历史的分析，找出文化真正类似之范围，考察前迹，确定文化丛的进化之性质。

（丁）文化演进的因子之研究：（一）地理环境说，（二）种族生物说，（三）心理偶然模仿说，（四）习惯环境说，（五）本能习惯环境说，（六）心理社会说。

（戊）社会轮化论。

“轮化”一词，系黄氏所新创，意即“轮回进化”，表明周期循环的意思。黄氏，名文山，别号凌霜，广东台山人，留学美国，在哥伦比亚大学习社会学，回国后历任国立劳动、暨南、中央、中山诸大学社会学教授，译有沙罗坚(P. A. Sorokin)的《当代社会学学说》(*Contemporary Sociological Theories*，1928)、亚培尔(T. Abel)的《德国的系统社会学》(*Systematic Sociology in Germany*，1929)、赫尔(E. D. Har)的《社会法则》(*Social Laws*，1931)等书。

《社会变迁》一书，系本书著者所著，凡 8 章 130 页。内容要目如下：

第一章　诸论
第二章　社会变迁的性质
第三章　社会变迁的史迹
第四章　社会变迁的途径
第五章　社会变迁的原因
第六章　社会变迁的阻障
第七章　社会变迁的失调
第八章　社会变迁的控制及其趋向

按自 1922 年乌格朋(W. F. Ogburn)教授的《社会变迁》(*Social Change*)一书出版后，以"社会变迁"的概念，替代"社会进化"，乃成为社会学界一般的倾向。著者亲逢此潮流的初期，又曾受教于乌氏，极愿将此较新的理论，介绍于国人，除著《社会学之文化论》(北平朴社版)一书外，复著此书，一方面阐述乌氏的重要理论，另一方面兼及崔宾(F. S. Chapin)、恺史(C. M. Case)、爱尔华(C. A. Ellwood)、鲍亚士(F. Boas)、克鲁伯(A. L. Kroeber)、卫史莱

(C. Wlissler)等的学说,并用自定的纲领,予以系统的叙述。故此书内容与乌氏之书,不尽相同,最后一章论及社会变迁的控制及其趋向,尤可注意。末段中说:

> 人类对于社会变迁的前途,似乎没有完全支配的可能。我们说,人类尚不能完全支配文化,并不是说,人类绝对无指导变迁的可能,也并不是说,人类指导社会变迁的力量,毫无结果可见。我们相信,人类虽则不能完全支配社会变迁的前途,但在可能范围以内,人类却能指导变迁的趋向。譬如人类虽则在1914年之春天,不能预料在那年发生这样的欧洲大战,但人类却能共同商议免除战争之法,以避去来日之大战。……我们相信,将来社会科学日渐发展,能使人类指导社会变迁的范围日渐扩大,有意的社会变迁,日渐加多,循至人类能达到完全支配社会变迁的领域。这就全赖社会科学家的努力。(第129页)

诸如此类的意见,均非乌氏书中所论及。乌氏之书,除由著者于民国十五年首先在《美国社会学现状及其趋势》(《东方杂志》,二十三卷十二号)一文及上述二书予以介绍外,复由费孝通氏与王同惠女士二人于民国二十四年将全书译出,于是年十二月由商务印书馆出版。计分为5编35章279页。

与社会变迁有密切关系,而从另一方面去研究社会内部的变动的,有沙罗坚(P. A. Sorokin)教授的《社会变动论》(*Social Mobility*,1927)。此书由钟兆麟氏译出,于民国二十一年十一月由世界书局出版。全书分6编22章617页。其要目如下:

导论
第一编　社会阶层的波动
第二编　社会变动性
第三编　各社会阶层的人口
第四编　社会阶层化和纵面变动的基本原因
第五编　现代的变动社会
第六编　社会变动的结果

“社会变动”(Social Mobility)一词,与“社会变迁”(Social Change)一词的涵义,大不相同,社会变动虽系社会变迁的一个方面,但社会变迁不就是社会变动。据钟译本中说:

> 所谓社会变动,即是说个人或社会事物,或社会价值,从一个社会地位到别一个社会地位的任何转移。社会变动有两个主要类别,即横面的与纵面的。横面的社会变动,其意义即指个人或社会事物,从这一社会团体迁到另一个同等团体之转移。纵面的社会变动,其意义即指个人或社会事物,从这一个社会阶层转移到别一个社会阶层所包含的关系。依照转移的方向来说,纵面的社会转移,有两个主要形式,即上升和下降,或社会的登缘,和社会的沉落。(第161—162页)

民国二十四年六月,廖凯声译霍伯浩(L. T. Hobhouse)的《社会进化与政治学说》(*Social Evolution and Political Theories*)一书由商务印书馆出版。这书原是霍伯浩教授于1911年在美国哥伦比亚大学的讲稿,由廖氏全部译出。其内容如下:

第一章　进步的意义

第二章　进步与生存竞争

第三章　优生学的价值与限界

第四章　社会谐和与社会心理

第五章　社会形态学

第六章　国家的发长

第七章　进化与进步

第八章　社会哲学与现代问题

第九章　个人与国家

按霍伯浩氏为英国晚近的一位社会学大师,我们在上面已经提及。此书虽非霍氏得意之作,却也有独到的贡献。氏之著作已译成中文的,除此书外,尚有《社会正义论》(*Elements of Social Justice*),系胡泽所译,由商务出版。

此书首先对于"进化"与"进步"两词,加以区分。他说:

进化是指任何种类的发长(Growth),而社会进步则是专指人类博得价值的,或可能合理博得价值的诸种特质的社会生活的发长。那末,社会进步仅是社会进化的许多可能性中的一种罢了。(第9页)

霍氏在书中力言优生学的价值极其有限。他不相信人的特质是完全由遗传决定的。他说:

人类的特质,无论是本来生成的抑是后天习染的,这一时

代的总不会和另一时代的迥乎不同。其不同的只是社会结构所给与人类品性上的转变。(第 64 页)

这种区别,为许多优生学派的著作家所否认,把后天的教育和先天的本质互相比较,他们还是贬视后天的影响的。(第 65 页)

优生学家在和社会学有关的许多议论中,所根据的一般的假定,根本靠不住,这种一般的假定,认为社会上比较幸运的阶级,即是那些遗传血统最优良的人们。(第 67 页)

霍氏以为,社会的发展是个人间的谐和发展。(第 103 页)"社会的进步是在谐和发展里面。"(第 204 页)

这些议论,对于社会学都有重要贡献的。

同年尚有刘炳藜氏所编的《社会进化史》一书,由中华书局于四月出版。全书 7 章 149 页,内容如下:

第一章　宇宙、地球与人类
第二章　原始社会
第三章　氏族社会
第四章　封建社会
第五章　商业资本主义社会
第六章　工业资本主义社会
第七章　金融资本主义社会

此书内容,似偏重于经济的因素。据例言云:

一、本书采取物观态度,以社会科学的理论系统,叙述自有人类以来的社会状况，而于人类社会极有关系的地球的历史与宇宙的性质，亦加论述，盖欲藉此明了人类社会的来源以及本书所采取的物观态度的建立。

二、本书的内容，多注重于社会下层建筑的经济过程的叙述，至于其上层建筑的政治过程与意识过程，大抵只作简单的阐明。

刘氏，湖南人，毕业于北平师范大学，曾任上海、暨南等大学教授，著作除此书外，尚有《社会问题纲要》等书，亦由中华书局发行。

比较最近的有李树青氏所著《蜕变中的中国社会》一书，于民国三十四年十二月由商务印书馆出版。全书分6篇28节322页。书首有潘光旦氏的序文。从此序文中，我们知道，这是李氏近年所发表的论文的汇集。其要目如下：

社会学与社会方法
社会思想及理论
中国社会的分析
文明与文化
社会移动及社会变迁
战时社会问题

此书大抵讨论社会制度及社会变迁，是一部制度社会学及社会变迁的社会学。既系集合近年的论文，故全书并无若何系统，就上列要目，即可知之。李氏系国立清华大学毕业，后往美国留学，专攻土地经济，回国后任清华教授，嗣又往美国芝加哥大学专攻社会学。

以上所述社会进化或社会变迁类书13种，仅举其较重要者。其中自著6种，译自美人著作者4种，英、德、日人著作者各1种。内有见解陈旧如穆尔根的《古代社会》一类，也有见解极新如乌格朋的《社会变迁》一类，至沙罗坚的社会变动论乃为另一种观察社会变迁的理论，可以补充他种学说所未备。

第五章　社会问题的研究

我们讨论社会问题之书，据著者所知，除上述严恩椿的《家庭进化论》中论及《家庭问题》外，以陈长蘅氏的《中国人口论》为最早。此书民国七年七月初版，系专论人口问题者。据陈氏自序云：

> 今日我国生计问题之应解决者多矣，而人口问题，乃为根本之一。是书之作，欲与国人商榷人口孳生之道，必婚姻以时，养育有度。然后全国人民有衣有食，有养有教，室家富厚，文化长兴，全群嬗进，弗替弗衰。

此书或更是用统计图表讨论社会问题的第一书，据蔡元培氏序中表示，对此书促起特别感想有二，其一云：

> 多列各种比较表及各国婚姻律也。吾国号为文章国，读书者恒斤斤于文解之工拙，而理论之精确与否，转非所注意。今如所列各表，各国生产率之比较，生产率与死亡率之比例等，均使人一览了然而悟过庶之不足恃。且观于各国婚姻率之大同，而悟极端放任之流弊矣。

全书分8章178页。其要目如下(据该书修正本):

第一章　绪论
第二章　人口原理
第三章　人口编查法略说
第四章　世界诸国与我国人口之现情
第五章　人口疏密孳生徐速与国家强弱、种族盛衰、国民贫富、生活文野之关系
第六章　婚姻之改良
第七章　婚姻之改良(续)
第八章　世界进化之趋势与吾国图强之指针

陈氏以为,欧美先进国裕国富民之道有三:

一曰讲求实用科学

二曰实行霸国主义

三曰人口学昌,养生有术,室家夫妇,善于虑后,相率迟婚节育,以谋夫妇子女之幸福,家计财富之充裕,生产率既低减,人口不至增加过速,然后生活日高,生计日裕。

而陈氏此书系专论第三道。氏对于节制生育主张采"自然节育法",而不赞成"非自然的节育法",即所谓新马尔萨斯主义的节育法。(详见该书修正本第21—23页)

陈氏对于人口数量问题,似主"适度人口论"(Theory of Optimum Population)。他说:

一国人口太疏或太密,生产率太高或太低,皆不利于国家

之富强，种族之昌大，个人之健康，与文明之嬗进。必折衷于二者之间，而后国家与人民最适于生存发展。（第120页）

氏对于我国婚姻制度，列陈改良的意见四点：

一、男女宜尚平等

二、婚姻法律宜制定

三、离婚法律宜颁定

四、室家制度与财产制度宜斟酌变通

在最后一章中，氏又举世界进化之趋势四点：

一、国家主义之盛行

二、强种方法之讲求

三、养成伦理的室家

四、发达个人的能力

氏以为，这四点就是我国图强之指针。按陈氏系国内著名经济学家，但当其在哈佛留学时，对社会学亦有甚深之研究。观书中列举季廷史（F. H. Giddings）、华特（L. F. Ward）、劳史（E. A. Ross）、嘉佛（T. N. Corver）、斯宾塞（H. Spencer）、伊利士（H. Ellis）、霍伯浩（L. T. Hobhouse）诸家的言论，便可知之。其次，氏在书中列指上述诸家为群学家，可见陈氏当时尚沿从前群学时期的旧称。

此书民国十五年修正再版时，增补论文两篇如下：

一、《洪亮吉之人口论与物竞论》

二、《中国近百八十余年来人口增加之徐速及民势之变迁》

书中亦多有新材料增入。故再版序云：“原书问世已久，现经分别修正，并增添统计材料及其他引证论列颇多。”要之，此书为早期研究人口问题的重要著作。

其次,易家钺氏所译的《家庭问题》,于民国九年九月出版,列为商务印书馆的“时代丛书”。该书封面标明爱尔华特原著,易家钺译。而“凡例”则说:

> 本书第一、二、三、四、五各篇,系译自美国有名社会学家爱尔华特所著《社会学及近世社会问题》(C. A. Ellwood:*Sociology and Modern Social Problems*)中第四、五、六、七、八各章。
>
> 第六、七两篇,系译自美国社会学家泊松所著《家庭》(*The Family*, by E. C. Parsons)中第十讲和第十三讲。
>
> 第八、九两篇,系译自有名人类学者刘托讷所著《婚姻的进化》(*The Evolution of Marriage*, by Ch. Letourneau)中第二章第三节和第二十章全部。
>
> 第十篇,系译自日本女流作家山田所主持的月刊杂志《妇人与新社会》四月号论文。

按全书共10篇177页。其中前5篇系爱尔华著,余则译自他书者。全书篇名如下:

> 一、家庭的机能
>
> 二、家庭的起源
>
> 三、家庭的形式
>
> 四、家庭的历史上的发达
>
> 五、近代的家庭问题
>
> 六、夫妇间的经济关系
>
> 七、家长

八、动物的家庭

九、家庭及婚姻的过去、现在和未来

十、家庭与妇人

民国九年正当“五四”运动以后，知识分子大都注意社会问题的研究。故该书显为适应时代的需要而迻译者。序文云：

> 社会问题，非常的复杂，正与社会的现象一样。虽然，我们若大别起来，可以举出两个最重要的问题：一是食的问题，即劳动问题；一是性的问题，即妇人问题。包含这两个问题的家庭问题，不用说是社会问题中最根本的了。（第1页）

易氏又说：

> 可见食的问题和性的问题，实为近代家庭动摇的两大原因；而家庭之动摇，又为近代社会破裂的一大现象；所以要解决社会各种问题，非先从家庭问题解决起不可。……要解决家庭问题，非先得关于家庭的根本知识不可。（第2—3页）

按该书对于欧美家庭与婚姻状况，以及离婚与妇女生活情形，有扼要的叙述与说明。这书在“五四”以后对青年男女关于西洋家庭与婚姻观念，有甚深的影响。按易家钺氏，湖南人，毕业于北京大学，在民国九年以后专力研究家庭制度与家庭问题，除上述一书外，又连出《西洋氏族制度研究》、《西洋家族制度研究》、《中国家庭问题》（与罗敦伟氏合编）、《家庭新论》诸书。又组织家庭研究社编印《家庭研究》月刊。据《西洋家族制度研究》的"小序"中说，计划中尚有《中国氏族制度研究》、《中国家族制度研究》二书，大概在民国九年以迄十五六年间的六七年中，易氏卓然为国内研究家庭问题的专门学者，其用力之勤，研究之专，实堪钦佩。

《西洋氏族制度研究》一书，民国九年由商务印书馆出版。全书分 12 章，首言氏族制度之起源及西洋希腊、罗马、日耳曼氏族之组织，次言氏族之进化及其崩溃之原因，更论氏族制度与家族制度及国家制度之关系。

《西洋家族制度研究》一书于民国十年由商务印书馆出版。全书 10 章 284 页。其各章次序如下：

一、绪论
二、家族制度的性质及起源
三、大家族制度——父权的家长制
四、各民族的大家族制度
五、大家族制度灭亡的原因
六、小家族制度——现代的一夫一妻制
七、小家族制度的职能
八、文化发达及于家族制度的影响
九、家族制度灭亡的趋势
十、社会主义与家族制度

易氏在此书中表明："氏族制度崩坏后，有家族制度去替代。"而家族制度，据氏之意见，必然趋于灭亡。家族制度灭亡后，用什么东西去替代？氏很肯定的说：那就是社会主义的制度。

(第213页)

氏在第一章中说明：社会组织的进化路程，共经五个阶段。"第一期是种族的结合，第二期是氏族的结合，第三期是大家族的结合，第四期是小家族的结合，第五期是个人的结合。"(第2页)"现在的社会，虽仍以家族做单位，还在社会进化的第三期或第四期上，但我相信将来的世界，定从第三或第四期转到第五期——即由社会以家族做单位，转到以个人做单位。"(第6页)姑无论这个阶段说，不合现代科学的知识，而何以这第五期以个人做单位的社会组织，称为社会主义的制度呢？于此，我们必须知道，易氏之所谓社会主义，不就是时下一般人所谓社会主义。他以为：

> 社会主义的特点，一方面保持社会的秩序；一方面尊重个人的自由。使个人与社会为平行的发达。不！差不多混成一团而为一个球体的发达。因为社会主义并重社会与个人，不使有畸形的偏颇。所以社会主义是我们理想中一种最好的制度。(第225—226页)

氏在书的最后，提出一个替代家族制度的"社会主义制度大纲"，分为妇女、财产、劳动、婚姻、儿童、生育、孤老、享乐八方面，叙述他的"乌托邦"的条件。这书在目前看来，中间许多话是不合于科学的知识，可是在民国九年、十年之时，这是一种很新的启示了。

大抵在五四运动以后的数年中，青年人的思想解放得海阔天空，动辄说：人类如何如何，世界如何如何，几乎每个人有他自己的一个"乌托邦"。我可说，易氏关于家庭制度或家庭问题的著作，就可表明这一种态度。

他与罗敦伟氏合著的《中国家庭问题》一书，于民国十一年由泰东书局印行，为专研本国家庭问题的第一本书。开创之功，诚不可没。但此书自始至终，诅咒家庭制度到体无完肤，而书中却充满“乌托邦”思想。略举书中一二点，就可看出。

> 我们认为中国大多数人的自由，都为家族制度所限，欲得自由为社会中的一员，首先应该打破这个束缚自由的东西。已死的大家族制度固要用最大的诅咒来诅咒他，而欧洲人士及中国新人物所讴歌的小家庭制度，也同时认为他与大家族不过五十步与百步之差，一样的不合理，一样的要诅咒，一样的要打破他，推翻他。每人都做社会中的一员，对于全人类努力，不应拘墟坐井在家庭这个圈子中间，轻视全人类的幸福而发展“自私心”，同时也可以打破家长及女子私有等恶观念，解决现今中国及世界一大部的“家庭问题”！（末页）
>
> 现在我们一夫一妻制也用不着了，当然要提倡“灵肉一致的恋爱”、“同心一体的爱了”。（第87页）
>
> “女子私有制”、“现代婚姻制”，在这里又看出你的不合理了，快些“寿终正寝”吧！（第174页）

类似这样的言语态度，不是一种正常的用科学方法研究社会问题的结论，但在民国十年前后，易氏对于我国社会组织的基本单位——家庭制度，能首先予以多方面的评价，不可谓非难能可贵。

自易、罗二氏之书出版后，直至民国十七年三月始有潘光旦氏《中国之家庭问题》一书出现。全书分为三部，连附录324页，由新月书店印行。这是潘氏任《时事新报》“学灯”部编辑时，借“学灯”

的篇幅,征求关于中国家庭问题的意见,编纂而成。全稿曾于民国十五年十月起在该报陆续发表。随后,即将稿本付印。潘氏研究家庭问题的动机及其原则,据其序文中言,大致如下:

> 中国之家庭问题至繁变也;欲求讨论之切乎事理,窃以为有不能不遵循之原则四。请分别言之。
>
> 一、就历史观之,家庭久为文化社会组织之中心,可无疑义。社会学创说者法人孔德(Auguste Comte)称:"社会组织之单位,不为个人,而为家庭。"盖亦就历史之经验而言。自演化之论大成,我辈乃知家庭之所以为社会组织之单位者,不仅因其社会之效用而然,抑且有其生物之根据;换言之,其单位之身份乃自然所赋与,社会之认彼为单位者,不过顺应自然耳。
>
> 二、家庭既为今日社会问题之一大焦点,则我辈讨论之着眼处,于其已然的、历史的事实外,宜及其将然的、可能的、社会价值与种族价值。家庭之社会价值本属不小,自来论家庭者亦承认之;唯此种价值前途能否因人事之努力而提高增进,则每为时人论议所不逮。至其种族价值之重大,则虽亘古存在而未邀历史社会自觉的认识。晚近自优生学之原理渐明,乃知如前途不欲种族之发扬光大则已,否则不能不假道于家庭之组织。
>
> 三、文化为累世积聚之结果;欲期社会改革事业之成功,对于文化之积聚,不能不先加以参考,继加以评估,最后加以选别,合者留之,不合者将次匡救之。盖自因推果言之,已往之积聚决不至有百非而无一是;而今后之新猷亦不能有百是而无一非,则此种审察与选剔之工作自不可少也。……我辈

于今后家庭之兴革，即宜持此种循序改进之态度与志愿，而对于中国之家庭尤宜尔。

四、旧制固宜斟酌去取，然欲求讨论之有裨于目下之实际情形，则不能不先知今日关于家庭问题之舆论。且中国社会统计既甚缺乏，欲论断之亲切有据，亦唯有诉诸社会人士之意见之一法。（序文第1—5页）

观此可知潘氏研究家庭问题之重点所在。按潘氏为我国有数的优生学家，江苏嘉定人，自清华学校毕业后，即留学美国哥伦比亚大学等校，专攻优生学。归国后，历任国立暨南大学、光华大学、清华大学、西南联大等校教授，著有《优生概论》、《人文生物学论丛》、《民族特性与民族卫生》、《家谱新论》、《优生与抗战》等，并迻译蔼里士（H. Ellis）的《性心理学》。潘氏讨论任何问题，离不了其基本观点——优生学。此在《中国之家庭问题》中，处处可以看到。上面所引序文中语，有所谓"种族价值之重大，则虽亘古存在，而未邀历史社会自觉的认识"等语。又谓："以言观点，则为生物演化的；以言目的，则种族价值之提高居大半；以言方法，则重事实而轻浮词臆说；以言实际之兴革，则认旧制度有相当之价值，而宜利而用之。"（序文第6页）即此可见其意旨所在。全书内容，据序文中说：

故此次讨论，首冠以征求案，全案凡三部六十二题，继之以答案之分析，殿之以答案之评价，凡所论议，无不以三部六十二题为归。其取材于国外者，十之七八为西方学者认为可信，而我国社会可资攻错之统计事实；其余二三，则限于在科学界已有相当位置者之吐属；外此一介不取焉。（序文第5页）

今检其目录，则有下列的顺序，爰摘示如下，以见一斑：

中国之家庭问题征求案
答案之分析
答案之价值
引言
关于祖宗父母者
　　大小家庭制平议
　　祖宗之纪念
　　宗祠与宗谱
关于婚姻者
　　婚姻之目的
　　婚姻选择之标准(附论女权运动)
　　早婚与迟婚
　　婚姻之血缘远近
　　婚姻成就之裁可
　　婚姻之专一
　　婚姻之解散与重订
关于子女者
　　生育限制与人口多寡
　　子女之教养

其次，以《社会问题》之名著书者，当以陶孟和氏民国十三年十月在商务印书馆所出之书为最早。此书原为高级中学教科书，内分14章计191页。前半部第一至第九章，泛论社会问题，后半部第十至十四章，专论贫穷问题的发生救济及社会改良概括的计划。其要目如下：

第一章　何谓社会
第二章　社会问题的性质
第三章　社会问题发生的要素
第四章　生物的状况的变化
第五章　人口的质的问题——优生政策
第六章　心理的状况
第七章　经济的状况
第八章　新经济状况的影响
第九章　历史的要素
第十章　贫穷的意义
第十一章　贫穷的经济原因
第十二章　其他社会的原因
第十三章　对于贫穷发现后的救济
第十四章　社会改良的计划

当时所出社会问题之书不多，而国人尚无正确的认识。陶氏此书予社会问题以科学的说明，对青年影响很大。盖可以校正当时不正确的宣传性质的书籍。（序言中说，有些书籍，完全是宣传的著作。）陶氏说：

> 社会问题专说明人类共同生活的一方面，他讨论共同生活的性质，并且研究对于他的缺点如何补救。

社会科学比自然科学的价值更大，关于社会的知识，比较关于自然界的知识更为重要。

一方面因为每人都是社会的一份子，所以他应该知道他的社会，并负有改良他的社会的责任。

社会学科只是供给一种对于社会的看法，决不是宣传。(序言第1—7页)

陶氏对于“社会”及“社会问题”的概念，说得极为明晰。他说：

社会实在是一种有机的团体，因为那无数的社会关系都是极密切的，每种关系的一方面，稍有变化，就可以影响全体。一个人的一举一动，都有可以影响社会的势力。(第3页)

社会只是藉着社会关系显出。……世上只有社会的人，没有个人。(第4页)

他又说：

人类都有极密切的社会关系，有许多种的状况，有时可以有影响社会的势力。人的行为有时可以改变全社会的情形。这种影响或改变社会的势力扩大，足以妨害我们人类共同生活的时候，就成为社会问题。(第12页)

这都可以看到陶氏极纯正的见解。

其次，美国爱尔华教授的《社会学与现代社会问题》一书，由赵作雄氏译出，于民国九年出版，上节已加叙及。爱氏另一书《社会问题》(*The Social Problem*)于1915年出版,我国由王造时、赵廷为二氏译出,民国十一年五月经商务印书馆出版,书名《社会问题——改造的分析》,内容系叙述社会问题中各种重要原素如历史的、物质的、经济的、精神的、理想的、教育的等等,后述社会问题的解决。

其次,本书著者于民国十六年著有《社会问题》一小册,于是年六月由世界书局出版。内容分为两部,前半部讨论社会问题的性质,我国社会问题发生的原因,解决社会问题的要点及其途径。后半部讨论家庭制度及其问题。书中重视人类态度与社会问题的关系,以为社会问题常起于社会态度的转变。而同时社会态度的转变,常由于外来文化的影响。前者为一心理因素,后者为一文化因素。两者交互影响,始产生社会问题。但问题发生的枢纽——即问题的近因,则置重于社会上人们的态度。譬如晚近中国家庭问题发生的原因,一方面由于西洋家庭制度的输入——外来文化的影响;另一方面则由于社会上一般人士因得西洋家庭制度的比较,而不满意于我国固有的家庭制度——社会态度的变迁。而直接发生这问题者,则为社会态度的不满。这是该书内容的大概。

关于劳工问题,以纯正的态度,介绍美国劳工情形者,为民国十三年五月邵元冲氏在民智书局出版的《美国劳工状况》。其讨论本国劳工问题者,则以马超俊氏于民国十六年九月在民智出版的《中国劳工问题》一书为最著。其次为陈达氏的《中国劳工问题》。该书于民国十八年九月由商务印书馆出版。全书9章626页,末有附录三节。此为我国社会学者所编劳工问题的第一书。按陈氏字通夫,浙江余姚人,自清华学校毕业后,入美国哥伦比亚大学肄业,从社会学大师季廷史、乌格朋(W. P. Ogburn)等研究社会学,曾任美国劳工统计局职员,学成回国后,即执教于国立清华大学,继续研究我国劳工问题，为国内劳工问题权威教授。据陈氏言，此书编著的目的有三：

一、叙述我国劳工问题的起源和发展

二、解释该问题里比较切要的部分

三、讨论并介绍几种解决方法（序第1页）

所以本书的使命，不过根据于有限的事实，整理分析，以期指示研究的途径。（序第1页）

全书的要目如下：

第一章　绪论

第二章　工人生活状况

第三章　劳工团体

第四章　罢工

第五章　工资和工作时间

第六章　生活费

第七章　福利设施

第八章　劳工法规

第九章　结论

附录　劳工运动

陈氏因为劳工问题内容复杂，乃下一分析式的定义如下："劳工问题可以分三面研究：第一关于工人本身的，如生活费、工资、工作时间等；第二关于资本和劳工两方面，如劳资争议、劳工移动、罢工、失业等；第三关于社会的，如福利设施、工业和平等。其实上面这三方面的问题，互有关系，不能将界限完全划清。不过我们为讨论方便起见，假定了这个分析的定义。"（第1页）这是一种很审慎的看法。

关于人口问题的译著，除上述陈长蘅氏的《中国人口论》外，尚有武堉干译柯克斯（Harold Cox）的《人口问题》（*The Problem of Population*）。此书原本于1922年出版，译本于民国十四年二月初版，由商务印书馆发行。据原序说：

> 这本书的目的，是想从人口问题所影响于人类福利的方面，来考究人口问题。这是人类不能除外的一个问题。这问题有关于各个家庭健康和幸福；有关于各个国家底发荣和社会的进步，并且还有关于全世界底和平。（第9页）

读此约略可以知道这书的用意。书分6章198页，其内容如下：

第一章　人口问题底算术方面
第二章　人口问题底经济方面
第三章　战争与人口
第四章　社会的进步
第五章　人种的改良
第六章　生育限制的伦理

武氏译本除原序外，尚有杨端六氏序及译者序各一篇。

杨氏序谓:“柯克斯这本书非常浅显趣味,为中国青年所必不可不读的。”译者序说:“我之所以译这本书,且因其主张平易,较便实行;盖不徒供学术上之研究,且欲供实际上解决中国人口问题之一助咧。”(第5—6页)

次为本书著者的《人口论ABC》一书。此系世界书局“ABC丛书”之一,于民国十七年九月出版。全书13章124页。内容如次:

第一章　绪论
第二章　人口数量问题概观
第三章　人口增加率
第四章　土地利用的饱和度
第五章　文化程度
第六章　生活程度
第七章　移民的可能程度
第八章　制造品与食粮原料交换的可能程度
第九章　生育限制
第十章　世界人口将来
第十一章　人口与国际关系
第十二章　中国的人口问题
第十三章　人口品质问题

据该书“例言”说:

本书以讨论普通人口问题为主,而尤注重人口数量问题的研究。凡是以影响人口数量的各种要素,及由人口数量而发生的各项问题，皆加以切实简明的讨论。

又说：

> 向来研究人口问题者，或抱悲观，或持乐观。本书以事实为根据，推论将来可能的趋势。以有限的地球面积与食料来源，而适应无限的人口增加，似不能不令人悲观。但以人类智力的发展，先见的充分，以及从前历史事实所昭示，必能使人口将来的发展，与未来环境相适应，似又不能不令人乐观。本书相信，悲观的情境，可以造就乐观的结果。所以人口问题的前途，悲观少而乐观多。

此种见解，著者至今尚觉并无大谬。此书系著者自著，并非译自他书。书虽篇幅甚短，而内容却尚充实。其中材料，大率取资于当时较新的欧美著作，故“例言”第四条说：

> 本书各章的论据，得之于伊世德（East）、范智儿（Fairchild）、葛逊德（Carr-Saunders）、柯克斯（Cox）、辣哀脱（Wright）、路透（Reuter）诸人。而伊世德的统计材料、葛逊德的初民史料、范智儿的分析方法、路透的社会见地，有助于著者尤多。

书中论及中国人口问题，除就人口、土地、粮食三项状况加以叙述与分析外，复提出解决人口问题的对策二项：即调剂人口增加及发展粮食生产。结论说：

> 我们知道，中国并未达于人口过剩之域。中国目前人民的困苦贫穷，并非由于人口过剩。人口分布不均，实业不进步和教育不发达，实为其大原因。设能渐渐发展科学，改进农业，扩张工商业，普及教育，奖进卫生，提倡生育限制，并实行移民殖边，从事垦殖；那末，中国前途发展，正未可限量。（第106—107页）

这是20年前的意见，迄今看来，仍无不合。

其次，文公直氏有《中国人口问题》一小册，于民国十八年八月由上海三民书店发行。全书6章83页，约共不过一万五千言。内容纲目：

（一）绪言
（二）中国大陆面积之统计
（三）中国人口之统计
（四）中国人口密度之考察
（五）马尔萨斯与中国人口
（六）结论

文氏在结论中说：

> 吾人既不能确信马尔萨斯派研究中国人口所得之结论，谓中国贫困系由人口增加富源不足而来，则必须遵守孙中山

先生之遗教。中山先生所昭示吾人者为何？即“中国人口近百年来不增加，乃由于中国之贫困。中国之所以贫困，一因国内富源，未能利用科学方法，尽力开发；一因国内封建势力之摧残，国外帝国主义之剥削”。故吾人若欲解决中国人口问题，使之逐渐增加，以免亡国灭种之祸，必先救目前之贫困。若欲救目前之贫困，必须实行三民主义。一面厚集国家所有资本，努力造产；一面实行打倒帝国主义，防止列强之内侵，使现有之人口，不致减少。同时严订法律，防遏溺儿、堕胎等恶风，致力于社会治安及公共卫生，以防止土匪猖獗、恶疫横行之患。至于养老、救贫、恤疾、救灾，为《建国大纲》所规定之要政，吾人尤应共同努力，以期在最短期间内实现。能如此，吾国之人口，百年之后，必可如中山先生所预期，增加至十万万以上。且人口决无过剩之忧，物质亦决无贫乏之患，国民生计亦不至如今日艰难，庶几人类平等的大同之治，可基于斯而渐期于实现。（第81—83页）

其次，许仕廉氏于民国十九年三月由商务印书馆出版《中国人口问题》一书。此书系许氏在燕京大学讲授“中国社会问题”一课时的一部分讲稿。这“中国社会问题”的课程，据许氏自序所述，共包括人口、种族、贫穷、工业及劳工、家庭、犯罪及恶习、乡村、社会不宁、社会运动及社会改造思想十部分。许氏重视人口，他说：

人口是社会与国家的原料，是文化与财富的生产者，所以要研究各种社会问题、经济问题、政治问题、教育文化问题，必从人口入手。

又说：

中国人口，占世界人口总数四分之一，中国人口的变迁，与世界大势有很大的关系，故中国人口问题，不独是中国的问题，而且是世界的问题。（序第1页）

全书11章159页。其章目如次：

第一章　中国人口论调与人口公例
第二章　研究中国人口材料与人口增加律问题
第三章　中国人口密度问题
第四章　生产律与死亡律
第五章　中国人口之性比例及年龄分配
第六章　中国人口之婚姻状况及职业分配
第七章　中国人口之迁徙
第八章　中国境内的外国侨民
第九章　中国人口的品质问题
第十章　解决中国人口问题的方法
第十一章　补论

书中所引本国资料，甚为丰富。且处处能与外国资料相对比。在民国十六七年之时，此类资料，殊为可贵。这书可说是第一本讨论本国人口问题较为详细的书。许氏尚有《人口论纲要》一书，于民国二十三年九月由中华书局出版。全书凡二十余万言，内容包括：人口问题与人口政策，定期人口调查与人口登记统计，人口之增加与人口增加率，人口增加的生物法则，人口限制与人口压力，人口与食源，工业原料与人口之将来，人口的地理要素，都市人口之集中，婴儿死亡率，平均寿命，人口保存率，结婚率，离婚率，生产率，人口存余率，生命指数，公共卫生，生育节制，人口密度，人口时中点，人口之品质，人口结构与分配，人口之迁徙，人口的国际关系，二十四世纪以前之人口理论，近三十年之人口理论等。末附中国人口问题研究举例。此书系以讨论人口的一般状况及问题，与前书之专论中国人口问题者不同。读许氏此二书可以知道许氏对于人口问题的事实及理论的见解。许氏，湖南湘潭人，留学美国伊乌华大学。归国后，即任北平燕京大学社会学教授，创立社会学与社会工作学系，任系主任逾十年，造就人才甚多。著作除此二书外，尚有《国内几个社会问题讨论》（北平朴社）、《文化与政治》（同上）等书。

再次，为本书著者主编的《中国人口问题》一书。此书系中国社会学社第一次年会论文集。民国二十年二月第二届年会中所读论文，由著者编成年刊，于二十一年八月由世界书局出版。该书共收论文16篇，除第一篇系著者以当年年会主席的身份宣读的一篇演词"中国社会学的过去、现在及将来"外，余均有关人口问题的论文。兹将各篇题目列下：

一、《中国社会学的过去、现在及将来》（孙本文）

二、《研究中国人口问题应行注意的几个要点》（陈长蘅）

三、《生育节制与我国人口问题》（陈达）

四、《人口增加的可能性》（应成一）

五、《人口变迁与社会变迁》（胡鉴民）

六、《中国全国人口调查之商榷》(言心哲)

七、《中国海外移民鸟瞰》(吴景超)

八、《满洲移民》(江文汉)

九、《日本移民满蒙之分析》(包怀白)

十、《一个出生性比例的调查》(吴泽霖)

十一、《中国男多于女所发生的失婚问题》(李剑华)

十二、《山西清源县一四三农家人口调查之研究》(乔启明)

十三、《江宁县四八一家人口调查研究》(张履鸾)

十四、《西汉名人地理分布的研究》(刘桀)

十五、《上海市之社会事业》(毛起鵕)

十六、《大都市与人类福利》(W. S. Thonysson)

这是一本共同讨论人口问题的合作论文集,其中汤姆森一篇系登载原文。全书资料,至今尚有参考价值。

民国二十三年除上述许仕廉氏的《人口论纲要》外,尚有陈达氏的《人口问题》及柯象峰氏的《现代人口问题》二书。

陈氏之书系于是年八月由商务印书馆出版,为"国立清华大学丛书"之一。全书分4编22章450页。此系陈氏在清华大学的讲稿。据自序中说:

著者自民国十三年起,于清华大学授课时,在"社会学原理"中注重讲授人口理论;自十五年以后,将"人口问题"另立一课。每年搜集材料,编印讲义;经几次修改,渐成系统。于民国二十一年春,起始材料的组织,逾二年乃成本书,其内容

注重人口问题的普通方面，但于可能范围内，介绍并讨论我国的人口资料。（序第3页）

此书材料丰富，内容充实，洵为陈氏成熟的著述，非任何迻译或辑录他人之书者可比。但陈氏尚在序中自谦云：

学问是无止境的，著者对于人口问题虽甚感觉兴趣，并有若干年的努力，但因问题的性质复杂，且因著者的学识与闲暇都受限制，对于本问题愧未能有精深的贡献。本书不过是研究进行中的一个工作报告，著者的努力是继续前进的。（序第4页）

由此可以见到陈氏的研究态度，甚可令人钦佩。该书全目如下：

第一编　人口理论
　第一章　马氏以前的人口习惯与理论
　第二章　马尔萨斯主义
　第三章　马氏以后的人口理论
第二编　人口数量
　第四章　人口清查：方法、效用与略史
　第五章　人口清查：内容
　第六章　人口登记
　第七章　人口估计
　第八章　生育率

第九章　死亡率

第十章　自然增加率

第三编　人口品质

第十一章　人的遗传

第十二章　环境

第十三章　遗传、环境与文化

第十四章　自然选择：灾荒

第十五章　社会选择：生育节制

第十六章　社会选择：区别出生率

第十七章　生存竞争与成绩竞争

第四编　人口与国际关系

第十八章　世界人口的趋势

第十九章　世界移民现况

第二十章　世界人口与农业

第二十一章　世界人口与工商业

第二十二章　人口政策

陈氏在最后一章中，对于我国人口政策，有极详细的探讨。他说：

> 现今世界上有三国，其人数似已超过于天然富源，即印度、日本与中国。平心而论，三国都应采用人口的限制（生育节制），以期减少贫穷而发展文化。（第417页）

氏因举我国应采此项政策的理由凡五：（一）从人口数量方面

说，“我国有高生育率与高死亡率，其结果则自然增加率减低，因此于人口的数量实际并未有大量的增加。多生则多死，于个人家庭及社会俱有损而无益”。“我国如欲保存现在的自然增加率，同时要减少上述的损失，其最简捷的办法，是生育率与死亡率的减低；要想贯彻这种主张，节育是必要的”。（第417页）

（二）从人口品质方面说，“教育愈普遍，品质当然愈优”。因此“为改进我国的人口品质起见，我们必须增加入学的人数”，同时，“我们必须推广教育于农界及工界”。（第418—421页）

（三）从生活程度说，“我国工人有最小的入款，因此，我国工人只能维持较低的生活程度”。“如果我国的教育费用，维持现状，如果农工界的入款，无显著的增加，以大体论，农工界的儿女于最近的将来，没有入中学的希望；至于入大学的困难，当然更多。”“关于解决的方法，大致有三条大路：一、免费教育的推广，二、人民入款的增加（如工资与薪金的提高），三、生育节制。三种办法，俱宜采用，但节育是比较最直接最有效的”。（第422—427页）

（四）从社会环境方面说，“我们既有不良的社会环境，还有人愿意增加人口，使得环境更加变坏么？还是有人愿意限制人口，以便社会骚乱、贫穷与罪恶不致扩大，因此给予我国社会逐渐改良的机会呢？”（第429页）

（五）从国家患难方面说，“我国目前是内忧外患交迫的时候；对内则政基未固，社会的祸乱甚多；对外则强邻环视，待机而动”。“我国今日即使保存现有的国土，已觉有人满之患，何况失去四省？”“为求四省的恢复，我国必需要有军事的准备，这是无疑的；但比较根本的问题，恐怕还不是军备而是人口的减缩。”（第430—431页）

陈氏总结说："我国立国的基础，要建设在有职业、有教育、有爱国心的民众之上，那必须要改良人口的品质。我们应该减少人口的数量，提高人民的知识，然后可以实行巩固国防的工作。"（第431页）

柯象峰氏的《现代人口问题》，于二十三年十一月由正中书局出版。全书3编12章492页。除自序外，尚有孙本文氏序文一篇。孙氏序云：

> 自来人口论者大抵不出马尔萨斯之窠臼，注重纯粹生物的与经济的因果之探讨，惟然，故人口问题之重心，常在人口与食料之调剂。晚近欧美生育限制运动之风行，与夫人口出生率之继续降低，实予人口论者以重大之刺激，使知世界人口增殖之趋势，不尽如马尔萨斯辈预料之可忧。而人口前途之枢纽，不在人口本身无限繁衍，不在食料之难以无限增产，而在人类文化之剧激变迁。十九世纪人口增加之速，固非十八世纪所可逆料；而二十世纪生育降低之趋势，亦非十九世纪所可臆测。盖文化变迁之趋向殊也。间尝谓人口与食料的调剂，不在人口与食料的本身，而在操纵此人口与食料之文化原素。盖人口与食料之增减，非人口与食料之本身能自为增减，实文化状况有以使之增减，彰彰明甚。故人口问题之重心，在文化而不在人口与食料。是故研究我国人口问题者，其注重之点，应在如何改进文化环境，使死亡率减低，而不在斤斤于表面人口数量之增减；应在如何发展科学、改良农业、开垦荒土，使食料增加，而不在斤斤于人口过剩之杞忧。柯象峰教授此书，其所持论，大率近是。

柯氏书的内容，在编制方面，大致与陈氏书，颇有相近之处。观其纲领，即可知之。其纲目如次：

第一编　总论
　第一章　绪论
　第二章　人口调查
　第三章　人口问题之理论
第二编　人口问题之分析
　第一章　人口与生活资料
　第二章　人口组合
　第三章　出生率
　第四章　死亡率
　第五章　人口之自然增加及其趋势
　第六章　人口之迁徙
　第七章　人口品质
第三编　结论
　第一章　人口问题之国际观
　第二章　人口问题解决之展望

柯氏书中，中国统计资料搜集甚富，据自序云，乔启明氏供给不少本国材料和图表。全书所录中外统计表达115种。末又附录“内政部户口调查表式”及“人事登记表式”等22种。这是十余年前一本人口问题很好的教科书，与陈氏之书，互相辉映。柯氏，安徽人。自金陵大学毕业后，曾往法国巴黎大学研究社会学，回国后，即任金大社会学教授、系主任，已十余年。著作除此书外，尚有

《中国贫穷问题》(正中)、《西康社会之鸟瞰》(正中)等。

民国二十四年有言心哲氏的《中国乡村人口问题之分析》一书于四月间由商务印书馆出版。该书篇幅甚短,仅有12节71页。据言氏“自序”云:

> 本书之资料,系汇集我国近十余年来之各地乡村人口调查,加以综合之整理与分析,以期对于我国乡村人口问题的各方面,求一近似之结论。

观此可知,此书是言氏搜集各种有关乡村人口统计资料,而加以综合的分析的结果。甚便于研究农村及一般人口问题者的参考。其内容如下:

一、引言
二、中国乡村人口的数量
三、中国乡村家庭人口的结构
四、中国乡村人口年龄的分配
五、中国乡村人口的性别与性比例
六、中国乡村人口的生育率与死亡率
七、中国乡村人口的婚姻状况
八、中国乡村人口的职业状况
九、中国乡村的人口密度
十、中国乡村人口的增减趋势
十一、中国乡村人口的迁徙
十二、结论

言氏，湖南湘潭人，曾留学美国南加洲大学。归国后，历任燕京、中山、中央诸大学教授，及复旦社会学系主任。著作除此书外，尚有《社会调查大纲》（中华）、《农村社会学概论》（中华）、《现代社会事业》（商务）等多种。

其次，吴泽霖与叶绍纯二氏合编的《世界人口问题》一书，于民国二十七年七月由商务印书馆出版。全书分8章200页，讨论世界各国人口现状及其问题。内容注重事实的分析而不重理论的阐发，此与上述陈、柯二氏的著作，在编制上稍有不同。其章目如次：

第一章　人口问题的重要及其起因
第二章　世界人口数量
第三章　世界人口的增加
第四章　世界人口之将来
第五章　出生与死亡的趋势
第六章　世界人口之移动
第七章　世界主要生活资源之分布
第八章　人口政策

各章内容，除作世界人口一般的分析外，并兼及中国人口的状况。其所引统计材料，已至1935年，在当时可说是最近的了。至其议论，颇多警辟之语。例如论到中国人口问题时，则说：

我们如以中国的自然环境所能供养人口的限度来论，以目前中国人口的结构内容来论，以为中国人实不应只一味盲

目的生育，而应当注意于人口品质的改善，内容的健全与死亡率之减低。（第13页）

又如论到世界人口问题时，则说：

至于各自节制生育，莫使人口过事膨胀，当然也是一种根本的办法。无如现世各国，都竞以奖励人口增加为能事。同时自己势力范围的土广人稀的殖民地，又不许外人入境，一面人口过多的强国又拼命向弱小的国家侵凌压迫，这样哪得不你侵我夺，国际间闹得风云变色，战气弥漫呢！（第44页）

此外，关于人口问题的文献，尚有二书，亦应一述。

其一、杨振先氏著的《人口学原理》，于民国三十年十一月由福建省研究院出版。全书12章380页。内容偏于一般人口原理的探讨。其章目如下：

第一章　绪论
第二章　马尔萨斯以前的人口理论
第三章　马尔萨斯人口学说
第四章　马尔萨斯以后的人口理论
第五章　人口分配与组织
第六章　人口的增加及趋势
第七章　生产率与死亡率
第八章　人口的调查
第九章　人口的品质

第十章　人口的限制

第十一章　人口的迁移

第十二章　人口问题的剖视

其二、主计处统计局所编的《中国人口问题的统计分析》，于民国三十三年一月由正中书局出版。全书分4章109页，内容偏于统计的分析。其节目计分：

第一章　总述

第二章　人口分布

第三章　人口组合

第四章　人口增减

按此书系统计局所编"内国问题统计丛书"之一。其主要目的，在应用统计方法与统计数字，以期明了中国政治、社会、经济各方面问题之所在，并探讨解决之途径，故此书只就有关人口问题的各项统计材料，加以比较分析，以期得一综合的观察。此虽仅系一材料书，但对于研究人口问题之人，非常受用。

其次，关于劳工问题尚有二书，亦应加以叙述。

第一，骆传华氏著的《今日中国劳工问题》，于民国二十二年七月由上海青年协会书局印行。全书14章462页。有李平衡序及自序各一篇。李序有云：

中国劳工问题之解决，也得站在民族主义的立场，把国内的劳力和资本，集中于完成"自由平等"之目的上去努力，然后劳工问题，不致流为劳工雇主间枝节问题，而有解决之望。虽然，中国劳工问题之解决，还不是这么简单的事。工时、工资、工人福利事业，工会运动经过，以及中国经济情形，国际劳工状况，与夫本党劳工政策等等。历史的探讨，现状的观察，决不可忽。然后就民族意识上寻求解决途径，会有着落。（序第2页）

李氏以为，骆氏此书对上述诸端，均有所论列，足供参考。骆氏书中材料，大体是由个人亲身观察所及，或随时搜集而得，故其中颇多外间不易见到的资料。自序中说：

作者最近数年来因为职务的关系，曾亲往各重要工商业区域调查考察。各地大规模的工业组织和工会组织，亦多亲临参观。因此，对于中国工人运动的实际状况，得以略窥大要。而所搜集之各种实际材料、工运刊物，亦复不少，个人方面获益良多。但返观中国出版界中对于劳工问题的实际材料的书籍，实不多觏。用敢将个人数年来调查搜集的材料，整理付梓，以供热心劳工问题及从事工人运动的同志参考。（序第3页）

于此可知该书材料的来源。其内容纲目如下：

第一章　中国经济的危机
第二章　中国劳工运动的起源及发展
第三章　中国重要工会的研究

第四章　国民党的劳工政策

第五章　共产党与中国劳工运动

第六章　中国劳动法的过去与现在

第七章　工厂法的实施问题

第八章　劳资争议与劳工工作条件问题

第九章　中国几种特殊的劳工状况

第十章　中国劳工教育

第十一章　中国的失业和无业问题

第十二章　中国劳工的福利

第十三章　中国与国际劳工组织的关系

第十四章　中国经济复兴的条件

书末附有劳工法规 7 种、“中国二十年来劳工大事记”及参考材料等。此书在民国二十二年以前的状况，颇多可供参考之处，洵为一重要著作。

第二，何德明氏的《中国劳工问题》一书，于民国二十六年一月由商务印书馆出版。全书 9 章 224 页。其要目如下：

第一章　中国劳工问题导论

第二章　女工与童工问题

第三章　工资与工作时间问题

第四章　工会问题

第五章　罢工问题

第六章　失业问题

第七章　福利设施问题

第八章　劳工风纪问题
第九章　中国劳工问题的解决

此书诚如何氏自序中言,是一本普通的入门之书。因此,书中所言,并无高深理论。惟所引统计材料,较为新颖。其中不少民国二十二三年间的统计数字。陈达氏对此书曾谓:"本书于材料的去取,显示鉴别的能力;于章节的叙述,亦简明而扼要。"甚为确当。

此外,柯象峰氏有《中国贫穷问题》一书,于民国二十四年十月由正中书局出版。凡3编12章416页。这是第一部有系统的研究中国贫穷问题的书。书中材料,全系柯氏在授课时所搜集,已相当丰富。而其内容则重在问题的提出,不多作解决的建议。其自序有云:

> 作者就个人见解所及,认为在中国今日之状态中,国人所最感迫切的,恐怕还是贫穷的解除罢!……中国的贫穷问题,实在是值得深切注意和研究的。……因为认清这问题的重要和繁难,很愿意来提倡这种研究,所以只从最小的限度上工作,那就是想把有关的各项问题尽量的提出来,虽然不敢说是完全,或者可以藉此供给一般人作进一步研究的参考。(序第1—2页)

这已可以见到此书的宗旨了。兹再揭示其纲目如下:

绪论
第一编　贫穷之实况
　　第一章　贫穷与生活程度

第二章　各国生活程度的比较

第三章　各国贫穷现状之估量

第二编　贫穷原因之分析

第四章　贫穷原因概论

第五章　中国贫穷之物质因子

第六章　中国贫穷之生物因子

第七章　中国贫穷之政治因子

第八章　中国贫穷之经济因子

第九章　中国贫穷之社会因子

第十章　贫穷之影响。

第三编　贫穷之防治

第十一章　贫穷之预防——治本

第十二章　贫穷之救济——治标

结论

书末,附录"社会救济事业进行办法大纲草案"、"生计调查计划大纲"、"各种调查表举例"、"个案调查表"等四种。

对于中国贫穷之预防,在治本方面,柯氏主张:一、自然环境应加改善,二、应采取适当人口政策,应改善社会环境。在治标方面,氏以为:

救济的目的,是要使不能生产者能得着适当的生活,使无力生产者养成生产能力,已经失去生产能力以及暂时失去生产机会者,均各得适当的救济,能培植及恢复生产能力。亦即先贤所指应"老有所终,壮有所用,幼有所长,鳏寡孤独废疾

者，皆有所养”。再加上一番科学洗礼，使教养兼施，各得其宜，以期社会共进于光明之途。（第 338 页）

关于农村问题，有民国十九年世界书局出版杨开道氏的《农村问题》及民国二十六年商务印书馆出版李景汉氏的《中国农村问题》二书，系出于社会学者之手。前者系杨氏为世界书局所编“农村生活丛书”之一，仅供通俗阅览之作。后者仅列入“万有文库”，外间不易购得。二者篇幅均短。

至此，所有国内所出著者认为比较重要的有关社会问题的译著，已约略叙及。最后请一述本书著者所著的《现代中国社会问题》一书。此书共计四册，自民国三十一年七月至三十二年十一月出齐，由商务印书馆列入“大学丛书”。全书讨论家族、人口、农村、劳资四种问题，共 34 章 1103 页。兹将各册出版年月及章数、页数列后：

第一册：《绪论及家庭问题》，9 章 243 页，三十一年七月初版

第二册：《人口问题》，7 章 292 页，三十二年一月初版

第三册：《农村问题》，8 章 229 页，三十二年五月初版

第四册：《劳资问题》，10 章 265 页，三十二年十一月初版

末附全书学名索引 14 页，又各册目录序文 60 页。

此书编著的宗旨，及其在理论、范围、材料、方法、立场各方面，则在著者自序中有明晰的说明，兹引摘于下：

夫我人研究社会问题，必须根据事实分析，非可凭空泛论。时至今日，各种实际社会状况之调查，无论在家族、人口、农村与劳资团体等方面，皆更臻细密与详赡，正应利用此类累

积之材料,作比较详细与综合之叙述与分析,以供有志研究社会问题者之参考。本书之辑,希望能尽此任务。

本书在理论方面,悉依社会学原理,作讨论之根据。社会问题,据本书意见,为共同生活或社会进步发生障碍之问题。申言之,所谓社会问题,应有二方面:或为共同生活调整问题,或为社会改进问题。本书所论述之诸问题,其性质不出斯二者之外。

在范围方面,本书讨论国内四种主要社会问题,即家族问题、人口问题、农村问题与劳资问题。每种问题又按其内容别为数问题,再益以非常时期的社会问题,共计全书探讨的问题,达四十以上。明知此固不能概括国内全部社会问题,但主要者大致多已论及。

在材料方面,大都系著者十余年来在各大学讲授社会问题时陆续搜集。有统计材料,有个案材料,有历史材料,亦有法律条文及专家意见,以能阐明问题之真相,使不远离事实为归。

在方法方面,务求先据各种事实详加分析,然后予以论断。每一问题之探讨,必首述其意义与范围,次述历史背景,次述其内容特点与现状,末述解决办法而总结之。又每论一问题,必先述欧美各国情形及其所发生之特殊问题,藉资与我国问题作一比较。

最后,在立场方面,各种问题分析,均以我国问题为本位,以社会学观点为中心,以三民主义见地为归宿。凡上各点,略可表明本书之性质与内容。(序第1—2页)

全书节目繁多,兹仅举其要目如次,藉见一斑:

第一编　绪论

第一章　社会问题的性质与范围

第二章　社会学与社会问题的关系

第三章　中国社会问题的背景

第四章　本书的计划

第二编　家族问题

第五章　家族制度

第六章　西洋家庭制度的演变及其问题

第七章　晚近中国家族制度的变迁及其问题(一)

第八章　晚近中国家族制度的变迁及其问题(二)

第九章　非常时期家族问题

第三编　人口问题

第十章　关于人口问题的学说

第十一章　世界人口现状及其问题

第十二章　中国人口与粮食现状(一)

第十三章　中国人口与粮食现状(二)

第十四章　中国人口主要问题(一)

第十五章　中国人口主要问题(二)

第十六章　非常时期人口问题

第四编　农村问题

第十七章　农村社会的演进与现代农村社会的特征

第十八章　西洋农村社会的现状及其问题

第十九章　中国农村人口土地与生活状况

第二十章　中国农村建设运动

第二十一章　中国农村主要问题(一)

第二十二章　中国农村主要问题(二)
第二十三章　中国农村主要问题(三)
第二十四章　非常时期农村问题
第五编　劳资问题
第二十五章　劳资问题的起源及其背景
第二十六章　西洋劳资问题的内容及其救济
第二十七章　中国劳工运动的回顾
第二十八章　中国劳工政策与劳工法规
第二十九章　中国劳资问题的特性
第三十章　晚近中国工业概况
第三十一章　中国劳资问题的内容(一)
第三十二章　中国劳资问题的内容(二)
第三十三章　非常时期的劳资问题
第三十四章　总结——解决社会问题的原则方法与途径

书中附表,计有270种,附图12。自第二册起各在书末附有关法规及人口统计表等共32种。此书所引材料,以迄民国三十一年为止,在以上所述各书中为比较取材稍新;而在内容方面亦尚称充实。出版以来,颇为社会人士所欢迎。此书在第四册中曾提示解决社会问题的原则、方法与途径,应略予一述。

据此书,解决社会问题的原则有八:

一、应以国家民族的利益为中心

二、应以国家中心思想为准绳

三、应不背国家改定的社会政策

四、应顾及社会各方面的利益

五、应顾及问题的地方性与时代性

六、应顾及问题的起因与影响

七、应治标治本双方兼顾

八、应知社会问题的解决实无一劳永逸的办法(第203—205页)

其次,关于社会问题解决的方法,著者以为,首先应该知道社会问题的症结所在。社会问题的症结,不外两方面:即客观的环境方面与主观的心理方面。大抵症结在环境方面的社会问题,其主要的解决方法,在于改变环境的状况以适应问题的需要。症结在人事或心理方面的社会问题,其主要的解决方法,在于改变问题当事人的心理态度以适应环境的需要。因此,从环境方面谋社会问题的解决,不外三端:一曰革新社会机构,二曰调整环境状况,三曰提高文化水准。

从人事或心理方面谋社会问题的解决,其方法有二:

一为养成问题当事人应有的基本态度,其方面有四:一曰互相谅解,二曰互相尊重,三曰互相退让,四曰互相合作。

二为训练问题当事人应有的知能与习惯,其方面有三:一曰增进职业技能,二曰增进普通知识,三曰改善日常习惯与人生态度。(第205—208页)

至于解决社会问题的途径,大体上不外五方面:即从法律、政治、教育、经济与社会运动各方面谋社会问题的解决。(第209—212页)

总结——以上所分叙的有关社会问题的书籍31种,大都出于社会学者之手,即使有数种系由从事实际工作者所撰,但亦颇具科学的态度,与纯粹宣传作品不同。大抵由著者看来,中国所出重要的社会问题著作,均已述及。读者可以从此简略的叙述中,窥见我国研究社会问题的发展状况。可以见到从比较简略的译述，而渐进于详赡的撰著；从比较笼统的讨论，而渐进于数量的分析；从迻译外国的著作，渐进于纯粹中国问题的探讨。其发展之迹，至为显明。其余非由社会学者所撰的社会问题著作尚多，因限于篇幅，未能一一在此叙及。

第六章　社会心理学的研究

社会心理学一类书籍输入中国当以吴旭初氏译黎朋(G. Le-Bon)的《群众心理》(*Psychologie des Foules*)为最早。该书于民国九年由商务印书馆出版。同一原书有另一译本,取名《群众》,为钟建闳氏所译,泰东书局出版。黎朋尚有二书亦经译出。其一为《民族进化的心理定律》(*Lois Psychologiques de L'Évolution des Peuples*),系张公表氏所译。其二为《革命心理》(*La Révolution française et la psychologie des Révolutions*),系杜业师氏所译。二书均由商务印书馆出版。

其次,为刘延陵译麦独孤(W. McDougall)所著的《社会心理学绪论》(*An Introduction to Social Psychology*)。该书于民国十一年十一月由商务印书馆出版,分上下两册,上册 9 章 295 页;下册 10 章 171 页,又第十四版序 13 页。按麦氏原书于 1908 年出版,以本能论为全书骨干,享盛名者在十年以上,至 1920 年顷,本能论大受各方批评。而我国正于此时迻译此书,颇感我学术界消息之滞迟。

再次,有金本基氏译爱尔华(C. A. Ellwood)著的《社会心理学》(*Introduction to Social Psychology*)。爱氏为美国心理学派社会学家,视社会心理学为心理的社会学(psychological sociology),此书即爱氏根据此种观点编著而成。

民国十二年四月梁启勋译华勒士(G. Wallas)的《大社会》(*The*

Great Society)，取名《社会心理之分析》。全书分两编 13 章 232 页。原书为极有价值的著作，乃社会心理学文献中一重要作品。据序云：

> 全书之内容，乃将现代社会生活之心理，从个人及群众之两方面而分析之；换言之，即根据于社会心理学的见地，以研究现代文明生活之社会，何以如此构造，他日当作何等变化。（序第 2 页）

又说：

> 本书以研究人类之根性——本能的根性及理性的根性——为出发点，而专注重于环境生活之关系，次言习惯与天性之利害得失，恐怖性之于政策上及教育上之效果，苦乐之感情及人生之幸福，模仿、同情、暗示乃群众心理之要素，于大社会组织之影响若何重大，若何危险。爱恨之情，乃战争之主要动机，然亦社会结合之关键，思虑乃大社会组织之最要品，常与感情相附而行，其发达必须与物质的条件，有一定之关系，思虑之组织与意志之组织，乃由思虑、意志、幸福之三种形式构成。（第 2 页）

这是该书的大要。其篇目如下：

第一篇

一、大社会

二、社会心理学

三、本能与理性

四、根性与环境

五、习惯

六、恐怖

七、苦乐与幸福

八、群众心理学

九、爱与憎

十、思虑

第二篇

十一、思虑之组织

十二、意志之组织

十三、幸福之组织

国人自著的社会心理学，当推陆志韦氏的《社会心理学新论》一书为最早。该书于民国十三年三月由商务印书馆出版。全书分7章155页。陆氏此书系根据麦独孤与亚尔保（F. H. Allport）二氏之书，而尤以亚氏之书，适才初出，影响甚大。据其自序中说：

> 本书的主张，就是行为派的主张。行为论的范围极狭，凡一时不能分析的现象，一概摈之门外。然而社会心理学势又不能不谈思想、行动、模仿等事，因此，本书不属于极严整而也极迂曲的行为派。同时我们又积极反对 Soft Behaviorism 的把意识与行为，合为一谈。……本书用内省派传授下来的旧名目，只当反应看，不当意识看。（第2页）

氏自信受杜威与华勒士两位的影响很大。他说：

我很感谢 Wallas 与 Dewey 两位先生，他们的著作所指导我的实在不少。（第 3 页）

对于社会心理学的本质，在他看来，是不能成为专门的学问。他说：

社会心理学的现象，仍不外乎各个人的反应。

简直的说，以社会心理学为专门学是不可能的。

人在社会里养成习惯，尤其是语言符号的习惯，这些事当不是人力所能节制、科学所能分析的么！（第 155 页）

全书的章目如下：

第一章　社会性的习惯
第二章　本能
第三章　动作的改变
第四章　礼法与食色
第五章　共同的行为
第六章　崇拜与思想
第七章　社会心理学

亚尔保的名著《社会心理学》，于民国二十年五月，经赵演氏译出，在商务印书馆出版。全书分 2 编 15 章 491 页。其纲目如下：

第一章　社会心理学——个人行为与意识的科学
第一编　个人的社会方面
第二章　人类行为的生理基础
第三章　基本活动——遗传的与学习的
第四章　感情与情绪
第五章　人格——社会人
第六章　人格的测量
第二编　社会行为
第七章　社会行为的性质与发展
第八章　社会刺激——言语与姿态
第九章　社会刺激——面部与身体的表情
第十章　对社会刺激的反应:基本形式
第十一章　对团体中刺激的反应
第十二章　对群众中社会刺激的反应
第十三章　社会态度与社会意识
第十四章　社会调适
第十五章　社会行为对社会的关系

按原书言简意赅,其属词造句,全采科学的态度,故为社会心理学中不可多得的名作。亚氏是心理学家,其对社会心理现象的分析,全采个人的立场。在氏看来,社会心理学是研究个人的社会行为与社会意识的科学。这种见解在全书中始终贯彻。译本文笔尚佳。

次之,有高觉敷氏所编《群众心理学》,于民国二十三年十二月由中华书局出版。全书 9 章 162 页,附中西名词索引 10 页。其章目如下：

第一章　什么叫做群众

第二章　群众的思想与行为

第三章　群众的两个动力

第四章　公众的意见

第五章　宣传

第六章　流言

第七章　群众心理的学说

第八章　（续）

第九章　尾声

据高氏自序云：

> 心理学在系统的理论上，派别甚多，纠纷难解。即就群众心理而言，群众有没有一个超个人的心灵呢？倘没有，那么群众行动的暴烈又如何始可解释呢？这些问题本不易求一最后的解决。本书只是要描写群众的行动及群众行动之背后的动机。对于舆论、宣传、流言等事，只求其能根据近时实验的结果而加以诠释。最后数章虽译述群众心理的学说，然而学说的创造谈何容易，以作者的学力，则又岂敢？（自序第1—2页）

该书大抵以黎朋、马丁（E. D. Martin）、亚尔保、斯普劳（Sprowls）、高尔德（Ganlt）、滕禄普（Dunlop）等的著作为根据编写而成，虽仅一百余页，但颇扼要。

高氏与上述陆志韦氏同为国内著名心理学家，高氏译著尤多。

抗战前出版的社会心理学书，尚有刘宝环译巴朗德(G. Palante)著的《心理社会学论》一书，于民国二十六年十一月由商务印书馆印行。全书5篇29章261页。其篇目如下：

第一篇　绪论——社会学的定义方法和分类
第二篇　社会怎样形成
第三篇　社会怎样维持
第四篇　社会怎样演化
第五篇　社会怎样分解而灭亡

书中说：

在我们眼中，社会学只不过是社会心埋学而已。而此社会心理学云云者，仍不过是研究给社会生活紧拉在一起之诸多单位的心理状况的一种科学而已。(第5页)

以上连篇累牍都侧重于社会心理学方面的讨论，这是因为我们把它看作是社会学的真正核心。一般空形社会学(Sociologie Formelle)的党徒，他们自己为事理所迫也给心理学上的演绎牺牲了一部分的努力，他们也承认惟有心理学上的定律，才能抽绎出社会学上的定律来。(第13页)

到此我们便可知，社会心理学有双层的对象：第一，个人意识之加入，究竟对于社会意识之形成、之演化有若何影响？第二，既形成而演化之社会意识将怎样去操纵个人意识？(第13页)

在此一段文字中，我们可以看到这书的主张及其内容要点。

抗战时期头一本有关社会心理的书，是陈雪屏氏的《谣言的心理》。此书于民国二十八年五月由商务印书馆用“艺文丛书”名义出版。书仅6章68页，但却提出了社会心理学中向被忽略而极重要的问题。向来社会心理学中很少讨论到谣言问题，尤其是详细的讨论。欧美尚且如此，遑论我国。所以陈氏此书，就此点言，对于社会学的材料方面，颇有贡献。书的章目如次：

第一章　导言

第二章　谣言的意义

第三章　使报告失真的基本因素

第四章　谣言演变的原则

第五章　预示未来的谣言与童谣

第六章　谣言的力量

陈氏云：

谣言是一种复杂的心理社会现象。决定它的产生与流布的因素为数极多，我们至今还缺乏适当的研究方法。（第1页）

最近都勃（Doob）发表《宣传学》一书，可以说是在这一方面集大成的著作。这些研究对于谣言多少有相当的关系，但谣言本身的主要问题却很少受到心理学家严重的注意。

我们在墨菲（Murphy）的《实验社会心理学》这样一部一千多页的巨作中，竟找不到一篇有关谣言的实验。（第2页）

陈氏又说：

> 作者这一个尝试，只是研究谣言的初步，偏重在科学的叙述。假如我们想精确地测定谣言的力量，或者想直接地分别衡量主观成分增加的效果，还需要更进一步的实验工作。（第3页）

在“谣言的力量”一章中，陈氏说：

> 谣言是一种集合的刺激与反应的联锁。……谣言是一种极微妙的心理社会现象。我们先要了解它，然后才能操纵它。（第64页）

书中所引事例，或取之于时事，或取之于历史，分析得极精细适当，为一不可多得的著作。

陈氏为心理学与教育学家，留学美国哥伦比亚大学，历任东北及北京两大学教职，尚有《从心理学观点谈人事问题》一书，可见其甚注重社会心理的研究。

民国三十二年十二月阮春芳译何林渥（H. L. Hollingworth）所著的《听众心理学》（*Psychology of Audience*）一书，由中国文化服务社印行。全书13章223页。按何林渥氏为美国著名应用心理学家，此书为其近作。书中充满实验材料，为研究听众问题者不可缺少的参考书。译本有删节处，但尚无大碍。全书篇目如下：

第一章　绪论

第二章　初步的分析
第三章　听众的类型
第四章　典型的情境
第五章　吸引听众
第六章　把握听众
第七章　怎样使有深刻的印象
第八章　说服的心理
第九章　指挥行动
第十章　讲堂
第十一章　听众的影响
第十二章　听众所生影响的实验研究
第十三章　怕上台的心理

听众心理是群众心理的一方面，而群众心理是社会心理的一方面。故听众心理在社会心理学中不过一极小方面，犹之谣言的心理然，但亦有其地位。

三十四年二月萧孝嵘氏有《群众心理》一小册出版，系“军事心理学丛书”第四种，由军事委员会干部训练团印行。书仅 20 页，内分 19 节。凡群众的性质、功能及其控制方法，均予以适当的分析，为一简明的参考书。按萧氏为国内有数心理学者，对于人事心理极有研究。

同年十一月有陈坚节译霍伯契（M. Halbwachs）著的《信仰心理》（*L'origine de Sentiment Religioux*）一小册。全书仅 7 篇 72 页。这书原是从涂尔干《宗教生活的基本形式》（*Les Formes Elémentaire de la vie Religieuse*）一书中撮述而来。章目如次：

一、如何定宗教的定义

二、最基本的宗教有没有存在

三、图腾的信仰

四、如何解释图腾制度

五、图腾原是氏族的象征

六、魂魄、幽灵、天神等观念之由来

七、结论

译者自序中曾举出书中要点,兹摘其尤重要者数点如下:

凡宗教的信仰定必包含“神圣”与“粗俗”两种对立的性质在里面。

在这些社会中(指澳洲及亚洲的土人),人们所信仰的,或者是一块木头,或者是一块石片,木头或石片上面盖有禽兽或草木的性状,名曰图腾。他本身的力量,固然充分流露神圣的性质,即与图腾形状相同的禽兽或草木,亦同样带有神圣的性质;推而广之,甚至氏族中同以图腾命名的人,亦有神圣的性质。图腾何以会有这样大的力量?这是值得注意的问题。

这特殊的力量乃从社会而来。图腾乃氏族的象征,神圣原则乃社会力量之精神化,社会学上对宗教信仰的理论基础,到此完全奠定了。

涂尔干对信仰心理所指示出的特点,就是信仰之两重性质:一是个人的内心生活,一是社会的力量。文化愈前进,这两者之距离愈远。

这可说是信仰心理的社会学的解释。

最后请一述本书著者所著的《社会心理学》。此书于民国三十五年十一月由商务印书馆出版。全书分上下两册，共计6编30章552页，另附录41页，其要目如下：

第一编　绪论
　　第一章　社会心理学的目的
　　第二章　社会心理学的对象
　　第三章　社会心理学的范围
　　第四章　社会心理学的问题
　　第五章　社会心理学的源流与派别
第二编　行为的基础与形式
　　第六章　行为的生理基础
　　第七章　行为的环境基础
　　第八章　行为的基本形式
　　第九章　行为的觉知——意识
　　第十章　行为的一般特质——人性
第三编　社会对于个人行为的影响(上)
　　心理的社会环境对于个人行为的影响
　　第十一章　态度
　　第十二章　意见与成见
　　第十三章　舆论
　　第十四章　谣言
　　第十五章　群众行为
　　第十六章　其他心理的社会情境

第四编　社会对于个人行为的影响(下)

文化的社会环境对于个人行为的影响

第十七章　风俗与时尚

第十八章　道德与法律

第十九章　宗教

第二十章　人格的形成——社会环境影响的具体化

第二十一章　社会环境约制个人行为的法则(上)暗示

第二十二章　社会环境约制个人行为的法则(中)宣传

第二十三章　社会环境约制个人行为的法则(下)教育

第五编　个人行为对于社会的影响

第二十四章　伟人与领导人物

第二十五章　领导人物的特质

第二十六章　社会领导的法则及其对于社会的影响

第二十七章　一般人对于社会的影响

第二十八章　个人对于社会环境调适的法则

第六编　社会心理学的应用

第二十九章　社会心理学应用的目的与标准

第三十章　社会心理学在社会各方面的应用

据自序云：

社会心理学研究个人在社会中的行为，或社会中个人的行为，其可述的基本原则有五：

第一，个人为满足需要调适环境始表现种种活动。惟其如此，所以人当活动之时，必竭尽其智慧、才能、毅力、德性，以期圆满达成其目的。

第二，个人的需要愿望与一般行为趋向，都是在特殊社会中养成，而且在特殊社会中表现。

第三，个人在社会中行为的表现，是受个人需要愿望的推动与人格特质的限期，并为当时社会情境所制约。

第四，社会情境是从心理与文化两方面影响于人的行为，无论个人人格的形成与行为特质临时的表现，不外受社会情境中心理或文化方面的影响。

第五，个人行为，尤其是伟人的行为，大可影响于当时的社会情境，并领导社会永久的变迁与进步。(序第1—2页)

这可以见到此书理论的基础。全书理论与实用并重，各章在分析理论之后，随时继以实际应用的探讨，最后复综合各种原则略述其在社会各方面的应用。至于原则的应用以不背我国固有优良思想与现代世界潮流为主。书中所引资料，以本国历史故事为多，兼及西史与报章时事，并尽量采择重要例证，总以增进读者兴趣而不背科学原理与社会德性为准。

书末附有社会心理学重要文献年表，包括书籍论文243种；社会心理学重要作家小传，计列举欧美社会心理学者58人及中文书籍检目、学名索引、西文人名索引等。

此书有数点为他书所无，而对于我国社会心理学不无贡献可言：(一)此书有显明的系统，前后一贯；(二)此书尽量引用本国资料，确已做到社会心理学中国化的地步；（三）此书对于下列各方面，加以详细的探讨，而向来社会心理学中甚少注意，或仅作简单的叙述：

一、行为觉知的研究

二、态度的分析与谣言及群众行为的探究

三、社会领导的法则及领导人物的特质

四、一般人对于社会的影响

五、个人对于社会环境调适的法则

六、社会心理学在社会各方面的应用

（四）此书在各章各节中随处注意引导读者走向正义公道与合理正当的道路，以期养成高尚的人格、崇高的理想，并发扬我民族固有文化的光辉。

以上所举15书，大致可以看到我国社会心理学发展的状况。此15书中计有7种讨论群众心理；又15书中有10种系译自西文；而自著的5书中，论其篇幅，一仅20页，一仅68页，一为155页，一为162页，惟拙著篇幅稍长，为593页。论其内容，二论群众心理，一论谣言心理，研究纯粹社会心理学者仅有二书。于此可见，我国社会心理学的发展，极为迟缓。近三十年中，自著的社会心理学仅有二书，而此二书竟相隔23年之久，何其研究者之少耶。

第七章　社会思想与社会学史的研究

一、关于社会思想者

早期社会思想的书籍，大率译自外文。其中不少偏于过激思想，而少有科学价值。但纯粹由社会学者所著译成中文者为数极少，其为一般所传诵者惟鲍格达（E. S. Bogardus）的《社会思想史》（*A History of Social Thought*）。此书有两种译本：其一为钟兆麟译本，于民国二十一年由世界书局出版；另一为徐卓英、顾润卿二氏同译，于民国二十六年三月由商务印书馆用中山文化教育馆编辑名义出版，此本分上、下两册凡 764 页。钟译本颇有删节处，此乃为全译本。

其内容如下：

一、社会思想的界说

二、早期社会思想

三、古代开化民族的社会思想

四、希伯来人的社会思想

五、柏拉图派的希腊社会思想

六、亚里斯多得派希腊社会思想

七、罗马的社会思想

八、早期基督教社会思想

九、中世纪社会思想

十、谟耳派和乌托邦社会思想

十一、个人主义派社会思想

十二、马尔萨斯与人口论

十三、孔德与实证派社会思想

十四、马克思与社会主义思想

十五、巴克与地理社会思想

十六、斯宾塞与社会机构论派

十七、莱斯脱华德的社会学

十八、人类学的社会思想

十九、优生学社会思想

二十、社会学中的冲突学理

二十一、社会学中的合作论

二十二、心理社会学的思想

二十三、心理社会学的思想(续)

二十四、实用社会学的趋向

二十五、现代基督教社会思想

二十六、教育社会学

二十七、社会学研究法

二十八、社会学的发展

此外早期非社会学者的译著,颇多误以社会主义思想为社会思想者。例如民国十八年徐逸樵氏的《社会思想史 ABC》一书,似有此种倾向。其第一编“论近代的社会状态”,第二编“论空想的社会主义”，第三编“论科学的社会主义”。观此便可知其内容大概。又如民国十八年十二月上海平凡书局出版郭真的《中国社会思想史》，似亦有此种倾向。观其对于社会思想的定义，便可知之。他说：“人们因社会的毛病而起的改造、改良及乌托邦的思想”，这就是他所欲研究的社会思想。他以为：

> 这里所要讲的中国社会思想，包含三种对于中国社会而发的思想：一是主张改造中国社会的思想，如近世社会主义者所主张的；二是主张改良中国社会的思想，如王安石等所主张的；三是乌托邦的思想，如老庄等所主张的。（第2页）

该书分5章仅96页。今举其要目如次：

第一章 绪论

一、社会思想的意义

二、中国社会思想的发生

三、研究中国社会思想的重要

第二章 中国社会思想的勃兴时代

一、中国社会思想的勃兴

二、儒家的社会思想

三、墨家的社会思想

四、道家的社会思想

五、法家的社会思想

第三章 中国社会思想的衰落时代

一、中国社会思想的中落

二、鲍敬言的社会思想

三、王安石的社会思想

四、黄黎洲的社会思想

第四章　中国社会思想的复兴时代

一、中国社会思想的复兴

二、新社会主义

三、无政府主义

四、三民主义

五、社会主义

第五章　结论

其他类此的思想史尚多，不欲在此列举。

至于近时关于社会思想的著作，甚不多觏。本书著者于民国三十四年十一月由商务印书馆出版《社会思想》一书，列入该馆“复兴丛书”。据著者意见：

> 社会思想就是有关人类社会共同生活及其问题的思想。广义言之，其内容可包括许多方面：如社会的形成结构与功能，社会的起源与发展，社会的进步与理想，社会生活的问题等。狭义言之，最重要的方面，只是社会上共同生活时人与人间互相调适的问题。这是社会思想的重心，而为历来思想家殚精竭思以研究的问题。（第 3 页）

看了这个定义，就可以知道，著者所谓“社会思想”与上面所涉及的一些人的思想颇不相同。全书计 31 章 208 页。内容包括下列各人或学派的社会思想：

柏拉图、亚利斯多得、斯多噶与伊壁鸠鲁、包勒比西塞禄与孙尼加、耶稣与基督教、阿奎纳与但丁、麦基雅维立、路德加尔文鲍当、穆尔、霍布士、陆克、卢骚、孟德斯鸠、杜尔戈、休谟、福尔泰、康道塞、康德、费希德、黑格尔、海尔德、亚丹斯密、佛格逊、圣西门、马尔萨斯、白克尔、戈本纽与张伯伦、马克思、孔德。

此书主要目的在供一般人阅读之用，使略知西洋社会思想之源流与内容。据自序云：

> 本书之辑，意在集前贤思想之精华，以备时人之揣摩与借镜。书中所举，仅及西方学者。上自柏拉图，下逮孔德，略依时代先后而等次之。始于柏拉图者，自柏拉图而始有完整之思想体系也。终于孔德者，至孔德而社会思想始专门化也。

要之，这书仅分析社会学成立以前各家的社会思想。

二、关于社会学史者

介绍西洋社会学发展史者当推易家钺氏的《社会学史要》一书为最早。此书于民国十年八月由商务印书馆出版。全书7章121页。内容要目如下：

甲、孔德以前的社会学

　　一、古代社会学的研究

　　二、中世社会学的研究

　　三、近世社会学的研究

乙、孔德以后的社会学

四、社会学的成立

五、社会学的派别

六、社会学的研究

七、社会学发达的现势一斑

易氏著此书时所见本国出版的社会学书籍甚少，故在书末最后一段中说：

反观中国，社会学还在萌芽时代，据我所知，除了欧阳钧君所编的一本《社会学》，萨端君译的一本《社会进化论》，及某君译的远藤隆吉的《近世社会学》，严恩椿著的《家庭进化论》外，则有严复君最初译述《群己权界说》、《群学肄言》、《社会通诠》等。遑论研究者没有什么发明的功绩，能像这些人能够去热心研究社会学的，已属极少。但近几年来，社会学研究在中国大有渐次发达之势，我们青年不可不负着这个重任啊！（第121页）

易氏所述各书，除《群己权界说》及《社会通诠》外，余均已在上面叙述过。易氏编写此书的目的，在鼓励青年研究社会学。当时易氏本人尚在青年时代，而能有此努力，甚可钦佩。此书叙述简要，使不少青年知道社会学的来源，在早期中国社会学上，厥功甚伟。

其次，李剑华氏的《社会学史纲》，于民国十九年三月由世界书局出版。该书系拙编"社会学丛书"之一，全书5章135页。其章目如下：

第一章　社会学的来历

第二章　社会学史的意义及其问题

第三章　横亘社会学史上的两大思潮

第四章　社会学史上的人物

第五章　概观社会学的世界

他以为：

孔德以后的社会学，主要的有两大思潮：

甲、综合的社会学

乙、特殊社会科学的社会学（第13—15页）

这即李氏所谓横亘社会学史上的两大思潮。他说：

综合社会学者，定要把社会学捧上社会科学的王座。

特殊社会科学的社会学，要把社会学从社会科学的王座上请下来，和各种社会科学分庭抗礼。（第15—16页）

他又说：

由百科全书的社会学到特殊社会科学的社会学，由综合社会学到纯正社会学，这是社会学史上发展的途径。（第16页）

李氏在第四章“社会学史上的人物”中,引述 17 位社会学家。兹列举如次:

甲、属于综合社会学的社会学史上的人物

一、孔德(Auguste Comte,1798—1857)

二、斯宾塞(Herbert Spencer,1820—1903)

三、沃德(Lester F. Ward,1841—1918)

四、华宁(Leilius Vanni,1855—1918?)

五、沃尔模斯(René Worms,1869—1926)

六、何彭海(Franz Oppenheimer,1864—　)

七、霍布浩斯(L. T. Hobhouse,1864—1929)

八、建部遯吾

九、米田庄太郎

乙、属于特殊社会科学的社会学史上的人物

十、亚尔敌我(R. Ardigo)

十一、塔尔德(G. Tarde,1848—1904)

十二、瞿廷史(Franklin H. Giddings,1855—　)

十三、辛迈尔(G. Simmel,1858—1918)

十四、斐尔康德(A. Vierkandt,1867—　)

十五、韦塞(L. Von Wiese,1876—　)

十六、远藤隆吉

十七、高田保马

他在第五章“概观社会学的世界”中,历叙法国、德国、意大利、比利时、俄国、英国、美国、日本及中国等九个国家的社会学状况。其中叙述以美国篇幅最长占 20 页,次为德国占 14 页,再次为中国占 10 页,而以比利时为最短仅 4 行。此可以表明各国社会学发展的情状，甚为适当。李氏，四川人，留学日本，归国后历任各大学教授多年。

其次，崔载阳氏的《近世六大家社会学》，于民国十九年三月由民智书局出版。书前有戴传贤氏序文及何某的序各一篇。全书分 6 章计 216 页，分叙孔德、斯宾塞、华尔德、达尔德、甘朴域斯、涂尔干等六家的社会学。其要目如下：

第一章　孔德的社会学

第二章　斯宾塞的社会学

第三章　华尔德的社会学

第四章　达尔德的社会学

第五章　甘朴域斯的社会学

第六章　涂尔干的社会学

每章均分四节叙述，末后附有"六家社会学提要"，将每一家社会学的对象、方法、研究的起点、研究的目的、社会的概念，以及对于社会学的贡献，加以扼要介绍，使读者更可于读完后，把握了每一家的要点。

民国二十年有刘叔琴译日人加田哲二的《近世社会学成立史》一书，于四月间由开明书店出版。原书尚有李培天译本，由启智书局于十八年九月印行。此书计 4 章 1 序论 228 页，加人名汉泽表 5 页。其要目如次：

序论　社会学史的意义

第一章　近世初期的社会学的思想

第二章　英国社会学的思想的发达

第三章　法国社会学的思想的发达

第四章　德国社会学的思想的发达

原书是记述近世初期英、法以及德国社会学的思想的发达状况，截至十八世纪后半或十九世纪初叶为止。因此，这书在英国只讲到佛格森，法国只讲到圣西门、孔德，德国只讲到马克思与修泰因。而其他国家如美国等，则仅在序论中略为提及一下。因为这书所重视者乃为社会学方法的成立的经过，尚不是社会学成立以后的发展。

民国二十四年黄凌霜译沙罗坚原著一部重要著作《当代社会学学说》(*Contemporary Sociological Theories*,1928)，于十一月由商务印书馆出版。此书原于十九年由北新书局出版上册，未出下册即改送商务印行。全书 14 章 1284 页，有原序、孙本文序及译者序各三篇。其目次如下：

绪论

一、机械学派

二、李柏烈学派

三、地理学派

四、社会现象之生物学观

五、人类种学者、淘汰学者与遗传学者派

六、生存竞争之社会学的解释与战争

七、生物社会支流：人口学派

八、社会学派

九、社会学派（续）：形式学派与社会关系的系统学

十、社会学派(续):经济学派

十一、心理学派

十二、以宗教、德行、法律、舆论、艺术及其他文化现象为因子的心理社会学的学说

十三、其他心理社会学派:对各种心理社会现象与它们的动力间之相互关系的研究

十四、结论:回顾与前瞻

书末附有“重校后记”及“人名汉译表”两种。按此书原本为社会学说史中的巨著,久已脍炙人口。而黄氏译笔,又极生动。故此书仍为国内重要文献之一。

此外,魏重庆氏有《社会学小史》一册,于民国二十九年八月由商务印书馆出版,书仅 4 章 82 页。其章目如后:

第一章　社会学史的意义

第二章　社会学的创立

第三章　社会学的发展

第四章　结论

魏氏分社会学为生物学派、心理学派、集团表象学派、形式学派、文化学派及其他各学派。此书现名“小史”,故叙述极为简略。惟其中有一段叙述谢勒的知识社会学(Max Scheler:*Versuche Zueiner Soziologie des Wissens*,1924)值得称引。他说:

人类社会生活历史的发展,有二种主要的原动力,第一种

原动力是冲动，第二种是精神（即文化，亦称观念）。这两种动力各有其独自的法则、独自的历史。社会学是研究两种动力的相互关系，所以社会学的全领域，可分成二部门：

一、"实在社会学"（Real Soziologie）——为研究因冲动（生殖、权力、营养）的冲动所及于社会的决定性的部门，就是实在社会学，又分为血族集团、权力集团、经济集团等。

二、"文化社会学"（Kultur Soziologie）——为研究精神的约制之社会的被决定性的部门，就是文化社会学，亦分为知识社会学、宗教社会学、艺术法律形而上社会学、科学社会学、技术社会学、经济社会学等。

陈定闳氏有《世界著名社会学家之生平及其学说》一书，于民国三十五年三月由商务印书馆出版。全书共 90 页，分叙各国社会学家 15 人，内包括：

法国 4 家——孔德、李伯烈、达德、涂尔干

英国 2 家——斯宾塞、霍布浩史

俄国 1 家——戴罗伯迪

德奥 3 家——甘蒲域、赖真荷夫、沈末尔

美国 4 家——华德、司马尔、孙末楠、顾莱

意国 1 家——柏烈图

书中对于每一家，分为"生平"、"著述"及"学说"三项，作简单扼要的叙述。初学者及一般人士阅之，可以知道各国社会学家的生活及学说。陈氏，江苏镇江人，自中央大学社会学系毕业后，曾历任江苏医学院、复旦大学、中央大学教课，近正从事于中国社会思想之研究。

最后请一述本书著者所著的《近代社会学发展史》。此书于民国三十六年一月由商务印书馆出版。全书分8章227页,内人名汉译表6页。著者曾于民国二十四年成《现代社会学的起源、发展及其最近趋势》一文,刊入《社会学刊》第五卷第一期,此文长约五万言,近数年中获读欧美新书新论文,乃逐渐扩充而为十四万言之此书。内容偏重孔德以来社会学发展的状况,与著者的《社会思想》一书,适相衔接。“自序”中曾说:

> 初学社会学之人,除熟习社会学原理与社会问题外,尚应明了社会思想之变迁及社会学之起源与发展之状况。余既撰《社会学原理》与《现代中国社会问题》二书,近又有《社会思想》一书问世。但是书仅述上自柏拉图下逮孔德,其间贤人哲士所发表社会思想之概略,似犹需一书,叙述自孔德以来各种社会学理论之起源、发展,以及近今社会学领域以内各部门分工合作之情状,以资衔接,此本书之所由作也。

这已说明此书编著的用意。此书既系历史性质,自然以时代为经。因此将社会学的发展,分为三期:一曰“草创时期”,就是社会学孕育的初期。其时学者仅从他种学问中理出社会现象的头绪,以奠定社会学的始基。二曰“勃兴时期”,则社会学成长的时期。其时学者各以他科学理诠译社会现象,虽已呈五花八门之观,但尚未臻独自成系之境。三曰“建设时期”,则为社会学真正发展的时期。至此社会学始有独立的领域及特殊的观点与方法,至此社会学始有内部专攻的门类与分途扩展的路径。现在方进入此时期。全书即依此三期,分别叙述。其全书目次如下:

导言
第一章　社会学的草创时期
一、孔德以前的社会研究
二、孔德的实证哲学与社会学的创立
三、斯宾塞的综合哲学与社会学的确立
四、十九世纪末叶各国社会学的开展
第二章　社会学的勃兴时期(上)
一、生物因素论
二、心理因素论
三、地理因素论
第三章　社会学的勃兴时期(下)
四、文化因素论
五、物质因素论
六、社会因素论
第四章　社会学的建设时期(一)
一、生物社会学
二、地境社会学
第五章　社会学的建设时期(二)
三、心理社会学(上)
四、心理社会学(下)
第六章　社会学的建设时期(三)
五、文化社会学
六、系统社会学
第七章　社会学的建设时期(四)
七、其他特殊社会学

八、应用社会学
第八章　社会学的近今趋势
一、社会学的共同趋向
二、社会学的近时发展

此书对于文化社会学与系统社会学都有较详细的叙述。至第七章所述特殊社会学中如“领悟”社会学(Die Verstehende Soziologie)、全体主义(Universalism)社会学、现象学(Phenomenologie)派的社会学、逻辑实验社会学(The Logico Experimental Sociology)、知识社会学(Wissens Soziologie)及第八章中的实证社会学(Operational Sociology)、社会测量法(Sociometric Method)及情境社会学(Situational Sociology)等在国内社会学著作中尚属少见。此书在这各方面均予以简要的介绍。这固然是一部初学入门之书,但也确实可作任何社会学者参考之用。

以上所举社会思想四种、社会学史八种,约略可以知道国内所出此类书籍的性质、内容及其发展的状况。据著者的意见,“社会思想史”与“社会学史”的界限,在于前者仅叙述社会学未诞生以前有关社会生活与社会问题的思想,后者叙述社会学诞生以后社会学思想发展的状况。固然广义言之,我们也可把社会学思想概括在社会思想之内,但为重视科学的社会学的性质与地位起见,乃有此区别耳。由上面十二书的状况言之,除沙罗坚的《当代社会学学说》及鲍格达的《社会思想史》二书的译本外,其余均系短篇著作,至多不过二百余页,则今后尚需一自著的充实而能融化的社会思想史或社会学史,以供研习社会学者及一般愿意明白社会思想的内容者作较详细的参考耳。

第八章　农村社会学与都市社会学的研究

一、农村社会学

农村社会学比较的是后起的学问，不但中国，就是外国也是如此。中国第一部农村社会学，据现在所知，恐怕是顾复氏的《农村社会学》，该书于民国十三年一月，由商务印书馆出版。全书19章113页。据顾氏之意：

> 农村社会方面之研究，可分为三部：第一部为农村状况之研究，第二部为农村改良之方法，第三部为农村问题。（第3页）

此种见解与近时美国农村社会学者的意见，甚相接近。顾氏认为社会学发达后，应用社会学理论去改良农村社会制度，是当时一般学者的议论。他说：

> 故晚近以来，关于社会学方面之著作益多，研究益深，觉社会制度之窳劣，人民生计之艰难，尤以由产业制度发生之劳动问题，为社会疾病之根源，研究改善之方策，但此不过学者

之论议耳。（第1页）

至于我国农村之所以急应研究者，其理由尤为明显。顾氏说：

吾国工商业尚不发达，资本主义亦甚幼稚。五千年来，以农立国，主张保守，性好和平；但求自给，不喜竞争。政治制度、文化礼俗，莫不以此为根本。社会问题不如欧美之为都市的、工商的，而为乡村的、农业的，其情势大为相异，此农村社会之宜研究一也。（第2页）

可见此书虽系草创，其见解极为正确。其全书纲目如下：

第一章　农村社会之意义
第二章　农村社会之起源
第三章　农村社会之种类
第四章　农村与都市之关系
第五章　农村之环境
第六章　农村之特质
第七章　农村社会之特征
第八章　吾国农村衰微之原因
第九章　吾国农村改造之方针
第十章　今后农村社会之趋势
第十一章　农村自治
第十二章　农村教化
第十三章　农村金融

第十四章　农村合作
第十五章　农事改良之设施
第十六章　土地问题
第十七章　农业劳动问题
第十八章　佃户问题
第十九章　农村调查

其次，为杨开道氏的《农村社会学》。此书为拙编“社会学丛书”之一，于民国十八年出版。全书8章118页。其章目如下：

第一章　绪论
第二章　农村社会
第三章　农村社会的起源
第四章　农村社会的进化
第五章　农村社会的人口
第六章　农村社会的环境
第七章　农村生活
第八章　农村组织

书前有孙本文序及自序各一篇。孙序云：

通常研究农村社会有两种观点：第一种视农村社会为一种整个社会生活的表现，从种种方面去分析农村社会的起源、发展、组织与控制，以发见农村社会生活的原理原则。这是一种纯理的研究。第二种视农村社会为种种问题的复合体，从分析这种种问题的内容，去了解问题发生的原因与其解决的方法，因以促进农村生活的改善。这是一种实用的研究。

我国农村社会生活之应当改进，几乎异口同声，但是究竟怎样去改进农村生活，那便不是玄谈空论所能奏效，其道就在洞明农村生活的特征，及其种种变迁发展的痕迹，发见其原理原则以决定改进的计划。而这种知识，惟农村社会学供给之，所以农村社会学的研究，实为我国目前改进农村生活必要的步骤。

杨氏在自序中力言研究农村社会学的重要性。他说：

近几十年来，我们在国内常常听到许多的声浪："乡村自治"、"农民运动"、"乡村生活运动"，振荡我们的耳鼓，而尤以农运的声浪为最大。这许多不同的运动里，却有一个相同的目的，就是改良农人生活。但是不充分了解农村生活的自身，和农村社会的基本原理，我们一定不能够达到我们增进农人生活的目的。

按杨氏曾在美国伊俄华州立学院从农村社会学家霍桑(H. B. Howthorn)及密歇根州立学院从著名农村社会学前辈白脱斐(K. L. Butterfield)研究农村社会学。故杨氏对于此种学问，尤有心得。氏曾编有"农村生活丛书"，包括下列14种：

一、《农村生活》　　乔启明

二、《农村社会》　　杨开道

三、《农村问题》　　杨开道

四、《农村政策》　　杨开道

五、《农村教育》　傅葆琛
六、《农村经济》　唐启宇
七、《农村土地》　唐启宇
八、《农村自治》　杨开道
九、《农村娱乐》　傅葆琛
十、《农村组织》　杨开道
十一、《农村领袖》　杨开道
十二、《农村调查》　杨开道
十三、《新村建设》　杨开道
十四、《农民运动》　杨开道

杨氏“丛书编辑旨趣”说：

> 本丛书的目的，就是用科学的方法，采批评的态度，去研究中国的农村生活，认为这是国民党对内政纲第十条：“改良农村组织，增进农村生活”的先锋。

其次，言心哲氏有《农村社会学概论》及《农村社会学导言》二书，前一书于民国二十三年三月由中华书局出版，计 17 章 454 页。后一书于二十六年一月亦由该局出版，计分 7 章 128 页。二书内容，大致相近。兹将第二书的要目列下：

第一章　绪论
第二章　农村人口与农村社会生活的关系
第三章　农村环境与农村社会生活的关系
第四章　农村组织与农村社会生活的关系

第五章　农村人民心理与农村社会生活的关系

第六章　农村领袖与农村社会生活的关系

第七章　农村生活程度与农村社会生活的关系

乔启明氏著有《中国农村社会经济学》一书，于民国三十四年四月由商务印书馆出版。全书分6编19章458页。其纲目如下：

第一编　总论

　第一章　农村社会与农村社会经济学

第二编　人口基础

　第二章　农村人口数量与分布

　第三章　农村人口组合

　第四章　农村人口消长

　第五章　农村人口迁徙

第三编　经济基础

　第六章　自然环境

　第七章　土地面积

　第八章　土地利用

　第九章　农佃制度

第四编　文化基础

　第十章　农村家庭

　第十一章　农村教育

　第十二章　农村卫生

　第十三章　农村技术

　第十四章　农村娱乐

第十五章　农村宗教
第五编　农民生活
第十六章　农民生活程度
第十七章　食物营养
第六编　农村组织
第十八章　农村组织
第十九章　农村组织与建设

乔氏此书，与其称为农村社会经济学，毋宁称为农村社会学，因其讨论范围实已包括农村社会的各方面状况，不过特别偏重农村社会经济现象罢了。乔氏任金陵大学农业经济系教课多年，系卜凯(G. L. Buck)教授的高足，曾与卜氏共同调查中国各地农村经济社会状况，先后十余年，所获资料甚富。此书所用中国农村社会状况的统计材料，全系历年亲自调查的结果。乔氏自序中说：

> 本书为著者在金陵大学农学院执教斯课时之讲义。以学说原理为经，以中国农村实际调查资料之研究分析为纬，纯以客观态度与科学方法，解剖中国农村社会及经济的结构，藉以揭明农村社会经济全盘的实况。所有图表数字，多经著者亲自考察，或专门调查。
>
> 抑本书立论中心，冀就个人观察研究之所得，彻底分析吾国农村土地、人口与文化之基础，进而论述组训农村、提高农村生活程度之道。(自序第2页)

乔氏对于“农村社会学”与“农村社会经济学”加以区别。

他说：

> 农村社会学是研究农村社会问题的一种应用科学，以社会目光，观察及解释农村人口、经济、文化与组织等复杂现象；就其所得结果，以供指示农村社会活动的正当方向。（第4页）
>
> 农村社会经济学的主要任务，在研究农村社会内的经济因素，但以非经济的因素，如农村宗教、娱乐、教育等，皆能直接或间接影响农村人口的经济行为，亦在研究之列。因此，农村社会经济学，得解释为研究农村社会内农村人口经济及非经济的共同行为的科学。其范围应包括人口、土地、文化、农民生活及农村组织五项。（第5页）

此种区别虽甚妥当，但事实上对于农村社会学的界限，尚无一致的见解。故此书即称为"农村社会学"亦无不可。

民国三十三年二月有韩云波译铃木荣太郎著的《农村社会学史》一书，由正中书局出版，全书3编13章195页。内容讨论农村社会学的发展史，而以美国的农村社会学、德国的村落社会学及英国的地域调查为骨干。"绪论"中说：

> 一提到农村社会学发达史及农村社会学方法论的构造研究，及其将来在文化中可能的发展的体系问题，就决不能说与下列诸说没有关系：
>
> （一）美国的农村社会学
>
> （二）德国"关系学"一派社会学们的村落社会学（Soziologie des Dorfes）

(三)英国勒伯来学派的地域调查(Regional Survey)

这三者都与农村社会学有着全般的直接关系。(第1页)

童润之氏曾于民国三十年十月在正中书局出版《乡村社会学纲要》一书,全书16章461页。据自序云:

本书之作,不过就目前已有的零散材料,而说明我国乡村社会一般的现象,以供有志于乡村工作者的参考而已。

此书原系童氏在江苏省立教育学院三年来讲授“乡村社会学”所用的讲义。童氏认为“乡村社会学是应用社会学,所以本书注重实际问题的阐明,以引起读者继续研究的动机,而不偏重在理论的推敲”。全书要目如下:

一、乡村社会学的意义范围及研究方法
二、乡村社会的性质及与都市社会的区别
三、乡村社会的起源与进化
四、乡村人口(上)
五、乡村人口(中)
六、乡村人口(下)
七、乡村家庭
八、乡村社会的教育
九、乡村社会的娱乐与宗教
十、乡村社会的卫生问题
十一、乡村社会组织原理

十二、乡村社会的政治组织

十三、乡村社会的经济与文化组织

十四、乡村人民生活程度

十五、农业经济问题

十六、农地所有权与租佃问题

除上述各家外,近人之研究农村社会学者,尚有吴文晖氏。吴氏自中央大学社会学系毕业后,曾留学英国伦敦大学研究农村社会学与农村经济,归国后历任中央、浙江、中山各大学教授,近正编著一《农村社会学》,其中"农村社会学的性质"一章,曾在《中农月刊》八卷六期(三十六年六月)中发表。他以为:

> 完整的广义的农村社会学应包括理论研究与应用研究,但此两部分之划分,完全系为研究之便利计,其实理论与实际,乃一事的两面。(第18页)

又以为:

> 农村社会学乃以全体的或综合的观点研究农村社会的整体,注意各种农村现象之共同点及其交互关系,而其他农村社会科学则系专就农村社会的某一方面的现象加以研究,是一种片面的部分的研究。(第20页)

关于农村社会学的重要发展,除农村调查工作与实地研究另行叙述外,在著述方面本人所知者大体如此。

二、都市社会学

与农村社会学研究正相对待的，乃是都市社会学的研究。我国学者对于都市社会学的研究，更在农村社会学之后。即在美国，以“都市社会学”标题的书籍，始于1927年，当时有裴德福(Bedford)编《都市社会学读本》一书问世。虽则实际研究都市社会，在芝加哥大学中，早于1915年顷开始，而这“都市社会学”一词，则于1925年顷始见流行。我国关于此方面著作，以吴景超氏的《都市社会学》为最早。此书系拙编“社会学丛书”之一，于民国十八年八月由世界书局出版。全书4章84页。虽篇幅不长，而内容极简明扼要。其章目如下：

第一章　都市的经济

第二章　都市的人口

第三章　都市的区域

第四章　都市的控制

书有孙本文序及自序各一篇。吴氏自序说：

我在这儿要说的只有两点，第一是指示都市社会学的园地，让对于都市感到兴趣的人，可以同来工作。第二我想介绍一点西方学者研究都市的方法，以作国内同志的参考。

孙氏序云：

> 就全书观察，至少可以看出两种特长。第一，注重社会学的观点。他开宗明义，就说明都市区域的概念，以及都市与附庸沟通的现象。使学者了解都市的存在与发展，不在其本身，而在其本身与其附庸区域交相作用的结果。又其讨论都市内部的生活，时时注意环境与行为的关系。第二，注意研究方法。他以为研究都市，不是空谈，必须从实际研究下手。所以他举出地图记载与发展史的调查，为研究都市必不可少的工具。欲使学者了解都市问题的解决与理想的都市的实现，须从切实研究下手。

此可以知道吴氏此书的内容要点。吴氏曾于1925至1928在芝加哥大学研究社会学，随派克（Robert E. Park）、蒲其斯（E. W. Burgess）从事于都市生活的研究。这书多少含有芝加哥学派的意味。

民国二十三年，邱致中氏曾编辑"都市社会学丛书"一套，计八册。其中尤以《都市社会学原理》一书为基本。此书于是年六月由有志书屋出版，共分10章270页。

> 第一章　绪论
> 第二章　都市社会起源论
> 第三章　都市社会分类论
> 第四章　都市社会进化论
> 第五章　都市社会环境论
> 第六章　都市社会构造论
> 第七章　都市社会问题论

第八章　都市社会政策论

第九章　都市社会将来论

第十章　都市社会学史论

据邱氏意见，都市社会学，直到现在，仍作为美国的特殊社会的产物，特别是芝加哥的特殊都市社会的产物。（第257页）

关于中国都市社会学，他在最后一章第三节中说：

都市社会学之在中国，有孙本文博士先生主讲是科于上海复旦大学，时间早在1927年。他之主讲，系取尝试的性质，作研究的发端。当时是颇感材料之不易搜集，而尤感国内缺乏适当参考书籍的。（第263—264页）

他对于都市社会学的定义是：

都市社会学是研究都市社会之起源、分类、进化、环境、构造、问题、政策以及未来预想的科学。（第269页）

邱氏于民国三十三年九月《重庆市政月刊》“都市社会研究专辑”中有《都市社会学本质论》一文，更详论都市社会学研究的范围。

以上我们列举农村社会学7种，都市社会学2种，可以知道我国对于农村与都市社会学研究的概况。

第九章　社会学方法的研究

初期研究社会学的人，殊表现一种盲目的状态；翻译的人，并不一定选择最好的书翻译；读社会学的人，也不选择最好的书去读；都只是偶然的机会，看到了某种书，感觉兴趣，就去读；读了感觉可以译成中文，就去译。当初很少有人能把社会学部门内的英文或法文的著作，作一有系统的研读。更很少有人能把社会现象做一种科学的研究。所以可说，初期的社会学者是欠缺方法的。最初介绍社会学的方法的是少数教会学校中的美国教授，他们告诉学生如何研究并调查社会状况。不过除了他们的学生，尚没有成本的书籍，作有系统的介绍，给国人研习。其首先用本国文字介绍社会学的方法的，要算许德珩氏所译涂尔干（Emile Durkheim）的《社会学方法论》（*Les Règles de la Méthode Sociologique*）。原书于1893年出版，许氏系于民国十三年十月译成，十四年九月由商务印书馆出版。全书7章191页。内容纲目如下：

绪论

第一章　什么是一个社会现象

第二章　关于观察社会现象的条例

第三章　关于规则的与不规则的条例之分析

第四章　关于制定社会种类之条例

第五章 关于解释社会现象之条例

第六章 关于考察证据的条例

第七章 结论

书有蔡孑民先生(元培)序文一篇,说明研究社会学方法的重要。他说:

我们现在既窥见欧洲科学的美备,自然不能不竭力介绍;但是介绍他们科学的结论,决不如介绍科学的方法为重要。因为得了结论,不过趁他人的现成;得了方法,才可以引起研究的兴趣。从前有个小说家,说仙人吕洞宾,遇一贫士,就用指点一石成金,要赠给他;贫士不要这块金,而要他点石成金的手指。科学结论是点成的金,量终有限;科学方法,是点石的指,可以产无穷的金。这可以看出方法论的重要了。

孔德氏虽提倡实证主义,而他的社会学,却用他的"人类在时间里进步"的理想作前提,并不完全靠实验的结果,作为证据,而始成结论。所以后继者涂尔干氏虽绍述他的实证主义,而对于他的社会学方法,却不能表示满意。

他是认定社会现象是超乎生物学、心理学的种种现象而自成系统,且非完全用客观的实验方法不可。

他就创造了一种共变方法。共变方法,是选取几件可靠的事实来研究,若两种事实,甲变而乙亦与之俱变,就可以说获得事物的公例。这真得执简御繁的巧法,而且甚便于分别研求。这在社会学上可以算空前的发见。(蔡序第1—4页)

这可见蔡先生对于涂氏的方法，可说推崇备至了。译者许氏在序言中亦说：

> 他（指涂尔干）这本书是个解决社会现象之客观的和科学的方法。……使人读了他这本书，能晓得社会学究竟是些什么？想研究社会学，下手的方法，究竟是要什么？真可说是社会学界一本绝作了。（序第1页）

涂尔干的社会学方法，究竟什么特质？据他自己在结论中提出者，计有三点：

> 第一，社会学脱离哲学而独立。
>
> 第二，这社会学方法，完全是个客观的方法。所谓客观的意义，就是说，凡百社会现象是事物，要研究他，就要把他当作是个事物。
>
> 第三，并非只是当作通常的事，而还是特别的要把他当作是件社会的事。（第184—190页）

迻译这重要的著作到中国，对于中国社会学的方法上有甚大贡献。许氏，字楚生，江西人，自北京大学毕业后，留学法国巴黎大学研究社会学，此书系氏在留学时期所译。归国后，历任北平各大学教授，尚译有法国费勒克（C. Verecque）的《家族进化论》（*Histoire de la Famille*）一书（大东），并著有《社会学概论》（商务）等书。

其次，最初以社会调查方法有系统地介绍国人者，为蔡毓骢、樊弘二氏。蔡氏著《社会调查之原理及方法》一书，于民国十六年由北新书局出版（书中标明十五年出版）。蔡氏系本书著者之学生，民国十五年秋，著者在复旦大学授“社会调查”一课，蔡生即在班上听讲，随将笔记整理，略参己意，并参考他书，编成此书。是年冬即送北新付印。其时蔡氏尚仅二年级生。蔡系浙江宁波人，性聪慧敏给，惜不永年，毕业后不久即去世。氏尚著有《社会研究法》（黎明）、《统计学ABC》（世界）二书及《中国社会学发展的四个时期》（《社会学刊》二卷三期）等论文。

樊弘氏著《社会调查方法》一书，于民国十六年八月由中华教育文化基金董事会社会调查部出版，商务印书馆发行，列入该部“社会研究丛刊”。该书大体上系以崔宾（F. Stuart Chapin）的《实地工作与社会研究》（*Field Work and Social Research*）一书为蓝本，并参考他书编撰而成。据序言，该书编著时系经陶孟和氏的指导与订正，是在陶氏协助之下完成的。全书7章176页，其章目如次：

第一章　实地调查的绪论

第二章　历史的方法

第三章　个体的调查

第四章　标准的调查

第五章　全体的调查

第六章　调查表的编制

第七章　调查表的整理

观此纲目，可知此书对于社会调查的各方面，均已论及。樊氏分社会研究为二类：即事实的研究与价值的研究。

> 事实的研究在解决一个社会问题的自然的是非，价值的研究在解决一个社会问题的当然的是非。（第14页）

据樊氏意，前者如各种科学的研究，以求明白事实的真相；后者如政策、政略、主义等的讨论，以求明白问题的当然的解决。樊氏说：

> 任何社会问题之研究均须经过五个步骤，始能明白他的意义，即（一）假定，（二）观察，（三）分析，（四）归纳，（五）求变。在这五个步骤之中，实地调查便是直接观察社会现象的重要工具。如果社会研究者用实地调查的方法观察社会现象，不特可以不为主观的偏见所蒙蔽，并且还能增加他的器官的观察能力。（第15页）

由于这种看法，氏乃将社会研究与实地调查的关系列成一表，大致如下：

一、假定

二、观察

（一）间接的观察——历史的方法

（二）直接的观察——实地调查的方法

三、分析（即分类）——统计的方法

四、归纳——寻求关系

五、求变——寻求不和谐的变化（第15页）

此书大部专论实地调查的方法，余如历史方法及统计之制表法，也略述及。樊氏分社会调查方法为三种：

一、个体调查　深和博的调查个人的社会关系。

二、标本调查　选择和调查小于全体的代表部分。

三、全体调查　调查一个社会的全部分子。

这种分法,原是一般社会调查的通例,不过樊氏是一个最早介绍这些方法的人。氏在书中说:

> 社会调查的意义,既然说是以调查社会为对象,何以个体的调查,亦要强称之为社会调查呢?须知个体调查,便是调查一个个体的社会关系。因为一个人生在世上,不外他与他人的关系。(第57页)

樊氏书中有一特点,为其他社会调查书籍所不及的,那就是历史方法叙述的详细,几占了全书五分之一的篇幅。尤其是历史学家注重的校勘、考订、分类、训诂、评判、决定特殊的事实等六种方法。这是值得称述的。

全书行文谨严,选材精审,说理亦甚透澈扼要,为社会调查书籍中不可多得的著作。樊氏著此书时任职社会调查部,其后樊氏致力于经济学研究,历任中央、复旦、北京诸大学教授。

民国十八年尚有黄枯桐氏的《农村调查》一书,于四月间由商务印书馆出版,及冯锐氏的《乡村社会调查大纲》一书,于六月间由中华平民教育促进会出版。

其次,民国十九年杨开道氏的《社会研究法》,列入拙编"社会学丛书",由世界书局出版。该书共9章128页。杨氏在自序中力言社会研究法的重要性。他说:

> 社会学有四个不同的看法:社会学是一些社会事实,社会

学是许多社会技术，社会学是一组社会原理，社会学是一种社会研究法。他们都是要紧的，都是相关的，不过社会研究方法，尤其紧要，并且是其他方面的基础。……要想社会科学的自主，社会科学的独立，我们一定要先去改良我们的工具——社会研究方法。我现在来写一本《社会研究法》，好像有点不量力，不过孙先生告诉我们，学外国人要迎头学去，才有赶上外国人的可能。我们算是冒一回险罢，本丛书的主编人孙本文博士算是这一次探险的指导，探险假使成功，当然要归功他的驾驰术，作者不过是一个机器匠，在下面收拾机器罢了。

这可以看到他的态度了。全书内容如下：

第一章　社会现象
第二章　社会的科学研究
第三章　社会研究方法
第四章　题目的选择
第五章　书目的编制
第六章　书籍的参考
第七章　问题的分解
第八章　材料的搜集
第九章　材料的整理

这原是一本初学入门之作，杨氏写得非常简要，这是他的特长。杨氏尚有《农村调查》一书，于十九年二月由世界书局出版，为氏所编“农村生活丛书”之一。该丛书共有14种，为一富有社会学意味的丛书，已在上章述及。此书计5章116页，包括下列各项：

一、绪论

二、农村调查的预备

三、农村调查的大纲(此章分为六节:调查大纲的编制、农村调查大纲、农村自治调查大纲、农家调查大纲、农场调查大纲、农民调查大纲)

四、农村调查的表格

五、农村调查的材料

他在自序中说:

本书的目的,是要寻出一个整个的系统来,叫读者可以主持一种农村调查事业,不要依赖人家的大纲和表格,不要依赖人家的指导和帮助。全书的材料,虽十分有限,但是作者已经费了不少的精力,从十几本中西书籍和二三年调查经验慢慢组织成功的,既不是作者武断,也不是作者抄袭。希望三五年以后,我们大家的经验更丰富的时候,能够大加改造,成功一本真正系统的农村调查指南。

据杨氏的意见,“了解农村社会生活的方法有三个:一个是历史的方法,去了解过去的农村社会;一个是单例的方法;一个是调查的方法,都是去了解现在的农村社会生活”。(第2页)

他又说:

调查方法就是个例方法的总和,许多的个例,便成了调查的通例。

> 农村社会调查有两个目的：一个是学理的研究，一个是改良的根据；农村社会学者要的是学理研究，农村社会领袖要的是实地改良。本书因为应变双方需求起见，对于两种调查的办法，都有相当的注意。（第3页）

于此可以看到此书的用意了。

此外，在社会调查方面为一般人所传诵的有李景汉氏的《实地社会调查方法》。此书于民国二十二年由北平星云堂书店印行，计分16章470页，为社会调查方法书本中最充实的一书。

其要目如下：

第一章　社会调查与今日之中国
第二章　社会调查的意义及种类
第三章　社会调查的起源与发展
第四章　社会调查在中国举行的困难
第五章　如何使地方人士接受社会调查
第六章　实地社会调查之步骤
第七章　实地社会调查举例：农村人口调查之试验
第八章　农村概况调查
第九章　农村土地调查
第十章　农村工商业调查
第十一章　家庭生活费调查
第十二章　家庭记账调查
第十三章　教育调查表格
第十四章　关于农村社会的各项调查表格选录

第十五章　关于都市社会的各项调查表格选录

第十六章　全县社会调查纲目

关于社会调查方法与社会调查成例参考书目

按李景汉氏自美国哥伦比亚大学回国后，即担任中华平民教育促进会工作，在该会定县实验区社会调查部从事于实际社会调查工作多年，此书为李氏由实地调查的经验中所得的结果。李氏尚有《定县社会概况调查》一书，系彼多年调查定县的报告，容在下面第十二章中叙述。

民国二十二年，言心哲氏亦有《社会调查方法》一书，系由中央大学以讲义方式印出，未经普遍发售。全书分2编16章692页，内附录82页。其纲目如下：

第一编　总论

　第一章　绪论

　第二章　社会调查之步骤

　第三章　社会调查之组织

　第四章　实地调查方法

　第五章　调查谈话

　第六章　图表之编制

　第七章　应用分布方法

第二编　分论

　第八章　人口调查概论

　第九章　中国全国人口调查之商榷

　第十章　中国农村人口调查

第十一章　农村调查

第十二章　教育调查

第十三章　卫生调查

第十四章　犯罪调查

第十五章　失业调查

第十六章　中国农村生活程度调查

附录

该书系言氏在中央大学及中央政治学校的讲义,内容充实,颇可参考,惜外间不易购得。言氏另有《社会调查大纲》一书,于民国二十三年由中华书局出版,即以此书为根据,略加修改增删而成。

民国二十三年九月,张锡昌氏有《农村社会调查》一书,由黎明书局出版,全书9章380页。包括下列各项:

一、为什么要举行农村社会调查

二、农村社会调查的种类

三、农村社会调查的方法

四、农村社会调查的整理

五、农村经济调查

六、农村教育调查

七、农村政治调查

八、农村卫生调查

九、农村社会调查表格选录

此书因系农村调查,所以张氏颇重视经济因素。他说:

就社会的本质言，凡是表现经济行为的一群人，都可称之为社会。本来没有农村和都市的区别，都市和农村的不同，主要的是从生产情形上来决定。顾名思义，农村中主要的生产，自然是农业。（第5页）

他以为有些学者注重人口方面的区别，是不适当的。

观察一切社会现象，分析一切社会问题，千万不能离开经济的结构。社会的变动，是由于经济结构的变动，而经济结构由生产方式和生产关系所决定。（第6页）

讲到中国农村，他说：

商业和农业的结合，特别是商业和高利贷的结合，是中国农村社会的特点。（第8页）

至于农村社会调查的目的，据张氏看来有两点："（一）了解农村生产关系的本质，（二）决定乡村教育设施的方案。"（第12—14页）书末附有表格三种：

一、实地调查表：（一）县概况调查，（二）村概况调查，（三）挨户调查。

二、通信调查表：引中央研究院所用中国农村借贷制度通信调查表。

三、记账调查表：引中华平民教育促进会定县所用调查表。

抗战前一年有陈毅夫氏的《社会调查与统计学》一书出版。该书系由江苏教育学院印行。全书分3编38章618页。

第一编总论，讨论社会调查与统计之重要及科学的性质与方法。

第二编社会调查，讨论社会调查的步骤、表格、材料、样本以及调查实例方案等。

第三编统计学，讨论各种基本统计方法。

其中第一、二两编，占222页，第三编占281页。末附补录113页，为统计学上的重要公式，及对数表的应用法等。书中附表甚多，计实际调查统计表68种，调查实习表6种，社会调查方案表18种，统计例表51种，事例8种，图形42种。统观全书，凡社会调查方法的各方面，均已论及。实际所需用的各种表式，及材料搜集与分析的各种方术，已应有尽有。可说是一部合社会调查与统计方法的重要著作。此书于三十六年八月改由商务印书馆出版。

抗战时期，亦有数书，值得介绍。

（一）汪龙氏所著《社会调查纲要》，于民国三十三年二月由重庆商务日报文化信托部发行。全书9章100页，为一种简要的社会调查用书。据汪氏“弁言”说：

> 本书主旨，在说明实地举办社会调查之中心问题。

其纲目如下：

> 第一章　绪论——讨论社会调查的意义概念及简史
> 第二章　全体调查——其特质及实施要点
> 第三章　选样调查——其特质及实施要点

第四章　个案调查——其特质及实施要点
第五章　举办社会调查的前提
第六章　调查事项与调查表
第七章　搜集资料——其方法及应注意之问题
第八章　审核资料
第九章　整理资料

此书即名纲要，即可知其非详尽之作，以其行文简要，颇合实用。

（二）张少微氏的《乡村社区实地研究法》，于民国三十一年四月由文通书局出版。全书15章130页。这是一部社区研究的方法，与上述社会调查方法，在含义上似微有不同。张氏把"社会学研究"与"社会研究"加以区别。他说：

> 研究人类社会的方式不外两种：一为社会学的研究，一为社会的研究。此两种研究，虽然俱以人类社会为研究的对象，然而在范围、旨趣以及目标上，却迥然不同。就范围而言，社会学的研究包含人类社会的过去与现在，但是社会的研究只限于现在。在旨趣方面，前者侧重于事实的搜集和事实的诠释，而后者则仅以事实的搜集为度。论到目标，前者的出发点为社会的了解和认识，俾作学理和建设的根据，至于后者乃以补救为依归；换言之，一则专为阐扬学术和彻底改造社会，一则仅求社会改造的治标方略，不顾治本之道。由此可见，社会的研究固然不无其重要性，惟在意义上，社会学的研究则比较更来得重要。（第1—2页）

这本书，照张氏的意见，是一种社区——尤其是乡镇社区的社会学研究。但实质上与社会调查没有多大区别，书的内容如下：

一、导言
二、乡镇社区实地研究之目的
三、乡镇社区实地研究之方法
四、实地研究之初步
五、实地研究之训练
六、实地研究之预备
七、实地研究之联络
八、实地研究之内容
九、室内工作
十、室外工作
十一、材料之填写
十二、材料之展览
十三、材料之整理
十四、材料之解释
十五、结论

（三）李景汉氏所编的《社会调查》小册。此书系氏在中央训练团党政高级训练班的讲稿，后列入县各级干部人员训练教材，于民国三十三年六月印行。李氏序云：

在理论方面力求叙述浅显，在方法方面力求实际应用。……调查统计，贵在实习。若教师能够领导学员，在受训地址的附近，从事一些简单的调查，或以家庭为单位，或以村镇为单位，或以专题为调查的范围，都是最好的实地练习。

书分8章，共75页，内中包括下列各项：

一、绪论
二、社会调查的程序与困难
三、推进社会调查的途径
四、全体调查法
五、选样调查法
六、个案调查法
七、其他调查法（包括综合调查法与专题调查法）
八、调查表的编制及访问的技术

此书虽甚简单，但内容包含方面甚多，从上面的纲领可以知之。书中因印刷困难，故未列图表，但有纲目多种。如"云南呈贡县新县志纲目"，计分12章；"综合调查法所引村单位的调查项目"，计分26项，及其他个案调查纲目、专题调查纲目，均极详细。盖系一本极端便用的社会调查简册。

（四）张世文氏所著《农村社会调查方法》，于民国三十三年七月由商务印书馆出版。全书15章212页，有李安宅、龙冠海两氏的序文。张氏自序说明农村社会调查的功用。他说：

农村社会调查有四个主要的功用：（一）记载已往与现在农村社会生活与结构的各方面情况，作一有系统的历史的研究与分析，并观察演变的途径与生产的影响。（二）寻求并发现各种农村社会生活变迁关系的存在原因与结果。（三）发现吾国各类农村的形式，以及各类农村的同点与异点，藉以研究它们与整个国家民族文化发展的关系与影响。（四）搜集各种各类以及各方面的农村社会生活的资料，用以修改主观的见解，确定有利于现在及未来农村社会改进的具体方案，以发展农村美满的生活，以解决农村社会的问题。

张氏曾做过农村调查多年，这书多半是他自己的经验与心得。他说：

著者在近十余年来多半时间是在农村里跑，河北定县、湖南衡山、四川新都等农村，著者都亲自作过实地的观察与调查。许多朋友要求我把农村调查的经验与心得，有系统的发表出来，以供各地农运同志的参考。这一本《农村社会调查方法》，便是许多朋友鼓励的结果。（自序第1页）

全书的要目如下：

第一章　绪论
第二章　社会调查的起源与发展
第三章　中国社会调查运动
第四章　社会调查的方法
第五章　农村社会调查的准备
第六章　农村实地调查进行的步骤

第七章　农村社会调查的一般困难及其应付的方法

第八章　农村人口调查

第九章　农村田场经营调查

第十章　农家生活费调查

第十一章　农村工业调查

第十二章　农村商业金融调查

第十三章　农村宗教调查

第十四章　农村教育调查

第十五章　农村社会调查与农村社会学

书末附有“县单位概况调查纲目”，极便于初学。

上述三书，互相参看，当必极有助于实地调查的人。本书著者尝鉴于从事社会调查的人，最感困难者为表格的编制与运用。上面各书似有同样缺陷，就是所附表格太少；而且各种表格均无详细说明，使运用之人对于内容未能全部明了，以致实际应用时发生困难。故曾编有《社会调查方法与表格》一书，内容分为甲、乙两编，甲编略论社会调查方法的各问题，意在作简单扼要的叙述，以便实地运用。乙编汇集各种调查表格，以供实际调查时的采纳。全部表格计分八类，每类各自成一调查单位。前六类都附有“调查须知”或“填表说明”。所有实际调查方法，已在此予以详细说明。其中多数曾经原制表人实地使用而著有成绩者。可说凡社会调查的基本方法及其运用，在此书中，已包罗无遗。当极便于初学从事社会调查的人。全书要目如下：

甲编　社会调查方法简述

第一章　导言
第二章　社会调查的性质与目的
第三章　社会调查的范围与种类
第四章　社会调查的计划与组织
第五章　社会调查的方法与程序
第六章　社会调查表格的编制与整理
第七章　社会调查结果的处理与效用

乙编　社会调查实用表格

第一章　家庭概况调查表格
第二章　社会概况调查表格
第三章　人口农业调查表格
第四章　人事登记表格
第五章　生活程度调查表格
第六章　工资调查表格
第七章　工商团体调查表格
第八章　风俗调查表

以上所举社会研究与调查类 14 书,大抵比较重要的著作已略尽于此。按自民国十三年金陵大学印制《农村调查表》一种刊行以来,继以蔡、樊二氏的书出版,使国内从事社会调查的人,有所依据,大称方便。李景汉氏之书规模最大,内容最为切实,尤为杰出之作,惜在北方印行,销路不广,许多初学之人,看不到此书。杨氏、言氏之书极便初学。最近数书,尤切实用。大致我国社会调查书籍,已应有尽有,惟尚似缺一比较充实之书耳。至于纯粹研究社会学方法论之书,除许德珩氏译涂尔干的《社会学方法论》以外,尚无他书继起。这不仅中国如此,即欧美各国近数十年来,亦少可与涂氏书相匹的书出版。

第十章　社会事业与社会行政的研究

我国社会学者向来不甚注重社会事业与社会行政的研究。在抗战以前,各大学中惟燕京与沪江两校早期即设社会事业或社会行政的课程。因为这两校系教会设立,受美国社会工作教育的影响甚早。且初期社会学系都由美籍教授主持。在燕京有步济时(J. S. Burgess)、甘博(S. A. Gamble),在沪江有葛学溥(Daniel H. Kulp Ⅱ)、白克令(H. S. Bucklin)等。他们开始就注意社会工作课程。沪江大学于民国六年即设"沪东公社",系一种社会服务机关,作为社会学系学生实习社会工作之地。燕京大学一向与北平协和医学院社会服务部联络,协和社会服务部主任即担任燕大社会行政教授,同时燕京学生也可往协和做实习工作。后来该校社会学系经许仕廉氏的努力,更有成绩。

关于此方面的著作,在战前比较甚少。钱振亚氏曾于民国十八年七月《社会学刊》一卷一期中,发表《社会个案方法对于学校训育上之贡献》一文,将"社会个案学"的意义与内容,即予以简要的介绍。他说:

> 社会个案学,乃以科学之方法,调查个人与社会之关系,注重其人之特殊状况,及其家庭与社会状况等,并与其人所发生之影响,即人与社会之关系也。(第4页)

这是国内介绍社会个案方法最早的文字。钱氏并进而分个案为三种。他说：

> 社会个案大约包括下列三种：
>
> （一）社会调查（Social Investigation）
>
> （二）社会诊断（Social Diagnosis）
>
> （三）社会疗治（Social Treatment）

氏并将纽约儿童指导所调查个人及家庭历史大纲介绍如下：

> 一、父系
>
> 二、母系
>
> 三、父母婚后之生活
>
> 四、家庭
>
> （一）从前之环境
>
> （二）邻舍
>
> （三）家庭情况
>
> （四）生活
>
> （五）宗教及道德
>
> 五、兄弟与姊妹
>
> 六、被调查者之生长史
>
> 七、被调查者之健康
>
> 八、性生活
>
> 九、学校生活
>
> 十、工作生活

十一、娱乐与伴侣

十二、行为与品格

十三、态度与特性（第5—7页）

钱氏后来于民国十九年九月在《社会学刊》一卷四期中，著《大学中社会行政人员之训练》一文，说明社会行政研究的重要。当时对于“社会行政”及“社会工作”二概念，尚不十分加以区别。所以钱氏说：

社会行政人员（Social Administrator）——燕大许仕廉教授最先提议的用语，比较通常所称社会工作人员（Social Worker）含义更广而明确。

这一用语，适用于一切社会公共事业的行政管理人员，不单指狭义的政府机关——如社会局——里面的行政人员而已。（第1页）

钱氏主张由大学办理社会行政教育。他说：

今将大学创办社会行政的利益略述如下：

（一）社会行政学校课程，往往偏重实用，如果和大学中社会学系的原理和学说联系起来，可以使学生能够比较各方面的见解与主张，对于社会问题得到更明确的认识。

（二）可提高入学程度，因为大学的入学试验很严，智力薄弱者大都在淘汰之列。

（三）大学若开办社会行政学院，则其地位当然和法学院、医学院等并重，并可提高社会行政人员的职业地位。

（四）若二者相并，可节省行政经费及他项手续。（第4—5页）

钱氏系故沪江大学教授，曾留学美国，习社会工作，彼时氏正主持沪东公社，故颇注重社会行政教育。

龚贤明氏曾在《社会学刊》一卷一期中，著《如何发展中国之社会事业》一文，主张扩充大学社会学系，多列实际科目，并普及社会事业的教育。对于社会行政，他说：

社会行政，所以管理社会事业而奖进之者也。吾国近因社会事务日繁，各特别市有社会局之设，斯诚社会事业之幸矣。（第2页）

氏在文中并力言中央有设社会部之必要。氏说：

以中国幅员之广、人口之众，社会事务，至为庞杂，不有总管，何以集成。且一国政府须有具体的社会政策，为统一的、普遍的社会设施。国家之光荣与民族之福利，所攸赖焉。然则社会部之设立，实刻不容缓矣。至于各省应设立社会厅及各县应设立社会局，其理亦明甚。（第6页）

最后氏并列举中国社会学界应注意的事项14点，其重要者如下：

(一)工会法、合作法、工厂法、社会保险法及其他劳工立法与社会立法之研究与实行。

(二)各种社会事业之调查与统计。

(三)介绍工作、安置工人及其他生计救济之设法。

(四)职业之养成与指导。

(五)慈善之研究与实行。(第7—8页)

关于社会立法方面,祝世康氏于民国十八年十月《社会学刊》一卷二期中,著《中国之劳工立法》一文,详述劳工立法的重要,并列举自民国十二年公布的《暂行工厂条例》,以至民国十七年工商部拟订《工厂法》为止的各种立法的概况。最后并力言编撰《劳动法》,须辨别学理的基础及调查社会上之现状,以为根据。

但此仅系寥寥可数的几篇文字,尚无成本书籍问世。

直至民国二十九年抗战时期社会部成立以后,需要社会事业与社会行政人才,始引起国内社会学界的特殊注意。不仅课程方面增加"社会事业"与"社会行政"科目,而且著作方面,亦渐见增多。关于社会事业的著作,有言心哲氏主编的《社会事业与社会建设》(三十年四月)、马宗荣氏的《社会事业与社会行政》(三十一年一月)、王克氏的《中国社会服务事业》(三十二年八月)、吴榆珍女士的《社会个案工作方法概要》(三十三年一月)、邹玉阶、宋思明二氏合著的《医院社会工作》(三十三年三月)、祝世康氏的《民生主义与社会保险》(三十二年)、林良桐氏的《社会保险》(三十三年八月)、柯象峰氏的《社会救济》(三十三年十一月)、陈凌云氏的《战时社会救济》(三十三年四月)、言心哲氏的《现代社会事业》(三十三年九月)、蒋旨昂氏的《社会工作导论》(三十五年十月)等书。其中较引人注意者为下列数书：

吴编《社会个案工作方法概要》一书，共分 8 章 130 页。社会部研究室主编，为该部"社会行政丛书"之一，由中华书局出版。其要目如下：

一、社会工作之种类与方法
二、社会个案工作之理论基础
三、社会个案工作方法及进行程序
四、社会个案工作之专门业务(上)
五、社会个案工作之专门业务(下)
六、社会治疗之专业与社会价值
七、特殊社会个案工作
八、社会个案工作举例

按此书为国人出版的个案工作的第一书。译著者吴女士系张鸿钧教授之夫人，曾留美在纽约社会工作学校习社会工作，尤长于个案研究，现任金陵女子文理学院教授。

其次为言著《现代社会事业》一书，共分 6 编 41 章 396 页，由商务印书馆出版。全书编目如下：

第一编　现代社会事业纲要
第二编　各国社会事业概况
第三编　社会事业人才的训练
第四编　社会个案工作
第五编　社会团体工作

第六编　社区服务工作

此书为国内讨论社会事业最详备之书，系言氏精心结撰之作。

再次为蒋氏的《社会工作导论》，全书12章82页，商务印书馆出版。其要目如下：

一、社会工作之地位
二、社会研习
三、社工与个人
四、社工与团体
五、社区组织
六、社区行政
七、社工干部教育
八、社工所需的社会学概念

蒋氏系以擅长社会工作的研究著称，此书自有学术上的价值。

至关于社会行政方面的著作，除上述马宗荣的《社会事业与社会行政》一书外，有陈续先的《社会救济行政》（三十二年二月）、曾友松的《战时社会行政研究》（三十三年五月）、中山大学社会研究所编的《社会行政与社会事业》（三十三年五月）及社会部“社会行政丛书”第一种《社会行政概论》（三十三年十月）。此数书篇幅均短，惟最后一书内容较为充实。此书外面标明孙本文等著，内容包括有关社会行政论文30篇。实际上系由张鸿钧氏主编。当民国三十一年十月间社会部召开第一次社会行政会议时，曾由张氏约请国内社会学界同人分别撰写有关社会行政论文各一篇，即在当时各日报发表。此书所载论文30篇，大都曾经刊入报章。其第一篇《我们对于社会行政的意见》，系张氏主稿，再送由陈达氏及著者等14人审阅，除其中略有数点经各人建议修正外，其余一仍其旧。此文对于社会行政的使命、社会行政的基本信念、社会行政的推进条件，有明晰的说明，与张氏所著该书第二篇《社会行政纲要》互相表里，可作全书的纲领看。全书184页，由中国文化服务社出版。其要目如下：

我们对于社会行政的意见
社会行政纲要
社会学与社会行政
社会行政与社会研究
社会行政与社会调查
社会行政与社会统计
三民主义社会政策的特质
社会行政与社会运动
社会行政与社会立法
社会行政与社会制度
社会行政与社会建设
社会行政与乡村建设
社会行政与社会进步
战时人民团体组训之理论与实际
社会行政与社区组织
社会行政与集团工作
社会行政与社会个案工作

社会行政与妇女工作

社会行政与边疆社会工作

社会行政与合作事业

现代国家的福利功能观

我对于社会福利的刍见

社会行政与农民福利

社会行政与劳工福利

社会行政福利与家庭福利

急待推进的儿童福利工作

社会行政与优生

社会行政与社会保险

社会行政与职业介绍

我国社会救济事业之回顾与前瞻

这是由28人执笔的集体文汇,可以看出近时国内社会学界同人对于社会行政的意见。

此外,尚有黄永滋编的《社会行政概论》一书,计2章99页,系民国三十五年福州改造出版社印行。

至于社会部研究室主编的"社会行政丛书",据例言说:"以研究社会行政原理,检讨我国固有设施,分析我国社会实况,介绍各国社会行政制度,并建议实施方案为宗旨。"该丛书内容,计分下列八类:

(一)总类;(二)研究调查;(三)社会政策;(四)民众组训;(五)社会工作;(六)社会福利;(七)合作事业;(八)人力动员。

先后由商务、中华、正中等书局印行。现已出至十余种。

第十一章　其他社会学研究

除上述各类以外，尚有不属于各类而有重要关系的译著，略述如下：

（一）陶孟和氏的《社会与教育》，此书系"北京大学丛书"第六种，于民国十一年七月由商务印书馆出版。全书14章262页，原系陶氏在北京大学讲稿，经整理后出版者。书系讨论社会与教育之关系，也可说就是一种"教育社会学"。何以陶氏不用"教育社会学"之名，而称为"社会与教育"呢？据书中说：

> 近年来美国学者更把社会学与教育相关系的一部分书划分出来，称为"教育的社会学"（Educational Sociology）。他的范围就是应用社会学的材料、方法、原理，以解决教育问题。教育的社会学是一个极新颖的名词，除了美国学者以外，还没有采用他的。本书因为此名字太长，又恐读者不明此名之本意，所以不取此名。（第17页）

序言中又说：

> 我更希望读者注意两种活的问题：一种是现在实际的社会问题与教育的关系，一种是实际的教育问题与社会的关系。

全书纲目如下：

第一章　何谓社会学
第二章　社会与教育的关系
　　　　教育的社会学
第三章　社会调查附教育调查
第四章　个人与社会
第五章　社会成立的要素
第六章　人的心灵的要素
第七章　交通方法及社会成训
第八章　家庭与教育
第九章　游戏与教育
第十章　邻里与教育
　　　　乡村教育
第十一章　国家与教育
第十二章　民治与教育
第十三章　社会的演化
　　　　　遗传与教育
第十四章　社会演化与社会进步
　　　　　人为的淘汰代自然淘汰

这是中国最早的一部教育社会学，实质上说，是一部社会学在教育方面的应用。据著者所知，除法国涂尔干派曾创教育社会学的研究外，美国教育社会学者均系教育学者而非社会学者，如斯密斯（W. R. Smith）、克劳（F. R. Clew）、施耐腾（D. A. Snedden）、潘恒

(E. G. Payne)、毕德士(C. C. Peters)等都是。陶氏今以社会学者的地位编这部《社会与教育》——教育的社会学,自然倚重社会学原理的应用。所以这书可以看作陶氏的一部社会学。即使谦称:

本书材料多借资于英美的著作,就中特以采用斯密斯及克劳的两个著作为较多。(序言第1页)

然而毕竟陶氏本人的作品,与斯、克二家都不相同。所以我们在此书中,可以见到陶氏对于社会学的理论。他说:

社会学的观念,有广义、狭义两种。广义的观念,以为凡属人群生活的事情,都属在社会学范围之内,例如历史、政治学、经济学就应该属在社会学内。……狭义的社会学只把社会作为研究的对象,考求关于社会的原理,家族、部落、国家、教育,凡是人群组织的团体都要研究。(第1—2页)

氏把社会的研究分为四部分:即社会起源、社会变迁、社会组织、社会改革。他说:

社会之起源、变迁、组织三部分,都是就着社会上的事实为学理上的研究,寻绎社会的原理通则,所以可称为纯粹社会学。最后应用的一部分是把社会学理应用在人类生活上解决社会的问题。(第4页)

陶氏论教育的目的,则说:

教育之目的不只是个人，还有社会；不只是单独的个人，还有社会的个人；不只是使个人有效能，并须使个人增长社会的效能，个人的发展同时也必须能为社会服务。（第12页）

又说：

现在教育之要务不只是传递知识，更须使被教育者要能够明白合作、互助、服务、利他、民治这些道理，并且实行。受过教育的人，应该觉悟他与社会的关系，以及改良社会的责任，他的理想应该是社会的，不是个人的。他的知识的伦理的观念多少总要与社会相调和。……换一句话说，现在教育之任务在乎使个人成为社会化（Socialized）的个人。（第12—13页）

陶氏对于社会学的基本观点——社会全体的概念，及其在社会改良上的功用，看得极透彻。他说：

自从社会学成立为科学逐渐的进步以来，他的知识于我们的用处非常之大。他的最重要的功用，在改良社会上。向来人类的改革计划常偏于片面的而不能括取全体。例如宗教家、政治家、经济学者、哲学家等对于改良社会都各有他自己的意见。但是那个意见常常是只看见各人所专门的一方面，而不能窥见社会全体。社会学的知识使我们得着关于社会全体的概念。（第14页）

（二）本书著者的《社会学上之文化论》。此系著者关于社会学方面的第一部书，于民国十六年一月由北平朴社出版。全稿是在美国哥伦比亚与芝加哥大学课余写成，目的在介绍美国新兴的文化学说。此派肇端于前哥伦比亚大学社会学教授乌格朋（W. F. Ogburn）。乌氏于1922年出版其名作《社会变迁》（*Social Change*）一书，力言文化因素在社会现象方面的重要性。因此，引起全美社会学者的注意与研究。于是在数年之内，社会学上的文化学说或文化社会学概念，遂为一般讨论的主题。著者于1922至1923年，在哥伦比亚大学亲受乌氏教益，亲身感受此种文化潮流，乃发愿将此项甫经诞生的社会学上的新趋势——文化理论，择要介绍于国内学者。于是在数月之内，完成此稿。全书首言美国文化学说的渊源，次论乌格朋、恺史（C. M. Case）、海史各费（M. J. Herskovitz）、卫莱（M. M. Willey）诸家学说，尤注重乌氏学说的分析。书分6章161页，内容节目如下：

第一章　导言
第二章　晚近人类学家之贡献与文化社会学派之起源
第三章　乌格朋之文化论
第四章　恺史之文化论
第五章　海史各费及卫莱之文化论
第六章　综论

著者在当时看来，社会学上有三种重要趋势，即：

一、人类地位学的研究

二、个案及人格的研究

三、文化的分析

书中对于这三方面，均有简明的介绍，此书之出，对中国社会学界有相当影响。

第一，首先介绍美国文化学说入中国，以后我国社会学者重视文化概念，此书实开其端。

第二，有好几种社会学上的新概念，如“人类地位学”（Human Ecology）、“个案研究”（Case Study）、“人格分析”（Personality Analysis）、“文化分析”（Culture Analysis）等，皆因此书引起国内学者的注意。

第三，有数种重要社会学说，如孙末楠（W. G. Sumner）的“民俗论”（Folkways）、汤麦史（W. I. Thomas）的“四种愿望说”、“态度与价值说”等，亦因此书而使人注意。

要之，此书在当时看来，是一部介绍美国社会学重要学说的新著，在我国社会学发育时期，此书似有相当重要性。

（三）许仕廉氏的《文化与政治》，此系许仕廉氏所出的第一部书，于民国十八年一月由北平朴社印行。书面标明系“中国社会建设汛论”之一。据许氏自序，知该项汛论，尚有《国内几个社会问题讨论》及《社会教育与社会理想》二书，系汇集许氏民国十四至十六年间的论文而成。此书仅两章包括论文八篇，第一章“论社会学与文化改造”，第二章“论政治与社会趋势”，除第二章中的五篇均论政治问题外，第一章中三篇颇多与社会学有关的言论。其三篇内容如下：

一、科学之新分类与社会学

二、人与文化的关系

三、论东西文明问题

许氏在序言中论及“国家”与“社会行为”的性质。他说：

从社会学方面观察，国家不过社会团体之一种，凡与国家团体有直接关系的社会行为为政治。社会行为是由社会兴趣所冲动，故信仰是社会行为的原动力，所谓信仰，即个人承认一件东西或一种行为有社会价值的态度。故无论做什么事，必先有信仰，有信仰然后有力量；有力量然后有行为，集多数人行为，然后有社会行为。（序第4页）

许氏对于“文化”的意义，曾下一界说，他说：

文化是渊源于团体的经验和知识作用，从心灵所创造，或意志所模仿，所得且具有社会价值的一切事物能力的总称。（第50页）

许氏又对于“社会”下一个界说。他说：

故有形象者，未必有社会；有社会者，不必有形象。形象者一种缺心力的形体集合。社会者，系一种观念；不可以手指，不可以形像，只可以意夺而心会。（第32页）

许氏以心力接触为社会成立的主素，似乎注重人与人间心理上的联系者，故说：“心力接触，遂发生社会关系。”但同时以为，人与文化亦有密切关系。所以他说：

人、文化、社会三项，是相连不分的。文化者，社会群生之历史遗传也；人不能离社会而独生，人无社会，不能造文化，社

会而无文化，非形聚，即兽群，决不能成社会。人与社会文化互相作用，于是人事益繁，文化之历史益深。（第35页）

就上各点，约略可以看出许氏对于社会学上几个重要概念的见解。

（四）吴泽霖的《社会约制》，此书系拙编"社会学丛书"之一，于民国十九年由世界书局出版。全书分5章93页。其节目如下：

一、社会约制的意义
二、社会约制的需要
三、社会约制的工具
四、社会约制的方法
五、社会约制的组织

吴氏此书为国人专论社会约制的第一书。"社会约制"，或作"社会控制"，吴氏取"约制"一词，以其意义较是宽泛。吴氏在此书中有一重要贡献，即将社会约制的工具与方法分清。自序有云：

Lumley 的 *Means of Social Control*，可惜没有把工具与方法分别清楚，拿许多约制的方法并在工具里讨论，不免是一种缺点。本书的出发点与伦氏相同，不过把工具与方法分开讨论，并将方法分成几类，每类只举出几个例子，作为研究的参考。又"社会约制的组织"一章与 Ross 的见解略有出入，亦望读者批评。

书中对于工具与方法的区分，有更明白的说明：

工具是一种东西，它的性质是静的；方法是一种行动的程序，所以它的性质是动的。

方法不是一样东西，乃是一种过程，一种行动。（第 29—30 页）

吴氏又说：

社会是由人类组合而成的，人类行为相互关系的总和，就是社会。所以社会约制，就是约制各种行为的相互关系。谈到社会约制逃不了心理学的范围，要谈社会约制的工具，也应当在心理方面下手。Thumas 以为人都有四种普遍性：即保守心、好新心、求显心、社交心。这四种心理是非常普遍，为人类一切行为的原动力。……我以为社会约制的工具，也就是在这四种普遍性。（第 30—31 页）

（五）杜尼士（Tönnies）的《共同社会与利益社会》的节本。此书系日人波多野鼎原著，杨正宇氏译。全书分为四段如下：

一、概论——杜氏与齐穆尔（Simmel）都是建筑现代形式社会学之基础的始祖。他以特异的意志的哲学思想为基础，而展开独特的社会观。他首先分意志为本质意志与选择意志二种。同时他认为应从根本上去区别社会为共同社会与利益社会二种类型。且只把持住这种基本的见解，然后才得正当地理解一切社会现象的本质与意义。故本书遂被视为现代社会学的宝典。又本书系带批评的眼光去觉察从古代及中古的社会推移到近代社会的过程。且叙述由此种推移,致使社会基本类型之一的共同社会崩溃下去,而其他的一类型——利益社会繁兴起来的经过。

二、本质意志和选择意志——人的意志是相互地表现于各种关系之中的,而此关系由作用方面看起来,便是相互作用。相互作用有保持与毁伤他人意志及身体的倾向,即肯定与否定二倾向。其中由肯定倾向而构成的群,因为是内外方面均有统一作用的本体或物,故称为结合,这更可分为实在的及其有机的生活的结合与观念的及机械的形象的结合二种。前者为共同社会的本质,而后者则为利益社会的本质。所以共同社会是结合的本质的意志的主体,而利益社会则为选择意志的主体。

三、共同社会——共同社会是结合的本质意志的主体,而且是自然地完成人类意志的统一的,共同社会的普通根元是存在于出生之时,这种意志的结合成为三种关系而具体的表现出来。即(一)母子关系,(二)如夫妇一样的男女关系,(三)同胞的兄弟姊妹关系。由此一切关系而成的共同社会是为血缘的共同社会。血缘的共同社会为着共同居住,故又为地缘的共同社会,更由此发达而为精神的共同社会。

四、利益社会——利益社会虽与共同社会一样地营谋和平及相并立的生活,但其本质却非结合的,而是由分离的一团人所构成的社会。在那里各人均各自存在着。……各人均追求自己的利益。对于他人的利益,只有在增长自己利益的范围内才去承认它。……这种社会便是经济学者作为研究对象的资产阶级社会,或交易社会。

(六)黄凌霜译阿柏尔原著《德国系统的社会学》,这书是美国哥伦比亚大学教授阿柏尔(Theodore Abel)原著,书名*Systematic Sociology in Germany*。黄氏译本系于民国二十一年六月由华通书局印行。全书分4章,序41页、本论222页、附录8页。其要目如下:

第一章　辛麦尔的形式社会学
第二章　飞尔康特的现象学的社会学
第三章　魏塞的行为派的社会学
第四章　韦柏的理解的社会学
附录:　最近德国研究方法论问题文献选目
　　　　关于德国社会学文献的参考书

据该书原序所述,略可窥见此书编著的用意:

除十九世纪的传统的继续外,别的著作,已把新的趋势清晰地表现出来:

第一,现代社会学者采用归纳方法与数量分析,根据详细和专门的搜讨,不断地侧重社会生活的特殊方面之彻底的、专论的研究。

第二,现代社会学企图把社会学的领域缩小,注重同质性的主材,使社会学成为一种自治和专门的科学。

这书的目的,便是达到这种企图的。

黄氏在译者序中为介绍此书内容,特把德国社会学的渊源派别和对于形式社会学或系统社会学的批评加以论述。黄氏说:

这里除斯班一派继承德国的传统观念论,极力反对社会学中的经验主义,提倡"社会的玄学"和阿德勒(Max Adler)之马克思学,我们不去讨论外,略述文化社会学和形式社会学之崖略。

文化社会学或称文化类型学(Kulturtypologie)是按社会的规定去理解文化的学问。文化不是唯一的,文化的形态是复杂的。例如从民族阶级时代等等不同的类型文化,先承认这些事实的存在,再按此等类型以研究文化的工作,就是文化社会学或文化类型学。(第3页)

据译者个人的私意,现代人类学既是研究人类文化的科学,则文化社会学实在无创立的必要。

形式社会学派学者如 Simmel, Vierkandt 等以为社会学是一种特殊科学,其正当的对象,便是对于社会交互动作,或社会关系的形式之研究,所以和其他社会科学之研究内容者不同。(第9页)

(七)袁业裕译日人新明正道原著《国民革命之社会学》,全书分6章175页,由商务印书馆于民国二十七年四月出版。其要目如下:

一、德国社会学之趋向

二、符莱翊(H. Freyer)社会学之概念

三、论理科学的社会学之检讨

四、现实科学的社会学之检讨

五、符莱翊社会学体系之纲要

六、符莱翊国民革命之理论

据译者序中说：

符莱翊认识当时之事实，以确立其现实科学的社会学体系之理论。(第5页)

又据原序说：

符莱翊有著作十六种：讨论过去经济之评价，讨论国家之性质，民族之政治概念，客观精神之理论，文化哲学之概念，文化典型与阶段，右翼革命之理论，社会学之现代各种问题。

本书系一种综合之研究。符莱翊之立场，在于树立现实科学的社会学，此与不以社会为现实而以超社会之理论(Loges)之论理科学的立场相对抗者。(原序第1页)

符莱翊之社会学内容，可谓以黑格尔之法律哲学的人伦性之组织为范畴，而在方法上则完全否定黑格尔者。在此意味上反而有一部分肯定马克思之见解，此为支持国民革命者特异之态度。(第1页)

据原著者之意，当符莱翊著述此书时，德国社会学正感受国民

社会主义社会观之影响。国民社会主义种种主张，自然直接间反映于社会学思想。原著者即以表现此种国民社会主义之根本的特征与内容之社会学，而称之为国民革命之社会学。（第12页）

（八）李安宅氏译《两性社会学》，此书于民国二十六年三月由商务印书馆出版，系译马凌诺甫斯基（B. Malinowski）所著的《蛮族社会中性欲与抑制》（*Sex and Repression in Savage Society*），故又名《母系社会与父系社会底比较》。全书分4编31章，又附录2种，附图3页，共计312页。书首有译者序、原书序及马氏为汉文本专写的序文。这书是将蛮野的梅兰内西亚母系社会里的性及文明的欧洲父系社会里的性，作比较的社会学的研究——研究两种社会里的性有什么关系。同时并比较动物生活与人类生活里面的性。因此，这书实在是一种性的社会学研究，故译本称为《两性社会学》。马氏为英国功能派人类学家的领袖，早为世所公认。此书仅为其重要著作之一。其目如下：

第一编　复识底形成

第二编　传统底镜影

第三编　心灵分析和人类学

第四编　本能与文化

附录甲　开鲁窝顿：近代人类学与阶级心理

　　乙　赖斯外尔：马氏对于一种假设的考验——该项假设即以对于单独一种文明所有的先入之见为根据者

（九）李安宅氏译《知识社会学》，此书系迻译孟汉教授（Prof.

Karl Mannheim）的英译本《意态与理想》（*Ideology And Utopia*：*An Introduction to Sociology of Knowledge*）一书的末一编。孟汉氏系德国佛兰克福大学社会学教授，嗣至英国任伦敦大学教授。此书原本由美国芝加哥大学范尔思（L. Wirth）与许尔士（E. Shils）二氏译成英文，为一近时名著，1936 年出版。李氏译本于三十三年九月印行。全书分 6 章并附录，共 93 页。其要目如下：

第一章　知识社会学底性质与范围
第二章　知识社会学两个部门
第三章　旧式认识论底片面性
第四章　知识社会学底正面使命
第五章　知识社会学领域以内在历史社会研究上技术问题
第六章　知识社会学历史简述
附录　张东荪：《思想、言语与文化》

这是介绍知识社会学的第一书，篇幅虽短，亦可知其大概。李氏系燕京大学出身，留学美国，现任华西大学社会学系主任，尚有《〈仪礼〉与〈礼记〉之社会学研究》、《意义学》、《巫术与语言》（均商务出版）、《人生、家庭、社会》（中国文化服务社出版）等书。

（十）费孝通译马凌诺斯基原著《文化论》。按此书原系英国马凌诺斯基的未刊稿，其要点曾在美国所出《社会科学百科词典》中发表，全书未出版。费氏留学伦敦大学，出于马氏之门，因得此稿，乃在欧洲译成中文。经吴文藻氏编入“社会学丛刊”甲集第一种。吴氏并加入《论文化表格》一文以为附录。于三十三年七月由商务印书馆出版。全书本论计 24 节 101 页，附论分 7 节计 67 页。其内容如下：

一、文化与人类的差异性

二、文化的各方面——物质设备、精神方面的文化、语言、社会组织

三、文化科学中神秘的实体

四、功能派的立场

五、作用中的文化

六、以社会制度为文化的真正要素

七、社会制度的形式、功能和组合部分

八、一物的形式决定于其基本及演生的性质

九、需要或文化迫力的阶层

十、生物需要的文化转变

十一、风俗如何发生功能

十二、仪式举动的创造功能

十三、奇异字词的功能

十四、家庭生活及其物质

十五、文化的手段迫力

十六、思想及道德完整的综合迫力

十七、巫术

十八、巫术的生理基础

十九、宗教信仰的功能

二〇、文化与娱乐及游戏的需要

二一、艺术及其在文化中的位置

二二、文化的功能现实

二三、文化的各方面与制度

二四、概要与结论

附 论文化表格：

引言

一、文化总表内容总说明

二、文化三因子的分析

三、文化三因子的连环性

四、文化二元论的批评

五、研究文化的适当单位

六、文化三因子的经验入手法

七、文化三因子与八方面的关系

按此书在文化各方面均有详明的阐释，而吴氏讨论文化表格，尤为精彩。此项表格原来均系马氏所编，吴氏乃加以说明。吴氏虽系根据表格讨论，实际上颇多吴氏个人的意见，亦可作吴氏的"文化论"读。

吴文藻氏为国内有数的社会学者，早年肄业于清华大学，毕业后赴美留学，出于季廷史、乌格朋诸教授之门，回国后任教于燕京大学多年，对于文化人类学尤感兴趣。在社会学方面力倡文化理论。吴氏受英国马凌诺斯基与勃朗（Radcliffe-Brown）二氏的影响甚大，故重视文化功能。其主编的"社会学丛刊"的主旨，欲在中国建立一种比较社会学。而欲建立此项社会学的巩固基础，氏以为，必须一面介绍健全的理论与方法，一面提供正确的实地调查报告。所谓比较社会学，在吴氏看来，即系应用类似自然科学上的方法——即比较法，对于各地现存的社区，作系统而精审的观察。“现代社区的核心为文化，文化的单位为制度，制度的运用为功能。我们就是要本着功能的眼光及制度的入手法，来考察现代社区及现代文化。因此，也可以说，社会学便是社区的比较研究，文化的比较研究或制度的比较研究。”（总序第2页）该丛刊分为甲、乙两集，甲集专收普通社会学与特殊社会学的专刊，乙集专收各型社区的实地调查报告。该丛刊除《文化论》外，尚有下列三书亦已出版：

一、费孝通译 Raymond Firth 原著《人文类型》

二、张东荪著《知识与文化》

三、林耀华著《凉山夷家》

（十一）许孟瀛译罗塞克（T. R. Roucek）著《社会学与教育》，按此书系从彭恩史（H. E. Barnes）等主编的《当代社会学说》（*Contemporary Social Theory*，1940）一书中第二十二章译出，原题为 Some Contributions of Sociology to Education。书分16节71页。于民国三十六年六月由商务印书馆出版。其要目如下：

一、社会和教育的关系

二、孔德以前

三、初期的社会学家

四、初期美国教育学说的社会学的含义

五、詹姆士、杜威和包尔文的影响

六、美国社会学的先进与教育

七、社会教育学

八、涂尔干与社会心理学

九、教育社会学的各派别

十、美国教育社会学的根源

十一、系统的教育社会学

十二、关于教育社会学的教科书

十三、教育社会学的功能派

十四、教育之社会学

十五、教育社会学最近的趋势

十六、结论

译者在序言中力言“社会学的研究同教育简直是不可分的”。他以为：

社会学所研究的对象是人类的社会行为。教育根本是一种社会行为。（第1页）

许氏认为：

教育社会学的内容不外三方面：（一）以社会学的眼光批评教育的价值，（二）用教育的眼光研究社会团体，发现其教育的缺点和所需要的教育，（三）研究如何以学校的组织作为社会进步的中心。（第4页）

这可见许氏已看到了该书的要义。

此外尚有下列二书，亦颇富有社会学意义。

（十二）吴景超氏的《第四种国家的出路》，此书系吴氏的论文集，收罗在二十五年以前各杂志上所已发表的论文整理而成。全

书分4章237页,于民国二十六年二月由商务印书馆出版。其要目如下:

第一章　导言

一、世界上的四种国家

二、提高生活程度的途径

第二章　经济建设

三、农民生计与农村运动

四、中国农民的生活程度与农场

五、从佃户到自耕农

六、地方财政与地方新政

七、近代都市化的背景

八、发展都市以救济农村

九、再论发展都市以救济农村

一〇、都市教育与乡村教育

一一、我们没有歧路

第三章　人口政策

一二、多福多寿多男子

一三、土地分配与人口安排

一四、中国的人口问题

第四章　分配问题

一五、新税制与新社会

一六、阶级论

据著者自序说:

书名似乎有点新奇,但也无需解释,因为在本书第一篇文章里,已经把第四种国家的意义讲得很清楚了。

原来,吴氏在第一章中,根据人口密度及职业分派的情形,分国家为四种:

第一种国家,人口密度颇高,但在农业中谋生的人,其百分数比较的低。

第二种国家,人口密度颇低,但在农业中谋生的人,其百分数也比较的低。

第三种国家,人口密度颇低,但在农业中谋生的人,其百分数比较的高。

第四种国家,人口密度颇高,但在农业中谋生的人,其百分数也比较的高。(第1—2页)

中国不幸,就是第四种国家。如何改变这种不幸的境遇,就是本书所要讨论的。(自序)

而吴氏表明,第一章“导言”,是全书要义所在。氏以为,要提高第四种国家中人民生活程度,那么,人口密度与职业分派两点,都要改良。如何始可提高人民的生活,据吴氏之意,“第一要充分利用国内的富源,第二要改良生产的技术,第三要实行公平的分配,第四要节制人口的数量”。(第18页)

这全书,就是讨论这些问题。

(十三)陈序经氏的《中国文化的出路》,这书固然不是一部社会学,但陈氏确是从社会学的眼光去讨论中西文化的问题。全书自始至终主张全盘西化，确有他的见解。他以为，研究东西文化的人，不外三派：

一、主张全盘接受西方文化的

二、主张复返中国固有文化的

三、主张折衷办法的（第1页）

而他在这书里，将这三派的意见，做一种比较的研究，然后寻出今后应走的路。内容分7章145页，于民国二十三年一月由商务印书馆出版。其章目如下：

一、文化的根本观念——文化与人类、文化的基础、文化的成分

二、文化的根本观念——文化的层累、一致与和谐

三、折衷办法的派别

四、复古办法的观察

五、全盘西化的理由

六、近代文化的主力

七、南北文化的真谛

对于文化演进的程序，陈氏于列举各家意见后表示："我们总要承认文化确有高低之分。他的演进的程序，是由低而高。而其演进的原则，是由纷乱浑漠的形态而变为明确特殊的形态，由简单而变为复杂，由少数部分和散漫的结合而变为多数部分和明确的结合。"（第32页）陈氏又说：

所谓“保存固有文化”这句话，无论在文化发展的理论上、目的上及其趋势上，都是不通的。因为时代环境一变，则他们惟有一个共同的文化，并没有所谓“固有”，更没有所谓“保存固有”。（第39页）

陈氏视著者为折衷派中的科学分析派，他说：

许仕廉先生、孙本文先生都是属于这派。……照孙先生所说，我们已完全西化了！即全盘接受西方文化，已成为一种事实，而且合乎现在世界的趋势。可惜事实上的中国，并不像孙先生这样说。……无奈孙先生所说的西化，乃是我们只晓得享受的西洋货，并非我们自己所创造的西洋货。……无怪得数十年来的提倡西化，终不见化得什么！（第60页）

陈氏在“全盘西化的理由”一章中说：

中国在事实上是趋于全盘接受西洋文化。不过三百年来的西化，终不见得中国的文化能够和各国立于对抗的地位，是因中国人不愿去诚心诚意来接受西洋文化的全部，而只求目前的部分的西洋文化。（第98页）

据陈氏之意，“全盘西化的必要，至少还有下面两个理由：

（一）欧洲近代文化的确比我们进步得多，

（二）西洋的现代文化，无论我们喜欢不喜欢，他是现世的趋势。”（第98页）

总之，陈氏这书是主张中国必须全盘西化。

以上所举有关社会学研究的书籍13种，其中自著者6种，译自英文者5种，日文者2种。就翻译者说，美国人原著者2种，英国人原著者2种，德国人原著者2种，其中1种由英文转译，另1种由日文转译，又日本人原著者1种。这13种之中，原著皆为有名的著作，如杜尼士的《共同社会与利益社会》、孟汉的《知识社会学》、马凌诺斯基的《文化论》与《两性社会学》、阿柏尔的《德国系统的社会学》等皆是；自著书中如陶孟和氏的《社会与教育》、陈序经氏的《中国文化的出路》、吴泽霖氏的《社会约制》、吴景超氏的《第四种国家的出路》皆是有价值的作品。

这一章所列各书，大致因为不能列入上面各章，也可说是上面各章的补遗，都有参考的价值。

第十二章 实地调查的推广与发达

我国社会实地调查工作，自民国初年方始发轫。大致系由少数教会学校中美国教授，为指导学生实习起见，乃从事于小规模的调查工作。据说民国三四年间，北平社会实进会，曾用表格多种调查302个人力车夫的生活情形。民国六年，清华学校美籍教授狄德莫(C. G. Dittmer)指导该校学生在北京西郊调查居民195家的生活费用。民国七八年间，北平美籍教士甘博(S. D. Gamble)与燕京大学教授步济时(I. S. Burgess)等，曾仿照美国“春田社会调查”的成例，调查北京社会状况。其调查结果，于民国十年用英文在美国出版，书名《北京——一种社会调查》(*Peking, A Social Survey*, 1921)，内容分历史、地理、政府、人口、卫生、经济、娱乐、娼妓、贫穷、救济、宗教等项。这是我国都市社会调查的开端。同时在上海有沪江大学社会学教授葛学溥(Daniel H. Kulp Ⅱ)指导学生在广东潮州调查有人口650的凤凰村，内容包括该村的地势、人口、卫生、种族、经济、治理、风俗、社团、教育、美术、娱乐、宗教等状况。该书于民国十四年用英文在美国出版，书名《华南乡村生活》(*Country Life in South China*, 1925)，这是我国乡村生活社会调查的开始。不过以往各种调查，不仅均由美籍教授指导，而且都用英文发表，在美国出版。其用中文出版的社会调查报告，当以民国十三年八月张镜予编辑、商务印书馆出版的《社会调查——沈家行实况》一书为最早。该书载明由白克令(H. S. Bucklin)教授指导,系沪江大学“勃朗丛书”之第一种,全书凡2编11章末附应用调查表7种共172页。该书凡例说:“科学的社会调查,用我国文字出版的,还没有见过。”可见这是第一书。书的全目如下:

第一编　绪论

第一章　社会调查的目的和方法	白克令著,张镜予译
第二章　沈家行实测的经过情形	同上

第二编　调查——沈家行实测报告

第三章　家庭	曾友豪
第四章　宗教生活	汪承镐
第五章　地方行政与惩罚制	邵绳武
第六章　教育	黄乃麟
第七章　农工商业	郑　鹤
第八章　健康与公众卫生	白克令著,张镜予译
第九章　娱乐	张镜予
第十章　居住	丁瑞生
第十一章　结论与建议	白克令著,张镜予译

观此可知,此书系由八人调查后合作编成,张氏仅系主编人。书附相片17幅,附表达70页之多,故正文不过100页。对于各方面的报告,均甚简略,但可以看到这人口360的一个小乡村的情

形。因为这是一部开创的调查报告，很可珍贵了。

此外，民国十二三年间，南京金陵大学美籍教授卜凯（J. L. Buck）指导学生在安徽芜湖及河北盐山等处调查田场及其社会经济状况。北平清华学校陈达教授约在民国十四年间指导学生调查附近成府村居民生活。其他各地类此的调查尚多。及至民国十五年中华教育文化基金董事会成立社会调查部，而后社会调查的运动，始有正式推动的机关。该调查部的任务约有下列各端：

一、关于社会问题行使学术上之研究与调查

二、介绍国外调查社会问题及研究社会问题之新技术于中国

三、将调查研究所得结果报告社会，以备解决国内社会问题之参考

四、搜集关于社会问题之图书及资料，以图研究与阅览之便利

五、提倡社会研究之兴趣，使专攻社会科学之人士致力于专门实际的研究

六、与从事社会调查的机关谋合作，协力调查社会问题

七、指导其他机关之社会调查事业

该部成立后，即从事于各种调查，其中一部分属于工业或经济调查，一部分属于家庭生活调查。其比较著名的调查报告为李景汉氏的《北平郊外之乡村家庭》，该书系调查部“社会研究丛刊”之一，于民国十八年五月由商务印书馆出版。自该书出版后，该部即于是年六月改称社会调查部。该书分 2 部 8 章 151 页，内附有乡村家庭调查表 8 页。书中叙述北平郊外的四个乡村的家庭状况。此项调查系李氏指导燕京大学社会学系学生实习调查的结果，而用社会调查部名义出版者。所调查的四村均在燕京大学附近，调查

的家庭，共计不过164家。其纲目如下：

第一部　挂甲屯村一百家之社会的及经济的调查

第一章　绪论

第二章　人口与家庭

住户的来源、种族的分配、家庭的大小与亲属关系、人口的年龄与性别、结婚的年龄

第三章　家庭的收入

工资及营业收入、其他收入、借贷与当物、一切收入总论

第四章　家庭的生活状况与支出

食品、衣服、住房、燃料、杂项、一切支出总论

第五章　村民其他状况

健康与卫生、教育与知识、风俗与习惯

第二部　黑山扈村、马连洼村与东村六十四家之社会的及经济的调查

第一章　人口与家庭

调查的手续与范围、居民的种类与来源、家庭的大小与亲属关系、人口的年龄与性别、结婚的年龄、教育与知识

第二章　家庭的产业与收入

田产、房屋、其他产业、职业与收入、借贷与典当

第三章　家庭的生活状况与支出

食品、住房、衣服与燃料、杂费、一切支出总论

这书虽仅调查164个家庭状况，但却是最早关于家庭调查的报

告。所以此后所做的各种家庭调查,几无不以此书为蓝本,其在方法上贡献甚大。

其次,该所出版的重要报告尚有陶孟和氏所著的《北平生活费之分析》一书。该书系“社会研究丛刊”第六种,由商务印书馆于民国十九年十月印行。全书计 9 章 92 页,附表 3 种。其要目如下:

第一章　绪论
第二章　调查的范围与步骤
第三章　名词之解释
第四章　工人家庭之普通情形
第五章　收入与支出
第六章　食品消费
第七章　住宅家具与衣服
第八章　人力车夫
第九章　小学教员
附录

按该书原系用英文出版,书名 *Livelihood in Peking*,By L. K. Tao,由朱席儒氏译成中文。此系采用家庭记账法调查 48 家手工业工人家庭及 12 家小学教员家庭的生活费报告。前者调查历六个月,后者仅历一月。据该书绪论中所述,则知在工人家庭采用日用账簿,在彼时尚属创举。故此书可说是国内采用记账法以调查工人家庭生活费的第一书。此后各地生活费调查方法,大抵采自此书,其在方法上甚有贡献。此外该所出版的实地调查,计有林颂河编的《塘沽工人调查》、杨西孟编的《上海工人生活程度的一个研究》、施裕寿等编的《山东中兴煤矿工人调查》等。又该所于二十五年七月改隶国立中央研究院社会科学研究所后，曾有"冀北察东三十三县农村概况调查"、"北平西郊六十四村社会概况调查"等极有价值的调查。

民国十九年燕京大学社会学系出版英文本《清河镇社会调查》（*Ching Ho*：*A Sociological Analysis*，1930）一书，为我国市镇调查的第一部报告。全书10章146页，内附调查表4种。其要目如下：

一、绪论

二、历史与地境

三、人口

四、家庭与婚姻

五、商店

六、经济

七、经济组织

八、政治

九、教育

十、宗教

清河镇在北平近郊，有人口2437，其中有371户计1819口，余为商店及公共机关人口。此调查由杨开道、许仕廉二氏主持，领导学生从事调查的结果，至今仍为一种有价值的社会调查参考材料。

民国二十二年，李景汉氏出版《定县社会概况调查》一书，为我国县区社会调查最详细的报告。

全书计17章828页。其纲目如下：

一、地理

二、历史

三、县政府及其他地方团体

四、人口

五、教育

六、健康与卫生

七、农民生活费

八、乡村娱乐

九、乡村的风俗与习惯

十、信仰

十一、赋税

十二、县财政

十三、农业

十四、工商业

十五、农村借贷

十六、火灾

十七、兵灾

按李氏当时在定县中华平民教育促进会社会调查部工作，经多时与多人的协力，乃得编成此书。

二十二年以后，各地举办的社会调查，为数甚多，其比较重要者如下：

一、乔启明——《江宁县淳化镇乡村社会之研究》（民国二十三年，金陵大学农学院）

二、刘保衡——《上海市人力车夫生活状况调查报告书》（民

国二十三年，上海社会局）

三、《沙南疍民调查报告》（民国二十三年，广州岭南社会研究所）

四、朱汉章——《泗阳县社会调查》（民国二十三年）

五、伍锐麟等——《旧凤凰村调查报告》（民国二十四年，岭南大学）

六、言心哲——《农村家庭调查》（民国二十四年，商务印书馆）

七、陈达——《南洋华侨与闽粤社会》（民国二十六年，北平京华书局）

八、《南宁社会概况》（民国二十六年，广西省政府统计室）

抗战时期著名的社会概况及户口调查，计有下列各种：

一、费孝通——《禄村农田》（民国三十二年十二月，商务印书馆版）。按费氏在英国留学时，曾用英文著《江村农民生活》（*Chinese Peasant Life*，1937）一书在伦敦发行。此书系继江村而作，系调查云南禄丰县乡村生活的报告。其特点有三：（一）用社区研究法以分析一内地尚未受近代工商业影响的农村，为开社区研究的先例。（二）视农村土地制度为一种动态现象，能适应于环境的状况。（三）分析以自营小地主为基础的禄村经济机构，时与佃户为基础的江村结构相对比，看出江村系受工商业影响以后的形态，而禄村则尚保留内地以农田为重心的本色。

二、史国衡——《昆厂劳工：内地新工业中人的因素》（民国三十二年油印本，后由商务印书馆出版）。此书系调查昆明一国营工厂劳工生活的报告，注重战时新工业中工人的来源、维持、训练、保养、组织、管理等的叙述与分析。其特点有三：（一）从社会学观点研究工人生活，关于工人家庭与社会背景，个人的嗜好、习惯、勤惰、生活费用、集体心理以及工人管理等项，均有切实的分析。(二)在方法上注重个案研究，每章中引证由作者亲身观察或访问而来的个案材料。(三)此书在结构方面从工人的来源入手，渐次由工人本身状况推论到集体生活，最后论及工人的管教与扩充继替，前后联贯，有条不紊，颇有见地。

三、蒋旨昂——《战时的乡村社区政治》(民国三十三年十一月，商务印书馆)。此书是以社区的概念调查研究，分析解说乡村基层政治的著作，确认乡村是一种社区，以此为出发点，研究乡村的社会与政治，是一种政治社会学的研究。其特点有四：(一)采功能观点，注重各方面制度的机能与演变，注重其联锁性与全体性。(二)注重态度分析，注重社会分子的心理的“行动趋势”。(三)比较求同，求得通则以为社区政治计划的根据。(四)社区试验，试验社区建设的计划，试验这种计划的准确性与实际性。(见瞿菊农氏序)全书分7章126页。

上编　社区政治之实质条件

(一)乡是一种社区

(二)物境可能发展

(三)人口近似饱和

(四)生活程度有待提高

下编　社区政治之变迁

(五)人事之变迁

(六)组织之变迁

(七)工作之变迁

这是全书纲领。

四、清华大学国情普查研究所陈达等编——《云南呈贡县、昆阳县户籍及人事登记初步报告》（民国三十五年六月，清华大学油印本）。此书系呈贡与昆阳两县的户籍及人事登记的报告。据引言云："民国二十八年春，当本所在云南呈贡县举办人口普查完毕之后，即选定靠近县城的27乡镇，试办人事登记，其项目为出生与死亡，其总人口为二万余人，约等于全县总人口的三分之一。……次年二月将人事登记推至于全县，并增加婚姻与迁徙两项。又明年春初，复将呈贡的人事登记制度推行于昆阳县。……于昆阳仅选一镇三乡为登记区，连呈贡共有总人口106620人。……昆阳的工作，除人事登记外，并注重户籍登记，呈贡则专门注重人事登记。"这可以看出该报告的性质。全书分3编10章油印本248页。

第一编　登记资料的搜集
（一）登记前的筹备
（二）登记工作的经过
第二编　登记资料的整理
（三）表格的整理
（四）表格的审核
（五）给符码与抄记
（六）统计
（七）两种人事登记的比较
（八）经费
第三编　人事登记资料的分析及其与国内外资料的比较
（九）呈贡县人口普查的结果

（十）人事登记及户籍资料统计表

末有附录五种。

五、云南环湖市县户籍示范实施委员会——《云南省户籍示范工作报告》（民国三十三年二月初版，清华大学国情普查研究所）。此书系陈达、李景汉等所主持的云南四县一市户籍示范工作报告，全书9章384页。所包括的四县一市为昆明、呈贡、普宁、昆阳及昆明市。据第二章云："全示范共有507216人，人口密度每方公里为176.1人。以面积及人口数量论，国内现代式的户籍工作，以本试验的范围为最大。"内容包括户口普查、户籍登记、人事登记三种。其要目：

（一）云南户籍示范缘起

（二）云南户籍示范区

（三）户籍工作的经过

（四）调查的基层组织与基层工作人员

（五）统计方法

（六）经费

（七）户籍资料与我国的人口研究

（八）户籍资料与国际的人口研究

（九）建议

末有附录10种。

六、国民政府主计处统计局编——《四川省选县户口普查总报告》（民国三十二年四月）。此系统计局根据民国二十八年在四川省合川县沙溪镇及民国二十九年在嘉陵江三峡实验区，先后举行试查之经验，于三十一年选定彭县、双流、崇宁等三县作示范的户口普查。内容包括两部5章174页。其要目为：

第一部　办理经过

(一)组织人员与经费

(二)督导制度

(三)编查工作

(四)统计工作

(五)总检讨

第二部　统计结果

彭县、双流、崇宁三县统计基本报告表

七、吴泽霖、陈国钧编——《炉山黑苗的生活》(民国二十九年十二月，大夏大学社会研究部)。此书系二氏在贵州调查黑苗生活的报告。据云："贵州的苗族种类繁多，黑苗即为其中主要部族之一，人数约占苗族总数的三分之一，他们的集中地带在贵州的东南部。"该项调查系受内政部之委托，特别注意于民政及礼俗方面。全书分8章75页。其要目为：

(一)族系分布

(二)生活背景

(三)家庭生活

(四)经济生活

(五)日常生活

（六）宗教生活

（七）婚姻

（八）丧葬

八、林耀华——《凉山夷家》（民国三十六年五月，商务印书馆）。此书系林氏率领燕大边区考察团，于三十二年暑假期中，前往川边凉山调查夷家的一部实地考察报告。全书分9章133页。内容以叙述家族为中心，并及其他有关方面的生活。据自序云："本书名《凉山夷家》，凉山为地理区域，夷家却有双关的意义，广义的夷家指整个倮倮社会，狭义的夷家指倮倮的家族组织。"第一章"区域"标明考察的地理范围，第二章到第五章叙述社会团体从大到小的机构，因氏族、亲属、家族与婚姻乃系夷家一连串的组织。第六章到第九章描写夷家几方面主要的生活枢纽，经济、阶级、冤家与巫术，都有特点的表现。此书列入吴文藻氏主编的"社会学丛刊"乙集第五种。

此外如社会部统计处主办的《北碚社会概况调查》（民国三十二年七月《社会调查与统计》第三期）及《成都社会概况调查》（民国三十三年七月同上第四期），柯象峰氏的《西康社会之鸟瞰》（民国二十九年七月正中书局版），徐益棠氏的《雷波小凉山之倮民》（民国三十三年），俞湘文女士的《西北游牧藏区之社会调查》（民国三十六年一月商务印书馆版）等，亦均为有参考价值的调查材料。龙冠海氏主编的《社会调查集刊》（上下两册，民国二十八年十二月），系选取金陵女子文理学院毕业学生论文汇编而成，可以表示该校学生在战时所做的调查研究的成绩。

总之，以上所举战前及战时各种实地调查研究的报告30余种，仅就比较重要者略述梗概，其他各大学或私人所做社会调查报告，散见于各杂志或单本印行者为数尚多，未能在此一一列举。大体言之，我国社会调查运动，发源于各大学，逐渐推广至各机关团体。其中比较有贡献者为陶孟和、陈达、李景汉三氏。陶氏主持社会调查研究工作多年，对于生活费分析，在方法与效果上，成绩卓著。陈氏从事于户口普查的调查研究多年，在户政方面，有重要贡献。李氏在定县及他处所办的概况调查，在方法与规模方面，贡献甚大。要之，三氏实为我国社会实地调查的前锋。

第十三章　社会学课程的扩充与专系的设置

民国元年京师大学*改名国立北京大学，其文科中国哲学门与西洋哲学门，均设有社会学课程。但迟至民国五年秋始开设第一班社会学，由康心孚教授担任，自编讲义，印发学生参考。据著者所知，此为国人自授社会学之始。著者当时在北京大学肄业，选读此课，为著者研习社会学之始。康教授讳宝忠，号逵窖，陕西城固人，为国学大师章太炎氏之门人，曾留学日本习法政。回国后，即在北京大学任教，授社会学、伦理学、中国法制史等课。先生所授课程，讲解详明透澈，深得学生信仰，所编社会学讲义，文笔典雅，涵义湛深，以季廷史的理论为主，而参以已见，卓然成一家言，非普通教科用书可比。

其次，上海私立沪江大学于民国二年已创设社会学系，由美国教授担任教课，如葛学溥（Daniel Kulp Ⅱ）、白克令（H. S. Bucklin）、狄莱（J. Q. Dealey）等，都是勃朗大学教授短期来华任教者。葛学溥除创设社会学系外，并于民国六年在该校附近创设“沪东公社”为上海杨树浦一带工人区的社会服务机关。此外，白克令于民国十一年主持沈家行社会调查，皆有创建之功。

---

* 原文如此，意指“京师大学堂”。——编者注

北平清华学校于民国六年始设社会学课程，由美国人狄德曼（C. G. Dittmer）担任。民国十四年成立社会学系，由陈达氏主持。

厦门大学于民国十年设历史社会学系，由徐声金氏主持，为国人自办大学设立社会学系之始。徐氏系美国哥伦比亚大学社会学博士，是国人在该校社会学系得博士的第二人，第一人为朱友渔氏。朱氏论文为《中国的慈善事业》，徐氏论文为《中国家庭制度》（*The Chinese Family System*），均曾在美出版。

北平私立燕京大学大约亦于此时设立社会学系，由美国教授步济时（J. S. Burgess）任主任。步氏于民国七八年间与甘博尔（S. A. Gamble）主持北京社会调查，为国内大城市社会调查之发端。

上海私立复旦大学（已改为国立）于民国十年左右已有社会学课程，民国十四年于社会科学科中设社会学系。私立大夏大学于民国十六年始设社会学系。

国立中央大学当南京高等师范时代已设社会学课程，由朱进之氏担任，民国十六年始设社会学系，至十八年由本书著者主持系务。

综全国言之，当民国十九年中国社会学社成立之时，各大学之设有社会学系者已有11校，与历史学合设者2校，与政治学合设者2校，与人类学合设者1校，共计16校。

但自此以后，各大学社会学系的发展颇受了阻碍，因为当时一般社会对于此种学问发生误解，有数个大学的社会学系因此停办。直至民国二十九年社会部成立，对于社会事业与社会行政的工作人员，需要甚殷，于是各大学社会学系顿呈活泼气象，或调整课程，或增设讲座，一向注重理论的各校，亦添设实用课程，以应需要。民国三十二年社会部设置社会行政计划委员会，罗致全国各大学社会学教授参加设计，更引起各校研究社会事业与社会行政的兴趣。同时教育部于民国二十七年颁布大学各学院课程,规定社会学为文、理、法、师四学院社会科学类共同必修科目之一。于是社会学乃为各大学所重视。规模较大的大学,社会学班的学生几及千人。可见社会学已渐渐普及于一般学生。至三十三年秋该部复召开大学课程修订会议,在社会学系课程中,增设社会行政组,至此课程内容,益臻完备。兹将部定社会学系必修及选修科目表要点,摘录如下:

甲、必修科目　共计49—64学分

科目	规定学分
社会学	6
统计学	6
社会心理学	3—6
社会制度	6
社会调查	3—6
社会事业及行政	6
社会思想史	6
人类学	3—6
农村社会学 都市社会学	(选习一科)
中国社会问题	6
中国社会制度史	3
中国社会思想研究	4—6
近代社会学理论	6
	(以上四科选习二科)
毕业论文	2—4
总计	49—64

乙、选修科目　共计须选修 28—38 学分

社会政策	3
社会立法	3
社会运动	4
社会事业史	3
社会学名著选读	3—6
欧美社会学家研究	3
社会变迁	3
教育社会学	3
宗教社会学	3
社区研究	3
家庭问题	3
人口问题	3
农民问题	3
劳工问题	3
华侨问题	3
犯罪学	3
优生学	3
社会统计学	3
以上社会学系选修	
职业指导与介绍	3
社会组训	3
社会保险	3
社会救济	3
合作事业	3

儿童福利	3
精神病社会工作	3
医药社会工作	3
妇女工作	3
个案工作	3
团体工作	3
社区工作	3
工矿检查	2
边疆民族问题	3
边疆语言	3
边疆行政	3
边疆教育	3
边疆社会工作	3

以上社会行政组选修

（附注）社会行政组必修科目，除与社会学系必修科目之前十种及毕业论文相同外，并须在下列五种科目中任选两种：中国社会问题、社会立法、社会政策、社会运动、社会事业史。并加社会行政实习 4—6 学分。

至民国三十六年秋，全国大学或独立学院之设社会学系者计有 19 校，其设历史社会学系者 2 校，设社会事业行政系者 1 校，合计 22 校。其教员人数计达 121 人，此外在普通大学任社会学课程者尚不在内。兹将设社会学等系的各校校名列后：

设社会学系者——中央、清华、中山、复旦、云南、金陵、燕京、沪江、岭南、华西、东吴、光华、辅仁、震旦、珠海各大学及金陵女子、广东法商、乡村建设、广州法学等学院。

设历史社会学系者——大夏、齐鲁二大学

设社会事业行政学系者——社会教育学院

第十四章　社会学团体组织与刊物的发行

中国社会学界之有团体组织，以民国十一年余天休氏在北方发起的“中国社会学会”为最早。当时由余氏主编《社会学杂志》双月刊，为该会的期刊，经由商务印书馆出版。自民国十一年三月至十四年八月共出两卷计八册，其中二期合刊者凡三次。民国十九年一月复在西安中山大学出版第三卷第一、二期，篇幅大大缩短。盖其时余氏任该校校长。后余氏不久辞职，改任齐鲁大学教授，乃移至该校出版第三期，旋又停刊，从此不再恢复。当民国十三年顷，该会尚拟出版“社会学丛书”一套，计六种如下：

一、《中国群治与进步》（英文本）

二、《社会学教科书》

三、《社会思想史》

四、《教育》

五、《社会学导言》

六、《组合社会大纲》

但此丛书，仅出第一种，其余均未见发行。《社会杂志》停刊后，许仕廉氏以“燕京大学社会学会”名义，另出《社会学界》年刊一种，于民国十六年六月出版第一卷。编者在第一卷中表明其发刊的宗旨说：

我们刊行《社会学界》的目的有二：一是为了我们看见《社会学杂志》停刊，想继续负它的使命；二是为了我们想请求中国的社会学者起来做些整理中国社会学材料的工夫，好让喜欢研究本国社会学的本国人，有自己的田地可以耕耘。（“编辑者言”）

《社会学界》的第一卷第一篇就是梁启超的论文。标题是“社会学在中国方面的几个重要问题研究举例”。他虽则不是社会学者，但他对于社会学的看法，却并没有多大错误。他说：

就广义言，本科（即指社会学）范围极大，把政治、经济等等，都包括在内，要讲学问的兼并主义，真没有及得上他的了。就狭义言，范围仍不算小，大凡人类活动，带有全体意味的，都是社会学的领域。

以带有全体的意味的人类活动，为社会学的领域，可说能把握其要点了。《社会学界》以后每年出刊一卷，至第十卷为止，暂行停刊。

我国社会界第二个组织是“东南社会学会”。这会是民国十七年九月间，由本书著者发动组织的。兹将该会组织成立的经过，摘录如次：

上海各大学社会学教授，鉴于近数年来各校社会系渐渐发达，颇感到有组织一共同研究机关之需要。十七年九月六日，适因吴景超博士游美回国，乃由复旦大学社会学教授孙本文为之洗尘。当时遍邀上海各大学社会学教授作陪，出席者除孙、吴二君外，有余天休、吴泽霖、潘光旦、王际昌、应成一、俞颂华、李剑华、温崇信诸人；南京中央大学社会学教授游嘉德适在沪，亦与焉。席间有人建议，借此机会讨论有无组织社会学会之可能。讨论结果，全体赞成组织东南社会学会，以联络东南各省专攻社会学者共同研究为主旨。当即推定吴泽霖、潘光旦、孙本文三人为临时委员，起草章程。寻于十月十一日举行茶话会，到孙本文、吴泽霖、潘光旦、李剑华、俞颂华、钱振亚、温崇信等八人。当将所拟章程通过。旋于十月二十九日通信选举职员。开票结果，孙本文当选为常务委员兼编辑主任，吴景超当选为编辑，吴泽霖当选为书记兼会计。至此，东南社会学会始正式成立。（《社会学刊》一卷一期）

该会主要刊物有季刊一种，名《社会学刊》，由孙氏主编，于十八年七月创刊，上海世界书局出版。兹将第一卷第一期目录摘抄如下（此册共计268页，外插图1页）：

插图：

孙末楠遗像

论著：

社会科学的方法	刘国钧
社会进化论与社会轮化论	黄凌霜
强者与弱者的变态心理	吴泽霖
社会学在科学上的地位	李剑华
社会问题的性质	朱亦松
如何发展中国之社会事业	龚贤明

社会个案方法对于学校训育上之贡献 钱振亚
对于改良历书的一个意见 马 达
学说：
孙末楠传 吴景超
孙末楠的学说及其对于社会学的贡献 孙本文
孙末楠与恺莱的社会学 游嘉德
林希元之荒政政策 唐庆增
书评：
Livelihood in Peking(L. K. Tao) 吴景超
China:*Land of Famine*(W. H. Mallory) 吴景超
American Marriage and Family Relationship(E. R. Groves & W. F. Ogburn) 吴景超
Problems of the Family(W. Goodsell) 吴景超
《社会学 ABC》(孙本文) 李剑华
An Introduction to Sociology (Edited by J. Davis & H. Barnes) 孙本文
An Introduction to the Study of Society(F. H. Hankins) 孙本文
Principles of Sociology(R. M. Binder) 孙本文
社会学界消息
东南社会学会纪事

民国十八年冬，东南社会学会负责人与北平各大学社会学教授陶孟和、许仕廉、陈达等商定，就原有东南社会学会扩大范围，改组为“中国社会学社”，藉以联络全国社会学者共同研究。十九年复经教育部核准备案。二十年四月呈请南京市党部补发许可证书。至此,全国性的中国社会学社始为正式合法学术团体。该社第一届理事九人为:孙本文(正理事兼编辑主任)、许仕廉(副理事)、吴景超(书记)、吴泽霖(会计)、陈达、陶孟和、潘光旦、游嘉德、钱振亚。

《社会学刊》第一卷一至四期,由东南社会学会编辑。第二卷第一期起,改由中国社会学社编辑,仍由孙氏主编。

关于该社社务社员组织等项,据该社章程,择要分志如次:

一、社务　该社主要目的在联络全国社会学者共同研究,其研究事项分为四类:

(一)社会学理论

(二)社会实际问题

(三)社会实地调查

(四)社会服务及社会行政

二、社员　该社社员分为五种:

(一)普通社员

(二)学生社员

(三)名誉社员

(四)永久社员

(五)团体社员

普通社员与永久社员均有选举权及被选举权,学生社员有选举权而无被选举权。

三、组织及职员　该社设理事会,综理社务,由大会选出理事九人组织之。理事任期三年,每年改选三分之一,连举得连任。理事会设正理事一人为该社社长,副理事一人,书记一人,会计一人。

每年改选一次，由理事会推选之（该社在抗战期间，由理事互推常务理事三人处理社务）。又设编辑委员九人，年会委员九人，“社会学丛书”委员三人，社会学名著翻译委员七人，皆由理事推选之，并各推一人为主任。

四、年会　该社规定每年开常年大会一次，分别在南京、上海或北平举行。

以上系该社章则要点，兹再将该社历届正副理事及年会状况，略述于下：

届别	正理事	副理事	
第一届	孙本文	许仕廉	
第二届	孙本文	杨开道	
第三届	陈　达	许仕廉	
第四届	许仕廉	吴景超	
第五届	吴景超	黄文山	
第六届	吴泽霖	柯象峰	
第七届	柯象峰	陈　达	孙本文（本届因在战时，推三人为常务，并互推柯氏为主席）

东南社会学会时期，尚未举行年会。至民国十九年二月中国社会学社举行成立大会，即宣读论文，作为第一届年会。二月八、九两日在上海青年会举行。到会者计有中央、金陵、燕京、清华、北京、厦门、沪江、复旦、光华、大夏、协和等十余大学代表百余人，公推孙本文为主席，并请国立中央研究院院长蔡孑民（元培）先生讲“社会学与民族学”。两日中所读论文计有16篇，篇名如下（依宣读次第）：

人口问题中之文化要素　　孙本文

对于研究人类遗传的批评　　吴景超

家谱之研究　　潘光旦

家庭团体之近代复杂性　　傅尚霖

社会心理之内容　　吴泽霖

社会立体性　　潘　菽

上海社会之研究　　王际昌

中国社会调查运动　　言心哲

中国文化研究发端　　孙本文

中国社会调查之困难　　游嘉德

社会研究及社会测验　　应成一

监狱待遇之改善　　严景耀

大学中社会行政人才之训练　　钱振亚

上海社会机关之大概　　毛起鵕

中国大学中农村社会学研究　　杨开道

农村信用合作之研究　　张镜予

年会第二日晚间公宴,并请胡适之、潘公展、陈立廷、舒新城、朱应鹏、徐蔚南、袁业裕等演说,宾主尽欢而散。

第二届年会于民国二十年二月在南京中央大学举行。集中讨论"人口问题",宣读论文二十余篇,并请美国人口学专家汤卜逊(W. S. Thompson)讲"大都市与人类福利";晚宴由孙本文讲"中国社会学之过去、现在与未来"。是年论文集刊为《中国人口问题》一书,由世界书局于民国二十一年出版。

第三届年会因国难改至二十二年九月在北平举行,宣读论文十余篇。第四届于二十四年二月在上海举行,第五届于二十五年一月在南京举行,第六届于二十六年一月在上海举行。嗣因抗战军兴,社员分散各地,一时不易集合,故直至三十二年二月始在重庆、成都、昆明三地同时举行第七届年会,以“战后社会建设”为中心题目,并各宣读论文若干篇。胜利复员后,于三十六年十月一二两日,分在南京、北平、成都、广州四地举行第八届年会。南京总社方面请社会部谷部长正纲讲演,除宣读论文16篇外,并讨论“中国社会学今后发展应取之途径”,最后并修改《社章》关于组织一节,决议将原有理事9人,照章扩充为理事21人、候补理事9人,监事7人、候补监事3人。理事中推常务5人,监事中推常务3人,再由常务理事互推理事长1人。

该社定期刊物《社会学刊》,出至第五卷第二期,因战事停刊,近将复刊。三十三年一月社会部与该社合作发行《社会建设》月刊一种,以讨论社会建设与社会行政为主。由本书著者任主编,并延聘国内社会学者67人为编辑委员,已出至第五期。三十六年四月并另出《中国社会学讯》月刊一种,由柯象峰主编,已出至第六期。

下编　中国社会学的流派及其特点

引　言

我们在上编已经把中国社会学各部门的起源与发展，加以一种概略的叙述，注重在纵的探讨。现在我们想在这下编中分析一下近时国内各位社会学者平时的主张与立场，作一横断面的剖析，以便体察中国社会学者是否已经有了派别。著者个人见解，中国社会学正在成长时期，全国社会学者正在努力建筑社会学的基础，还说不上有什么派别。而况现代社会学原没有门户水火的派别可言，有之则仅是各专一门，各尽所长，以期分工合作完成整个社会学的使命。多数社会学者常兼长几个部门，而有综合研究的趋向。所以我们论到中国社会学的流派，只是说有所偏重的研究趋向而已。读者万不可误为各不相容的派别，此其一。

其次，我们讨论中国社会学者研究的趋向，不仅分析当代社会学者的著作，并且包括从前人已经出版的译著在内。而我们所论及的各位学者除极少数外常注重数种部门的研究，并不拘拘于株守一方面的立场。我们从各家的著作中，只是看出几种显明的方面，而这几种方向又常常互相关联，并不划然分界。所以我们下面所论列的七种区别，只能认为各家研究的重心而已。此其二。

第十五章　注重社会的心理因素者

欧美社会学界心理学派的著作，输入中国最早，亦最流行，这是从上编各章中已可见到。美国季廷史的《社会化论》，吴建常氏于 1903 年即译成中文，改名《社会学提纲》出版，为心理学派著作译成中文最早之书。康宝忠教授于民国五年在北京大学讲授社会学时，即注重季廷史的“同类意识”的概念。爱尔华是美国著名的心理学派的社会学者，其所著《社会心理学绪论》、《社会学与现代社会问题》、《社会问题》、《文化进化论》诸书，已先后译成中文，流行全国。此外，如法国黎朋的《群众心理》、《民族进化的心理定律》、《世界的纷乱》、《政治心理》诸书；英国麦独孤的《社会心理学绪论》、华莱士的《政治中的人性》、《大社会》（译作《社会心理之分析》）等二书；美国杨京伯的《社会心理学史》、亚尔保的《社会心理学》；法国巴朗德的《心理社会学论》等书，均经迻译来华。所以这一派的思想，国人了解较深。至于近时国内社会学者重视心理因素者有吴泽霖、胡鉴民及本书著者等。吴氏于民国十八年在《社会学刊》一卷一期中发表《强者与弱者的变态心理》一文。又在民国十九年同刊一卷三期中发表《弱者的心理》一文。吴氏在此二文中，分析强者与弱者的不同心理。他以为这种心理都是变态的。他分强者的变态心理为六种：（一）疑忌心理、（二）残忍心、（三）蔑视弱者的一切文化、（四）蔑视弱者的人格、（五）隔离漠视的态度、

(六)蔑视公义。他并不以为这是包括一切强者的心理,不过他以为:"拿这几点来证明强弱者关系,常是变态的、病理的。二方面的行为可以循环刺激,产生更大的冲突。"对于弱者的心理,吴氏举出七种:(一)感觉过敏、(二)自尊心、(三)求显热忱、(四)怨恨、(五)自卑心理、(六)希望心、(七)团体忠心。但氏以为:"这许多特征并不是弱者所独有的,不过在他们里面格外的显著,表示的时候,往往出之过分而流为变态。"吴氏又在他的《社会约制》一书中,表明"谈到社会约制,逃不了心理学的范围,要谈社会约制的工具,也应当在心理方面下手"。凡此都可看到吴氏重视心理因素的一斑。

胡鉴民氏于民国十九年九月所出的《社会学刊》一卷四期中,发表《社会现象研究》一文。胡氏认为:社会现象具有四种特征,即"人为性"、"媒介性"、"价值性"、"目的性"。这四者使社会现象与个人现象及自然现象立于对等地位。而氏所谓"人为性",以其含有主观的性质。他说:"社会现象本另是一种实在,有客观存在的价值。但是推究其来源,都是经过人为(主观)而后再客观化的东西。"胡氏又另举两点,以为可以使社会现象与个人及自然现象分界,但不必互相对立,即"意识"与"形式"。他说:"一切社会现象都是意识的,因为社会现象的产生不能不经过人类的意识。"(第4—8页)胡氏在社会现象的分类中,其第三种分类——以社会态度的心理程序为标准,简直把社会现象看作社会态度。他说:

> 社会现象本是整个的,社会态度原是一致的,但用心理学的眼光去看,却亦有程序可寻。我们现在即根据这种程序,立出一种社会现象的分类表如下:
>
> (一)共同的感觉态度——音乐、诗歌、图画以及其他一切

艺术品等

(二)共同的思想态度——语言、风俗、宗数、哲学等

(三)共同的行为态度——表情、礼貌、言行等

(四)社会态度的表现——物件、制度、机关、事件等(第24页)

于此,可见胡氏重视心理因素的见解。

著者本人,初学社会学时即偏重于心理学派的理论。民国五年受教于康宝忠教授,已饫闻季廷史的"同类意识"论。初期研习,尤喜读爱尔华氏的著作。其后赴美留学,亲受教于哥伦比亚大学社会学系主任季廷史,选读其"初民社会的心理"等课,又从该校心理学系主任吴伟士读"社会心理学",嗣又在纽约大学选读麦独孤(此系 Robert McDougall,非著名本能论者的 William McDougall)的"高级社会心理学",及芝加哥大学选读范黎庶(E. Faris)的"高级社会心理学"与"社会态度",及派克(R. Park)的"集体行为"等课。归国后,又在大学中担任社会心理学教课逾二十年。所以对社会学方面心理学说及社会心理学始终感觉兴趣。但不能说自己属于心理学派,因本人固极重视文化因素。事实上,著者认为社会现象中心理因素与文化因素同样重要。不过在此处不妨把著者注重心理因素的见解,略为一述。

著者于民国十六年曾著《何谓社会问题》一文,在《东方杂志》二十四卷二十一期中发表。此文全从心理的观点,解释社会问题。以"社会态度"一概念,说明社会问题的起因。文中曾说:

社会问题的产生,其关键在社会态度。换言之,即使社会

> 状况如何不良,社会制度如何不适用,如其社会上多数人不注意、不领会、不承认,则社会亦无问题。所以可说:社会问题的有无,须视社会上多数人态度为转移。

这一段显然表明重视社会问题的心理因素。其次,著者自民国十七年七月出版《社会学 ABC》一书以后,始终以为:社会学是研究社会行为的科学。“社会行为”一概念显然表示富有心理学的意味。许多社会心理学家以为社会心理学是研究社会行为的。即使他们对于社会行为的解释与著者见解不同,但毕竟同是把社会“行为”作为研究对象。著者认为:社会是由人结合而成,人是从行为上表现其特质。人无行为,社会即无存在。所以社会行为乃是社会成立的基因。可见从本质上讲,社会只是人与人的活动——人与人的行为;仅就这“行为”的观点说,竟可把“社会”看作“心理”的现象。如果如此,或有人将视著者为完全心理学派的社会学者,似颇与爱尔华的见解相近。但事实并不如此。著者只是从社会行为出发以研究社会现象,并不止于社会行为。社会行为的发生与变化等等,因素复杂,并非社会行为本身所可解释,而必求助于社会上他人的心理因素、文物制度的因素、生物的及地境的因素等等。换言之,著者虽重视心理因素,但并不蔑视其他各种因素。这使著者属于综合派之林。关于此层,当在下面详述。

其次,著者视“社会心理学”为社会学中一基本部门。其性质的重要,实在他种部门之上。此在《社会心理学》一书中已可见到。此书表明,社会心理学研究社会中个人的行为;一方面研究社会对于个人行为的影响,一方面研究社会所受个人的影响。而社会中个人的行为,乃属于社会行为的范畴,故社会心理学自应为社会学的一部门。这是著者的主张，但此并不能即视著者为心理学派。著者所以在此详述个人的意见者，因著者固重视心理因素的。

第十六章　注重社会的文化因素者

最初介绍美国文化社会学派的学说来中国者即为本书著者。著者受教于文化学派开创者乌格朋(W. F. Ogburn)教授。民国十五年十二月著《美国社会学现状及其趋势》一文在《东方杂志》二十三卷十二号发表,将乌氏一派的文化学说,略予介绍。十六年一月在所著《社会学上之文化论》一书,将美国文化学派的几个重要学者的学说,加以分析。尤其是乌格朋教授的理论,凡见于《社会变迁》一书者,其主要原理,无不详述。其次如恺史(C. M. Case)、卫莱(M. M. Willey)、海史各费(M. Herskovits)诸教授的学说,亦予以简略叙述。后来于十七年出版的《文化与社会》,十八年出版的《社会的文化基础》与《社会变迁》等数书,对于文化理论,更从著者个人的眼光,加以阐发。此外并继续发表《文化失调与中国社会问题》(民国十六年《社会学界》第二卷)、《中国文化区域研究》(民国十六年《时事新报》国庆增刊)、《文化与优生》(民国十七年《社会科学杂志》一卷三期)、《再论文化与优生学》(民国十八年十月《社会学刊》一卷二期)、《中国文化研究刍议》(民国十九年二月《社会学刊》一卷四期)、《中国文化在世界上之地位》(民国二十六年五月《政治季刊》一卷二期)及《中国文化建设之初步研究》(民国二十七年《政治季刊》二卷一期)等论文,都是发挥文化理论的作品。即在社会原理中亦重视文化的因素。著者曾说:

文化社会学家采用人类学家研究初民社会之方法及其所得之结论，以分析现代社会文化，盖取纯粹客观的科学态度以探究社会现象，与但凭主观臆想者有别。(《社会学上之文化论》，第1页)

近年社会学家亦渐渐觉悟，研究社会现象，而不为历史之探讨，即不免流于主观之臆说，于是有人出而倡导，社会学当以研究文化为主要部分。(同上，第10页)

总之，文化学派之社会学家，以研究文化为社会学上之主要问题。彼等之意，非将文化分析明白，社会现象中之其余心理、生物、自然环境等种种要素，皆无从得确切之解释，而社会现象即无从得完全之了解，社会问题，亦无从得圆满之解决。(同上，第25页)

后来又说：

文化为人类社会普遍的要素，无文化即无社会。人类之所以异于禽兽者以其有文化，故文化为人类的特产，亦即为人类所不可或离的要素。自衣食住行用玩以及待人接物、婚嫁丧葬等等活动，莫不受文化的支配。换言之，此等活动，即文化的活动；除去文化，即无活动。我们在社会上所遇的事物，除个人及人与人间的交互活动外，莫非文化。即以个人的单独活动及人与人间的交互活动言，亦无非受文化陶冶以后，在文化范围以内所表现的文化活动而已。(《社会学原理》，第297页，商务初版)

故文化实为社会成立的基本要素。(同上，第298页)

著者讨论社会变迁时,注重文化变迁。

> 社会变迁,简单说,就是社会现象的变迁。……社会现象的变迁包括人口变迁与文化变迁。……但人口变迁如生老病死之类,虽属于生物的范围,而其所受文化的影响极大,故已非纯粹的生物现象。……所以亦可说,社会变迁,似只是文化变迁而已。(同上,第544—545页)

从上面的引述,约略可以看到著者重视文化因素的言论。但不可误会视著者为文化学派。著者重视文化,同时也重视心理因素,而且亦不蔑视其他如地境及生物因素。所以在此首先叙述者,因著者确为国内社会学界提倡重视文化研究的第一人。历史事实,当仁不让。

同时国内社会学者注重文化研究者颇不乏人,其最著者为黄文山、陈序经、吴文藻、胡鉴民诸氏。黄氏在所著《文化学的方法论》(《中央大学社会科学丛刊》一卷一期)、《文化体系与社会体系》(《广东省立法商学院学术汇刊》第一辑,民国三十五年七月)、《文化体系的类型》(《社会学讯》第六期,民国三十六年)等论文中,表示:欲使文化的研究脱离社会学而独立成一专科,建立一种"文化学"。黄氏说:

> 文化学是由社会学层创而来,最大的原因就是因为文化体系的构成与社会体系构成不同。(《文化体系与社会体系》,第1页)
>
> 第一,文化体系是内容,社会体系是形式。任何家庭、国

家、政党、教育、大学、商业公司的整部文化(内容),就是由语言的、科学的、宗教的、美学的、伦理的、政治的、经济的、哲学的、法理的、技术的价值和意义所构成。文化价值的一部分或多部分,为一切集团所具有,且成为它们的生存之动因或媒介,至于社会体系,例如国家或商业公司,则只是组织的形式,而这样的形式,多为法律与伦理所规定。

第二,社会体系是文化体系的持续者而不是其创造者。社会体系或集团乃是一切文化体系的持续者或动因,虽然可以从理则上或折衷上把文化体系连系起来,但本身却不会创造或增加任何新的文化体系。

第三,作为文化体系的秉持者之社会体系的类型之区分。社会体系的类型可从功能上作以下的分别:(甲)第一种类型是文化价值的特殊种类之秉持者,例如宗教集团或哲学集团都是初级或派生的文化体系之持续者;(乙)第二种类型文化价值的兼容并包式的秉持者,例如家庭或国家,本身包容一切基本的文化体系以及许多派生的和混合的下层体系。

第四,社会体系与文化体系的性质不是同一的或契合的。文化体系,开宗明义,就是价值的体系;而社会体系却是由人类交互作用与交互依存的关系所产生的体系。社会体系在组织上多受法理或伦理的文化体系所决定,也因为这种决定,乃使社会体系所持续的、所表现的文化价值,有一定的内容,固不徒决定其组织的形式与所产生的功能而已也。(同上,第24—25页)

这一段文字中,可以见到黄氏重视文化现象,甚至把文化体系

与社会体系划然分家，要使文化学独立成科，与社会学并立。因此，黄氏真可谓为文化学派的嫡派了。

陈序经氏在《中国文化的出路》（民国二十三年一月）一书中，竭力倡说文化的重要性，而以为：中国文化的出路，即在全盘西化——全盘接受现代西洋文化。陈氏重视文化的言论，可从下面二段文字中看出的：

> 事实上，人之所以为人，是因为他有文化。但是人要是创造文化，他必然已经是人。要是他不是人，他决创造不出文化来。所以人之所以异于其他动物者，也可以说是：因为前者有了文化，后者没有文化。（《中国文化的出路》，第3页）
>
> 原来人类自生长到老死，差不多处处都在文化里过他们的日子和生活，举凡一切衣食住动作等，都受了文化的影响。（同上，第7页）

吴文藻氏在他的《“社会学丛刊”总序》（见该刊第一种《文化论》，民国三十三年七月）一文中，揭示功能学派文化论者见解。他的公式是：

> 现代社区的核心为文化，文化的单位为制度，制度的运用为功能。我们就是要本着功能的眼光及制度的入手法，来考察现代社区及现代文化。因此，也可以说，社会学便是社区的比较研究，文化的比较研究或制度的比较研究。（《文化论》，总序，第2页）

从这一段文字中，可以看到吴氏简直把社区、文化、制度三个概念，认为是名异实同了。在吴氏看来社会学是专门研究社区的，就是说，是研究文化的或制度的。他曾说："各种特殊社会学的任务，即在专门考察文化每一部门所呈现的种种关系"。"而普通社会学研究最终的目的，在于决定社会事实与文化全体间的关系"。(《文化论》，第149页)这可见吴氏重视文化研究在社会学中的地位。

胡鉴民氏近在其与著者之十二问题通讯中，表明其重视文化的趋向。他说：

> 社会学研究各个人群的共同生活方式(析言之，即思想方式、感觉方式、判断方式、行为方式等等)与教育此方式之文化体系(文物制度、风俗习惯与信仰)，以及此体系之形成与变迁的原因(史地的、生物的、心理的等等)。

而胡氏且自承为属于交感心理派及文化派。

上述黄、陈、胡、吴诸氏，胡氏留学法国，属于涂尔干学派，其重视文化因素，原系法国传统的见解。黄、陈、吴三氏均留学美国，黄、吴为哥伦比亚大学乌格朋教授的学生，陈氏并留学德国，均受欧美文化学者的影响。自英国勃朗(Radcliffe-Brown)教授来华讲学后，吴文藻氏更加深了对文化功能的见解，他的学生费孝通氏曾翻译马凌诺斯基的《文化论》及费思(Raymond Firth)的《人文类型》(*Human Types*)，都是提倡文化功能说，号为"比较社会学"。吴氏曾任燕京大学社会学系教授及主任，素来提倡文化研究，著有《社区的意义与社区研究的近今趋势》(《社会学刊》五卷一期，民国二十五年一月)、《布朗教授的思想背景与其在学术上的贡献》(《社会学界》第九卷,民国二十五年)、《功能派社会人类学的由来与现状》(中山文化教育馆编《民族学研究集刊》第一期,民国二十五年五月)、《现代法国社会学》(《社会学刊》卷　期,民国二十一年)*、《德国的系统社会学派》(《社会学界》第八卷,民国二十四年六月)、《论社会制度的性质与范围》(云南大学编《社会科学》创刊号,民国二十九年)等论文多篇,在燕京大学与许仕廉、杨开道诸氏造就社会学人才甚众。

以上诸人,可说是中国社会学者注重文化研究的重要人物。此外如卫惠林、徐益棠、凌纯声、芮逸夫、何联奎诸氏对于文化实际研究,均有相当贡献。惟彼等似偏重民族学的研究,为国内有数的民族学者。

* 原文如此,经核查,应为《社会学刊》三卷二期、四卷二期,民国二十一年。——编者注

第十七章　注重社会的生物因素者

社会学者中完全否定人类社会的生物因素者固尚无其人，多数学者鉴于环境影响的重要，视生物因素为比较的无足重轻，这是事实。国内特别重视生物遗传的学者唯潘光旦氏一人。潘氏以优生学者著称，其所著《人文生物学论丛》等书（见上编“社会问题”章），全系介绍或阐扬优生学理论之作。他重视遗传因素的言论，可从下面几段文字里看出：

即就音乐能力一端而言，我们就不妨说：因为人类先天有音乐的能力，使他在相当的物质环境和意识环境里，不得不有音乐的活动，浸假成为音乐的艺术，音乐的文化。

优生学家或人品遗传学家所讲的天生能力，大都如此。例如数学的能力、绘画的能力、机械的能力，甚至于弈棋的能力，莫不有相当的遗传根据。（《优生与文化》，《社会学刊》一卷二期，民国十八年十月）

戈氏等（戈尔登、霭理士、乌资等）讨论遗传的天才，如诗才、文才、吏才、律才，甚至于将才等等，并没有说每种才具都是囫囵吞枣一般遗传下去。却说：凡是这一代在文化社会里做过诗人、文士、名吏、法家或大将的人，在脑力上、智力上、性情上自有其与众不同的先天根据；而此种根据，既属先天，自有遗传与下一世的倾向；而受此遗传的下一世，在与上一代大致相同的文化环境里，也便有做诗人、文士、名吏、法家或大将的可能性，而这种可能性并且要比在同一环境之内的一般人要大些。（同上，第10—11页）

本书著者向来觉得优生学的理论根据，颇多可议。曾于民国十七年在《社会科学》杂志发表《文化与优生学》一短文，从文化的立场，探讨优生学的缺点，并提出理由四种：（一）误以人与动物同等看待，（二）误以文化影响为生物特性，（三）误信智力测验法为足以辨别先天优劣，（四）误以财富与势力为判别能力优劣的标准。潘氏曾著《优生与文化》一文加以辩护，著者亦有《再论文化与优生学》一文与潘氏商讨。此种往后商榷的文字，长凡三万余言，刊登《社会学刊》一卷二期（民国十八年十月），上面所引潘氏意见，即系此文中语。著者曾针对潘氏意见，加以讨论如下：

音乐的能力是一事，音乐能力的生物基础又是一事。音乐的能力是后天学得的；音乐能力的生物基础是先天遗传的。这决不能混为一谈。

潘先生的错误，完全在把音乐能力的生物基础，看作就是音乐的能力。（《再论文化与优生学》，《社会学刊》一卷二期，第23—24页）

著者于是进而证明：何以音乐能力是后天学得的？

在有钢琴的社会里，人们学得玩钢琴的方法，谱钢琴的音

> 调,伴钢琴的唱法等等,把这种种造成一种习惯系统,通常就说这些人具有音乐的能力。……在没有钢琴的社会里,不会学得钢琴的音乐能力。……在没有钢琴丝竹以及其他乐具之类的社会里,就永久不会学得音乐的能力;所以在这社会里的人们,就没有音乐的能力。在钢琴没有输入中国以前,中国人没有钢琴的音乐能力。我想这是谁都承认的事实。但是现在却有许多中国人是具有钢琴的音乐能力(或者潘先生要称为音乐的天才罢!)。可见音乐的能力,是后天习得的。至于人们所以能习得音乐能力的原故,却因为人们都具有种种先天遗传下来的生物基础。就中有几种基础,如发音、辨音、手指运动、眼目运动等等,都是习得音乐能力所必要的。假使人类缺乏这些生物基础,人类决不会发展音乐的文化。所以我们可称这些发音、辨音、手指运动、眼目运动等等为音乐能力的生物基础。无论何人,时无论古今,地无论中外,没有一个不具有这些发音、辨音、手指运动、眼目运动等等的生物基础的;但音乐能力,并非人人具有;学习则得之,不学则不得之。(同上,第24—25页)

这一次我二人的长篇辩论,可说是我国社会学上机会难得的探讨学理的文献,并可以看出文化的立场与生物的立场意见不同的所在,而优生学的理论根据是否健全,也可以辨别了。

第十八章　注重社会的经济因素者

国内社会学者之注重经济因素者以吴景超、乔启明二氏为最著。吴氏倡导工业化运动，以为惟有工业化，始可提高人民的生活。他说：

> 提高中国人民的生活，第一要充分利用国内的富源，第二要改良生产的技术，第三要实行公平的分配，第四要节制人口的数量。(《第四种国家的出路》，第18页)
>
> 我们认为中国人现在应当积极的努力，用机械的生产方法，去代替筋肉的生产方法。朝这一条路走下去，自然是工业化，自然是商业发达，自然是农业方面的人口减少，而别种实业方面的人口增加。假如在这些成绩之外，还采用一种公平的分配制度，使贫富的距离不致相差过甚，那么工业化的结果一定是大家的生活程度都能平均的加增。这是我们所看得清楚而且愿其早日在中国实现的。(同上，第140页)

吴氏以为，中国农民生活之所以困难，由于许多原因，而农场太小，实为其重要因素。扩大农场，在于发展工商业。他说：

> 所以扩大中国农场的第一个方法，便是开垦荒地。

> 第二个方法，便是发展农业以外的实业，如工业、矿业、商业、交通等等，疏导拥挤在农业中的人口到别的实业中去。（同上，第34—35页）

吴氏认为：近代都市文化的主要原因，不外农业的改良、工业的革命、商业的发展，而他在“发展都市以救济农村”一节中表明：

> 发展都市的第一种事业，便是兴办工业。……第二种事业便是发展交通。……第三种事业便是扩充金融机关。（同上，第117—119页）

这是表明农工商业同时并重的意思。吴氏又在“分配问题”一章中，力倡新税制的重要性。他说：“近来我们常常听说，财政部要举行新税，而在这些新税之中，最引人注目的，便是所得税与遗产税。……我们觉得这两种税制，不但为财政开一新源，而且还可藉此创造一新的社会。”“我们如想和平的达到经济平等的社会，所得税与遗产税，便是最好的工具。”（同上，第186—187页）

乔启明氏为国内著名农村社会学者，其所著《中国农村社会经济学》中，特别重视土地与人口二问题。他说：

> 土地与人口的关系尤为密切。土地分配与人口分配如能得宜，则国民经济必能健全发展，否则立即引起严重问题。古今政治家、社会学家或经济学家研究与讨论的目标，虽各有不同，然综合言之，不外土地与人口问题而已。（《中国农村社会经济学》，第151页）

由此可知，人类生存于社会内，不可一日缺乏经济财富。若各人经济财富足，则社会文化进步，生活优裕；否则社会文化落后，人民处于饥饿线下，形成贫苦的现象。（《中国农村社会经济学》，第151页）

乔氏以为提高人民生活，首在改良农业技术。他说：

今后如欲解除我国农民痛苦，即解决我国人民生活问题，首在改良农业技术。以增加农业生产，增裕农民收入。农业技术经改良，农民生活程度何患不能提高至相当水准。（同上，第344页）

但氏亦信，欲改良农业技术，必先提倡工业。他说：

但社会上一般学者每以改进农业技术后，无法安插农业过剩人口为杞忧。不知农业与工业，实如柴尔德（Posih Child）所喻的双生儿，共同长成，亦共同衰死。故改良农业技术，必先提倡工商业，以减少农业吸引人口的力量，并为排泄农村过剩人口之出路。总之，时至今日，改良农业技术，节制生育及发展工业，实为我国农业建设之中心要项也。（同上，同页）

此外如杨开道、童润之、吴文晖等农村社会学者，亦大都重视经济因素。

第十九章　注重社会整体或综合的观察者

这是代表一种综合的趋向。其要点在于认识社会的整个性及其各种因素的复杂性,并欲确立社会学的体系。

原来具有多少综合观点的欧美社会学著作,译成中文者已有多种,如鲍格达的《社会学概论》(瞿世英译)、海逸史的《社会学研究序论》(赵卓甫译作《社会学纲要》)、白克马与季灵二氏的《社会学大纲》(吴泽霖等译)、蒲格烈与赖富尔合著的《社会学原理》(高达观译)等书,都表示综合的趋向。至涂尔干的《社会学方法论》(许德珩译)及《社会分工论》(王力译)二书,确认社会现象的性质,尤为这派的一种重要根据。国人自著书籍或论文代表这种综合的见地者,如朱亦松、柯象峰、龙冠海、高达观、吴文藻、蒋旨昂、简贯三及著者等。朱氏说:

> 虽然社会学研究人们结合产生的种种现象,但是他所研究的限于他们的共同特征。换一句话来说,社会学与其他社会科学第一个不同之点,就是社会学研究各种社会现象的共同特征,其他社会科学则在他们各个的范围以内,作详细的研究。……社会学与其他社会科学第二个不同之点,便是社会学注重一般社会的幸福,或者亦可说他所注重的乃是大群的

幸福。他谈到社会问题，不是要从改良物质方面着手，便是要从改良社会环境入手，皆以增进全体的幸福为目的。(《论社会学的内容并答彭基相君》，《社会学刊》一卷二期，民国十八年十月，第3—6页)

这一段话，显然表明朱氏对于社会整体的看法。他又说：

除了一个社会有他的历史的条件以外，尚有其他三个条件：第一个条件，可以说是地理的条件；第二个条件，乃是心性的条件；第三个条件，我们可以说是技术的条件。(同上，第6—7页；并参看朱氏《社会学原理》第二编第四章第85页)

又说：

若是我们对于社会现象要得到彻底的美满说明，就必须从各方面去研究他们，因为社会现象，原是受多方面影响的，决不能从一方面仅仅发见一个原则或几个原则，便足以解释他们而无遗憾。我亦可以说，社会学与其他社会科学第三个不同之点，就是他所研究的对象，须要从多方面研究方得有美满的解释。换一样讲法，就是社会学研究的对象，原有这样的复杂性质，所以社会学是一种概括的综合的科学。(同上，第10页)

这是朱氏的综合的观点。此外如柯象峰氏亦采综合的观点，他在与著者的“十二问题通讯”中说：

社会学与其他社会科学不同之点，社会学是其他社会科学的基地，其他社会科学是社会学的上层建筑；社会学是综合的科学，为研究社会生活之普遍的全体现象。……社会行为现象形成的重要因素，可分为五大类：一、地理的因素，二、生物的因素，三、心理的因素，四、文化的因素，五、社会的因素，各因素的重要性不相等，其中以社会的及文化的因素较为重要。

高达观氏说：

其他社会科学各有专精之研究，社会学则专注于综合的研究。（见与著者的"十二问题通讯"）

龙冠海氏说：

社会行为现象形成的重要因素，有地理的、生物的、心理的、文化的及社会的（指人群或社会团体而言）。这些因素的重要性，应视社会行为发生之境况而定，但比较言之，后三者要较为重要。（同上）

龙氏并表明，社会学是采综合的观点的。叶法无氏以为社会学只有一种社会学观点。他说：

这个社会学的观点，大致包括：（一）凡社会的必是共同的而非个人的或生物的与物理的，而是社会的。（二）凡是社会

> 的必具其整个性，而各部分亦相互关联。(三)凡社会的必有其共同的价值，这种价值有时是潜存的，有时却表现为一种庞大的势力。(见与著者的"十二问题通讯")

蒋旨昂氏以为，社会学是采综合的功能观点，社会行为形成的因素，有生理的、心理的、社区的(包括地境和文化)，而社区的因素，最为重要。

简贯三氏以为，"社会学注重综合的研究，其他社会科学注重个别的研究"。"社会学的观点是综合的观点。"

李安宅氏认为：

> 其他社会科学如经济学特点在财富，政治学在势力，而社会学特点在(一)贯通一切财富势力的现象的基本集合行为型，(二)获得社会化的观点与人类文化的远近布景——社会学与人类学不必再分。(同上)

上列各位，似均表示一种综合的观点。龙氏现任金陵女子文理学院社会学教授，蒋氏与李氏均华西大学社会学教授，简氏曾任河南大学教授，著有《理论社会学》一书，已在前述及。

吴文藻氏在《"社会学丛刊"总序》中，特别重视"社区"的概念。推吴氏之意，社区是一个总括的概念；在社区中包括种种文化与制度在内。所以他说：

> 现代社区的核心是文化，文化的单位为制度，制度的运用为功能。

他又说：

究竟什么是功能观点？极简单的说，就是先认清社区是一个整个，就在这整个的立足点上来考察它的全部社会生活，并且认清楚这社会生活的各方面是密切相关的，是一个统一体系的各部分。要想在社会生活的任何一方面与其他一切方面的关系上来探索穷究。

所以吴氏虽重视文化，但仍注重社区整个的观点。

最后请一述本书著者个人的意见。著者重视文化的因素，同时亦重视心理的因素。在民国十七年出版的《社会学 ABC》一书中曾说：

我们所见人类社会上种种方面的活动，无非是人类社会行为的表现。而社会行为又无非是人类心理作用和文化影响的交互作用的结果。所以我们简直可以说：人类社会行为的根本活动的要素，就是心理影响和文化影响。（第 24 页）

在民国十九年十月《社会学刊》一卷四期发表的《中国文化研究刍议》一文中，视文化与行为有不可分离的关系。表面虽似重视文化，而实际则文化与心理（行为）并重——文化与行为一致。在此文中，著者曾这样说：

个人的行为，便于有意无意中遵从文化所规定而供给的条件。自饮食起居、待人接物以至婚嫁丧葬等种种行为，无不受文化的束缚。换言之,个人种种方面的行为无不符合于文化。故个人的行为即可说是文化的表现。文化的创造,固由于人类的需要。而文化的存在也是靠着人类的应用和发表。文化是因人类而创造,因人类而保存,因人类而绵延;而人类行为是由文化而表现,故文化与人类行为几有不可分离的关系。文化为人类行为的定型,行为为人类文化的现相。故了解人类行为就可了解文化;反之了解了文化也就可以了解人类行为。(第3页)

在民国二十四年出版的《社会学原理》中,曾表明:"著者个人见地,以受美国乌格朋、汤麦史两教授的影响为最大,故全书注重文化与态度之讨论。"而在分析社会因素时,列举地理、生物、心理、文化四要素,以为这四种要素,均足以影响于人类的社会行为。但这四种因素的重要性,并不相等。故称地理的与生物的二要素为消极限制的要素,因为这些要素对于人类社会行为仅能加以一种消极的限制;而称心理的与文化的要素为积极活动的要素,因为这些要素始予人以积极活动的影响。(《社会学ABC》,第24页)并且曾说:

人类社会,在地理上和生物上所加的限制的范围以内,所有种种方面的活动,无非人和文化交互作用的表现。人是主观的;他是以整个的心理机械去和外界的事物交涉。文化是客观的,他一方面虽则是受人力支配的——人是可以创造文化、改变文化,而文化本身都不能创造或改变;一方面却又加人类以一种无上的影响。(《社会学ABC》,第47—48页)

> 所以，人类社会现象的千变万化，层出不穷，决不是气候、地形等地理上的势力所发生的影响；也不是人口的质和量的生物上的势力所发生的影响；那是人和文化交互作用所产生的结果。（同上，第48—49页）

著者近于民国三十三年中央大学所编的《社会科学季刊》一卷二期中，发表《社会学体系发凡》一文，表明社会学应重视体系的研究，并详述个人的意见。

> 窃以为欲使社会学成为严格的科学，必须使社会学的内容成为严格有系统的智识；欲严格确定社会学智识的系统，必先确定社会学研究的对象。根据研究的对象，始可演成研究的体系。（《社会学体系发凡》，第60页）

社会学研究的对象是社会行为。所谓社会行为就是人与人间所表现互相关联的行为。这种社会行为的体系，可分析如下：

一、基本的社会行为

（一）交互行为

（甲）个人与个人间的交互行为

（乙）个人与团体间的交互行为

（丙）团体与团体间的交互行为

（丁）个人与个人及团体间的交互行为

（二）集体行为

（甲）个人与个人联合的集体行为

（乙）团体与团体联合的集体行为

二、复合的社会行为

(三)团体行为

(甲)继续的团体行为

(乙)非继续的团体行为

(四)社区行为

(甲)分立的社区行为

(乙)联带的社区行为(同上,第62—64页)

从这个体系看来,可知社会行为的范围是包括整个社会中人与人间所表现的各种活动在内。社会学所研究的是这种社会行为的本身,而非其所关涉的事项。社会行为本身所应研究的问题有五,根据这五个问题再演绎而成社会学的整个体系。这体系的纲领如下:

一、社会行为形成的因素:

(一)地境因素

(甲)气候的因素

(乙)地形的因素

(丙)地位的因素

(二)生物因素

(甲)生存需要的因素

(乙)生理特点的因素

(三)心理因素

(甲)静态的心理因素

(乙)动态的心理因素

(四)文化因素

(甲)物质的文化因素

（乙）非物质的文化因素

二、社会行为表现的过程：

（一）接近的社会过程

（二）远离的社会过程

三、社会行为表现的机构：

（一）基本的社会机构

（甲）行为规则

（二）复合的社会机构

（乙）社会制度

（丙）社会组织

四、社会行为表现的功能：

（一）社会控制的方法

（二）社会控制的方式

（三）领导人物的控制

五、社会行为变迁的内容与方向：

（一）社会变迁的方式

（二）社会变迁的内容

（三）社会变迁的原因

（四）社会变迁的方向

（甲）社会变迁

（乙）社会演进

（丙）社会进步（同上，第65—68页）

这是就整个社会中人与人间社会行为的各方面作一种综合观察所可分析的体系。这与著者《社会学原理》一书的内容体系，大致相同。著者又于民国三十四年一月《社会建设》月刊一卷三期中，发表《社会学的基本观点》一文，认为社会学有四种基本观点，这使它与其他社会学大不相同。

一、社会整体的观点——把社会看作整个的而非部分的。社会学是观察整个社会。社会学研究任何社会现象或问题，是从整个社会观察而不从部分观察。

二、社会结合的观点——把社会看作人与人的结合。就是说，社会学是观察人与人相互间的关系与行为。所以社会学研究任何社会现象或问题，注重人与人间的关系及人与人间的行为。

三、社会有机的观点——这是表明：个人与社会成为有机的关系。社会中每一个人与其他各个人发生密切联带的关系。农工商学兵与其他一切有职业的人，在社会上各尽所能，各易所需，互相依赖，互相供应，使整个社会成为有机的结合。这是社会生活的真相。

四、社会演进的观点——这是表明：社会的本质不是静止的，而是变动的；不仅是变动的，而且是向前演进的。任何社会现象必定有它的过去的历史，也必有它未来的前途。从这种观点研究任何社会现象，使人眼光远大，态度乐观，对未来的前途，抱无限进步的希望。（《社会建设》一卷三期，第75—84页）

从上面各点，可以知道著者所见到的社会学体系与观点的轮廓。

第二十章　注重社会问题的研究者

我国社会学者大都注意社会问题的研究，国内出版的社会学类著述及译本，亦以社会问题为最多。惟各人研究兴趣常随性之所近而有所偏重。兹仅就比较著名的各家，略予叙述。

陈达氏注重劳工问题与人口问题，见所著《中国劳工问题》及《人口问题》二书。陈氏尤素以国内劳工问题权威著称，曾有《我国罢工的分析》(民国十七年)一文，为研究罢工问题最早的著作，经译成英文及日文。又有《我国工厂法的施行问题》一文，于民国二十年出版，亦有英文译本。此外关于人口方面，陈氏尚有下列各书：

一、《中国劳工移民》(*Chinese Migrations with Special Reference to Labor Conditions*, 1923)

二、《华南移民社会》(*Emigrant Communities in South China*, 1939)

三、《近代中国人口》(*Population in Modern China*, 1946)

关于实地调查的报告，尚不在内。

陶孟和氏注重生活程度的研究，见所著《中国劳工生活程度》及《北平生活费之分析》二书。吴景超氏注重人口问题与都市问题，见所著《第四种国家的出路》与《都市社会学》二书。吴氏对于中国人口问题，力倡两件事：一为发展都市而使国家工业化，以吸收农村人口;二为推行生育节制运动以缓慢人口的增加。这是他的前一书的骨干。吴氏近著《劫后灾黎》一书,叙述国内各地贫穷与救济状况,更可表明氏近时注意救济问题的研究。

许仕廉氏注重人口问题的研究,见所著《中国人口问题》及《人口论纲要》二书。利用国内各种人口统计资料,以研究中国人口问题,许氏实为一个前驱。柯象峰氏注重人口问题与贫穷问题,见所著《现代人口问题》、《中国贫穷问题》及《社会救济》三书。柯氏以为:

> 近年来人口问题之日形严重,颇引起不少人的注意。一切社会问题以及国际间政治经济问题,其间常渗杂人口问题因子,多为一般研究社会科学者所公认。(《现代人口问题》,第1页)

柯氏认为解决现代人口问题的办法,不外四种:

(一)世界人口分布合理化

(二)各国之产业合理化

(三)各国人口增加之合理化——生育节制与公共卫生

(四)优生的合理化(同上,第422页)

他所以主张合理化,他说:

> 因为其他的办法如战争是不能彻底解决的。如果战争不是彻底的办法,迟早是要趋于合理化的途径的。(同上)

对于中国贫穷问题,他说:

> 中国在今日之状态中,国人所最感迫切的,恐怕还是贫穷

的解除罢！因为每一个人民在贫穷袭击的包围中，求生之不暇，哪里还有工夫去受教育，更哪里有能力来注意卫生，尊重团体的利益。(《中国贫穷问题》，自序第1页)

至于解决的途径，他以为：

惟对于中国问题之应付，无论采取任何方式，先决的问题为计划与人才。(同上，第342页)

最后又说：

严密计划与实用人才固为我国所急需，但是仍希望国人能彻底觉悟，觉悟本国的危机与本身的利害，能牺牲私见与小我的利益，在共同目标之下埋头的努力猛干，在相当的时期后，中国当仍有复兴之一日。(同上，第342页)

杨开道、言心哲、李景汉诸氏注重农村问题。杨氏所编的"农村生活丛书"，包括《农村生活》、《农村社会》、《农村问题》、《农村政策》、《农村教育》、《农村经济》、《农村土地》、《农村自治》、《农村娱乐》、《农村组织》、《农村领袖》、《农村调查》、《新村建设》、《农民运动》等十四种，合之成为一巨大的农村社会学与农村问题专著。他说：

本丛书的目的，就是用科学的方法，采批评的态度，去研究中国的农村生活，认为这是"国民党对内政纲"第十条"改良农村组织,增进农村生活”的先锋。(“丛书编辑旨趣”)

李氏多年在河北定县从事于农村建设工作,而尤以长于农村调查著称,其所著《中国农村问题》一小册,列入商务印书馆“万有文库”第二集。书中对于农村组织,尤有详尽的叙述。言氏所著《农村社会学概论》与《农村社会学纲要》二书,虽系概要性质,亦涉及农村问题。

乔启明与蒋杰二氏合著《中国人口与食粮问题》一书,所有战前关于人口与食粮的统计资料,引证详备。他们认为:“粮食问题占中国目前最有严重性而急求解决的社会问题之一。”(序第1页)对于解决中国人口与食粮问题的途径,他们说:

> 目前中国粮食应有的政策在自给,实现自给计划则宜进行治标和治本两大工作。治标工作包括增加生产、调节经费和平均分配三项。治本工作包括人口、土地和农业总调查三项。(同上,第143页)

最后,他们说:

> 综上,粮食解决方案,首决条件在使农民有安居乐业的环境,次在健全农业研究、金融供应和农业推广等等组织,务使上列治标治本事项得以畅行无阻,而谋工作效率的加大。(同上,第144页)

吴泽霖、叶绍纯二氏合编的《世界人口问题》,根据战前各国统计材料，极为详赡。书名虽为“世界人口”，但处处论及中国人口问题。对于中国人口政策，他们说：

> 人口政策在中国现在是否必要，人口政策应当如何确立，实是一个重要问题……以我国的自然环境论，社会情形论，人口实无须再行多事膨胀。虽说鉴于现世各国的纷纷增殖其人口，为民族生存的前途计，中华民族不宜过少，以免有被人消灭的危险。但我人也当知一个民族的盛衰，由于品质优劣的大，由于数量多寡的少，即欲人口照常增加，亦必减低过高的出生率。吾人试从我国人口的内容上一加观察，则可知其危险的程度，实已到了最严重的关头。如人口死亡率极高，人民身体孱弱，平均寿命短促，性比例的不平衡，居民分布的不均，结婚状况与职业分配的不完善，智力的薄弱，心理的不健全，以及种种民族品质的弱点等；都亟须确立人口政策以求解决，而期民族臻于健全之路。（第194页）

最后，请略述本书著者对于社会问题的研究。著者于民国十六年六月，曾著《社会问题》一小册，仅84页，略论社会问题的性质及家庭问题。十七年九月，复著《人口论ABC》一书，论及中外人口问题。二十四年五月，又著《社会问题》一册，系正中书局“高中公民”第一册。二十八年十月，又著《中国社会问题》一册，略论中国社会问题的起源及农村、劳工、人口诸问题。至三十一年七月，《现代中国社会问题》一书始出第一册，至三十三年一月四册出全。此书内容，上面已经述及。关于家族、人口、农村、劳资四问题均有个人认为适当的讨论。著者以为：

近代中国社会所生的种种变迁，直接起于西洋文化的输入，间接系受近代西洋社会变迁的影响。有了西洋社会的种种社会变迁，才产生现代西洋社会的特性文化；有了中西不断的接触，才产生中国社会种种的变迁与问题。(《现代中国社会问题》第一册，第29页)

书中表明：研究社会问题的目的有七：即欲明了我国社会问题的内容、背景、各种可能解决的途径及其重心与世界性，最后要养成一种社会意识，了解社会影响的重大，养成一种有机观点，了解个人与社会关系的密切。这最后两点，尤富有社会学的意义。其中有云：

大概社会问题常以"人"为中心。人的共同生活或社会进步发生障碍，才有问题。……据最近社会学所昭示，个人行为的养成，几全受社会环境的约制。近朱者赤，近墨者黑，已成为社会的公例。故个人实为社会的产物。至于文化的发明与传播，须赖文化的累积与流通；而累积与流通，全是社会影响，非个人之力。……所以我们分析社会障碍的来源，明白社会环境影响的重大，以养成一种深切的社会意识，实甚重要。(同上，第56页)

又说：

许多社会病态，是由个人造成。而个人在社会生活的大流中，参加其推移，由个人的推移，形成社会的推移。反之，个

人的行为特质，是由社会陶铸而成，所以个人与社会，成为有机的关系。(《现代中国社会问题》第一册，第 57 页)

书中并表明，著者研究各种社会问题是采取社会学的观点的。社会学观点中与社会问题的研究最有关系的约有三种：(一)团体重于个人，(二)环境重于遗传，(三)历史重于现实。(同上，第 59 页)这都是关于全书的一些要点。

对于中国家族制度，著者主张折衷式新制。曾说：

此种折衷式的新制，以中国固有的家庭组织为本位，去其旁系，留其直系，似最为妥善。家庭中应以夫妇及其子女为最小单位。有父母者应与父母同居；有祖父母者应与祖父母同居。……此所谓留其直系。至于兄弟伯叔之已成婚者，似应以分居为原则。此所谓去其旁系。故此种组织，得称之为直系亲属同居制。如此，可使中国固有的家庭美德，得以保存。以直系尊亲属同居，既可尽孝养之责；与旁系亲属分居，亦可维持其敬爱。这是最易实行的新家庭制。(同上，第 115 页)

对于人口问题，著者主张：

我国人口数量问题，应以先谋生活资源的弥补为主。俟将来全国人口在生活资源方面，已能得适当的满足，然后再谋生活程度的提高。(同上，二册，第 151 页)

对于节育问题，则说：

认减低死亡率比提倡生育节制还要重要。……我们现在正应该……积极提倡卫生事业，以期实现死亡率的减低。……到了死亡率确已减低的时期，我们再来努力提倡生育节制，并不为迟。（《现代中国社会问题》第二册，第157页）

对于人口品质问题，则说：

人口品质问题的三方面：体质、知能与品行。归根结底，不过是一个教育问题，不过是体育、知育与德育问题。（同上，第251—252页）

对于农村问题，以为：

我国重要的农村问题，不外经济问题、教育问题、卫生问题与组织问题四者而已。（同上，第三册，第100页）

而认为：农村经济问题为我国农村问题的核心。其基本意义，即在如何增进农村收益，以提高农民的生活程度。（同上，同页）

对于劳资问题，认为：

我国劳资问题，现时并不十分严重，但将来工业发达后，如不愿为之防备，则凡欧美工业先进国家所发生的各种劳资病态现象，必将次第出现。所以为未雨绸缪计，必须详细研究我国工业发展的趋向及其对于劳资关系可能的影响，而为之全盘统制，使外资工业亦不能有所例外。同时为救济现状计，必须研究全国劳资关系的实际状况，详加分析，增订各种劳工法规，一切依法解决。其有出乎法律范围以外的人事感情问题，应由政府揆情度理，予以公平的裁定。（《现代中国社会问题》第四册，第187页）

以上略述关于社会问题研究的概况。此外对社会问题有研究者尚多，限于篇幅，未能评述。

第二十一章　注重社会实地研究者

我国社会学者注重实地研究者为数甚多。大致多系大学教授从事领导。比较最有贡献者当推陶孟和、陈达、李景汉三氏。陶氏先后主持北平社会调查部、社会调查所及中央研究院社会科学研究所、社会研究所等机关的调查研究事宜,所从事的社会调查研究,种类极多,成绩卓著。其较重要的研究如下:

(一)《北平郊外之乡村家庭》

(二)《北平生活费之分析》

(三)《塘沽工人调查》

(四)《河北省及平津两市劳资争议的分析》

(五)《上海工人生活程度的一个研究》

(六)《中国劳工生活程度》

陶氏所注重的偏于工人生活费用的调查。我国工人生活程度研究的资料,陶氏贡献最多。

陈达氏所注重的偏于人口调查。其所主持的户口普查计有云南呈贡县及昆明环湖四县一市的普查。其已见报告者有下列二种:

(一)《云南呈贡县人口普查初步报告》(民国二十九年八月)

(二)《云南省户籍示范工作报告》(民国三十三年二月)

陈氏在清华大学担任国情普查研究所所长职务,其下由李景汉氏任调查主任，戴世光氏任统计主任。该所目的在于研究普查方法。在呈贡、昆明等处的普查，都是此种性质。上述两种报告，在普查方法方面有极重要的贡献。国内社会学者对户口普查有丰富的经验者当推陈、李二人。李氏在河北省定县从事社会调查工作多年，其所编《定县社会概况调查》一书，不仅是一种调查报告，而且在调查方法上有极大贡献。我们可称李氏为国内有数的社会概况调查专家，为在此方面贡献最多之一人。

上述陶孟和、陈达、李景汉三人，各有所长。陶氏贡献在工人生活费研究，陈氏在户口普查研究，李氏在社会概况调查。这是我们社会学界的光荣。

此外，在云南方面，尚有吴文藻氏的弟子费孝通氏领导一种农村与工厂调查，号为“比较社会学”。在方法上与普通社会调查稍有不同，重视制度与经济生活的分析，尤重视与其他社区的比较研究。费氏的《禄村农田》、张子毅氏的《易村手工业》、史国衡氏的《昆厂劳工》即其已发表的报告。在四川成都方面，蒋旨昂氏曾从事于社区研究，如所著《战时乡村社区政治》、《黑水社区政治》二书均是。费、蒋二氏均出身燕京大学，表示一种“社区型研究”，值得称道。其他另一方式的实地调查乃为“民族学型”的研究，以调查边疆民族为主，如吴泽霖氏主编的《民族学论文集》第一辑、吴泽霖、陈国钧二氏编的《炉山黑苗的生活》、徐益棠氏的《雷波小凉山之倮民》、林耀华氏的《凉山夷家》、俞湘文女士的《西北游牧藏区之社会调查》等是。

社会概况调查方面有社会部汪龙氏所编的《北碚社会概况调查》及《成都社会概况调查》二书，龙冠海氏所编《社会调查集刊》则为金陵女子文理学院社会学系学生所做各种调查的汇编，都是对社会调查有多少贡献的。

总　　结

从上面七种不同的研究趋向看来,可以知道我国近时社会学者研究的重心所在。但应注意者不在各种趋向的内容如何不同,而在各家研究的领域涉及多门。除极端少数的生物学派及文化学派外,多数趋于整体或综合的途径。主文化者不废心理;反之,主心理者亦不废文化。其中如燕京的社区学派注重文化与功能,清华的实地调查派注重直接材料,中央的系统学派注重理论的体系,皆较为显著者。即以此三学派论,亦不外各有所偏重而已,他们无不注重文化研究,无不注重问题分析,很少轻视整体观点及实地调查。一言以蔽之,只是各就所见,运用各自的方法与概念,以期明了中国社会的真相,并发见社会现象的原理法则而已。

第二十二章　结论——回顾与前瞻

我们在上面各章中，已经把中国社会学的起源与发展，以及近时学者研究的趋向，加以简要的叙述。兹再综述要点于后，以作本书的结论。

中国社会学在名义上始于前清光绪二十二年即西历 1896 年，当时学人著作中初见“社会学”之名。但实际上介绍社会学的内容入中国，则在六年之后，即光绪二十八年，西历 1902 年，彼时严复所译的《群学肄言》全部脱稿，章炳麟所译的《社会学》出版。四五十年来，渐渐由迻译各国书籍，进于自己著述；由翻译初步教本，进于编著参考用书；由少数普通读物，进于各部门专精书刊。总计已出版的译著数逾千种。此从著作文献方面，看到中国社会学的发展。此其一。

再就学校教育言，社会学课程始见于前清光绪三十二年即西历 1906 年，其时《奏定京师法政学堂章程》中，始设社会学科目。四十年来，渐渐由少数大学科目，推广至一般大学课程；由大学选教科目，进而为专设学系；由理论讲习，进而为实地应用。专系毕业学生历年来数逾千人，现时执修于大学社会学系的教师数逾百人。此从社会学教学方面，看到中国社会学的发展。此其二。

更就学社组织言，中国社会学界之有组织，始于民国十一年。中因参加人少，无形解散。但自民国十七年另行组织后，扩展至全国性组织。十九年来,全国社会学者在此唯一的学社中分途研究,表现一致团结的精神。此从学社组织方面,看到中国社会学的发展。此其三。

这是从五十年来中国社会学整个发展史上所得的印象,事实上,中国社会学比较发达的时期,只在近二十余年中。在这时期中,我们更可以看出几种显著的发展趋向:

第一,注重实地调查与研究。近二十年中各大学社会学系无不重视"社会调查"或"社区研究"等课程,又无不把"统计学"或"社会统计"列为基本科目。而关于实地调查的报告,无论农村或都市调查,概况或部分调查,初步或详密调查,方法渐臻完备,内容渐趋充实。例如:李景汉氏的《定县社会概况调查》,可比之美国"壁芝堡调查"或"春田调查";陈达氏的《云南呈贡县、昆阳县户籍与人事登记报告》,可比之美国或英国经常户籍报告;燕京许仕廉、杨开道诸氏的《清河调查》,可比美国之嘉尔宾的"农村社会解剖";陶孟和氏的《北平生活费之分析》,可比之美国劳工统计局的生计调查。他如吴泽霖氏等的《炉山黑苗的生活》,费孝通氏的《禄村农田》,柯象峰氏的《西康社会之鸟瞰》,徐益棠氏的《雷波小凉山之儸民》,以及社会部统计室主编的《成都社会概况调查》、《北碚社会概况调查》等等,都是极有价值的实录。此外各大学及中央研究院社会研究所等处发表的调查报告,为数甚多,均可表明此种倾向。

第二,注重本国资料的分析与引证。这二十年中在著述方面有一重要的发展,就是大家注重本国各种实际的社会资料。初期的社会学大都译自日文,继而译自美国及英、法,而尤以从美国书迻译者为多。即有自著之书,也是根据欧美的材料。惟晚近期间,渐渐采用本国资料，这显然是著作方面的进步。譬如：陈达氏的《人口问题》、许仕廉氏的《中国人口问题》与《人口论纲要》、柯象峰氏的《现代人口问题》与《中国贫穷问题》、吴景超氏的《第四种国家的出路》、李景汉氏的《中国农村问题》、乔启明氏的《中国农村社会经济学》、吴泽霖氏的《世界人口问题》等书，大抵引用本国统计或历史材料，内容均相当充实。其中除标明中国问题者专论本国资料外，其余亦多重视本国事实，以与外国资料相比较。如以陈达氏的《人口问题》言，其中至少有十分之三四专论中国的材料。有用历史材料者如第一章引证墨翟、杜佑、苏轼、洪亮吉诸人的人口理论；第十四章论“自然选择”，引我国历代灾荒资料，非常丰富。其用统计材料者为第七章论“中国人口的估计”，尤为切实。

此外，如本书著者的《现代中国社会问题》一书，全部讨论中国四种社会问题，所有近十余年中各种有关的统计资料，其重要者几无不网罗在内。即有论及欧美各国统计资料者，也系为与本国问题作比较之用。至于拙著《社会学原理》与《社会心理学》二书，其中引证材料，取之于本国历史、时事及统计者为多。凡上各种著作，都可表明同一趋向。

第三，注重名篇巨制的迻译。在这时期中翻译西洋著作，注重篇幅较长或著名权威的文献。例如：黄凌霜氏译沙罗坚的《当代社会学说》与阿尔柏的《德国系统的社会学》，高达观氏译蒲格烈与赖佛尔的《社会学原理》，胡泽氏译霍伯浩的《社会正义论》，廖凯声氏译霍氏的《社会进化与政治学说》，王力氏译涂尔干的《社会分工论》，张世文氏译麦其维的《社会学原理》，钟兆麟氏译爱尔华的《文化进化论》、鲍格达的《社会思想史》、沙罗坚的《社会变动论》与卫史莱的《社会人类学》，吴泽霖、陆德音二位合译白、季二氏的

《社会学大纲》，费孝通氏译乌格朋的《社会变迁》、马凌诺斯基的《文化论》与费思的《人文类型》，杨堃氏译狄亚德的《法国现代社会学》，李安宅氏译孟汉的《知识社会学》等。这些书的原本都是脍炙人口、推重一时的名作。

第四，重视社会学理论体系的探讨。这时期中尚有一显著的特点，就是社会学者渐渐重视社会学的思想体系。例如：朱亦松氏的《社会学原理》、应成一氏的《社会学原理》、拙编的《社会学大纲》与自著的《社会学原理》等书，内容都相当充实，而且系统亦极为清晰。著者所发表的《社会学体系发凡》及《社会学的基本观点》二文，应氏的《一个社会学思想之体系——我对社会学的见解》，林耀华氏的《人与人关系的研究》及《近代社会研究的综合观点》，赵承信氏的《社会学方法论上的几个问题》等论文，均表明重视方法论与理论的体系。

第五，重视新学说的介绍。这时期中的另一特点是重视新学说的介绍。最初著者在《社会学上之文化论》中，介绍美国乌格朋教授一派文化理论，在当时是崭新的发展。后来文化学说引起国内社会学者浓厚的兴趣。先后出版的有黄文山氏的《文化学的方法论》、陈序经氏的《中国文化的出路》、许仕廉氏的《文化与政治》与著者的《文化与社会》、《社会的文化基础》、《社会变迁》等。这是偏于介绍美国方面的理论的。介绍欧洲的文化理论者如叶法无氏的《斯宾格勒的文化史观及其批评》（《社会学刊》一卷三期）、张资平、杨逸棠二氏合译的《文化社会学》（日人关荣吉原著）、卫惠林氏译的《文化的要素及其形态》（法人 Mauss 原著）等都是。近时介绍英国功能派人类学者的理论，吴文藻氏厥功甚伟。吴氏的《功能派社会人类学的由来与现状》与《布朗教授的思想背景与其在学术上的贡献》二文，引起社会学界密切的注意。费孝通氏译的《文化论》与《人文类型》二书，更为功能派大张其目。此外如黄文山氏的《三民主义与知识社会学》、李安宅氏的《知识社会学》、拙著《近时社会学上一种新理论——S学说》等都是介绍新兴学说的。

第六，重视社会事业与社会行政的研究。在最近七八年中，社会学者鉴于实际需要与学生出路的关系，渐渐注意于社会事业与社会行政的研究，这确是国内社会学界一种新发展。姑无论社会学与社会行政的关系究竟如何，由于社会部的成立，国内顿感社会事业与社会行政人才的缺乏，而需要造就大批工作人员。这种训练自以社会学系为最适宜，所以大学中社会学系大都添设社会事业与社会行政的课程。有关社会事业的著作，如吴榆珍女士的《社会个案工作方法概要》、林良桐氏的《社会保险》、柯象峰氏的《社会救济》、言心哲氏的《现代社会事业》等；有关社会行政的著作，如曾友松氏的《战时社会行政研究》、社会部主编的《社会行政概论》等都是这方面的重要书籍。至于《社会建设》月刊，全系讨论此类社会事业与社会行政的文字，更为近年的新贡献。

从上述各种趋向看来，中国社会学发展到今日，已经有了相当的根柢。不过这根柢还是很薄弱，如何扶植这已有的根柢使加速发育成长，则有待于全国社会学者的分工合作，共同努力。兹将数年前所著《五十年来的中国社会学》一文中末后关于今后所应从事的工作一段，摘录如后，以作本书的结束。

第一，中国理论社会学的建立。今后社会学者应致力于中国化的社会学之建立，其重要工作有三：

一、整理中国固有的社会史料。我国旧籍中极富有社会学资料。其可资研究者有五。

（一）关于社会学说者。凡古人对于社会生活或社会问题的各种思想，均应加以搜集与整理，依历代顺序，编成有系统的中国社会思想史。

（二）关于社会理想者。古今贤哲所发表有关社会组织及社会生活的各种理想与计划，亦应加以搜集与整理，编成一部中国社会理想史。

（三）关于社会制度者。历代社会制度的性质、功能状况与变迁，以及其相互间的关系，均应加以分析，以期编成各种社会制度史。

（四）关于社会运动者。历代社会运动的性质、起源、范围及其对于社会所生的影响等，均可加以分析与整理，以期编成一种中国社会运动史。

（五）关于一般社会行为者。历代伟人哲士所发表的嘉言懿行有足供社会学或社会心理学的参考与印证者，极为丰富，可分别加以搜集，编成社会资料类书，以供采用。

二、实地研究中国社会的特性。除整理历史材料以供研究我国社会的特性外，尚应从多方面对现实社会作详尽精密的调查与研究，藉以彻底了解我国社会的本质。故今后应就各地重要区域，从事于有计划的都市与农村调查，编成各种调查研究报告，以供各方参考。

三、系统编辑社会学基本用书。我国社会学虽已有四十余年的历史，但有关社会学理论与应用方面比较充实而完善的书籍，尚属无多。且有若干部门尚无一足供大学教本之用者，例如：西洋社会思想史、中国社会思想史、近代社会学理论、中国社会发展史、社会制度、民族学、都市社会学、社会学研究方法、社会行政、社会政策、社会立法、近代社会运动等部门，除有少数译本外，尚无国人自著适当的参考用书，故编著基本用书，实为急要之图。

从上述三方面的工作，我们希望能充分搜集并整理本国固有的社会材料，再根据欧美社会学家精审的理论，创建一种完全中国化的社会学体系。

第二，中国应用社会学的建立。除理论社会学的研究外，同时应即从事建设一种适合于中国国情的应用社会学。其重要工作有三：

一、详细研究中国社会问题。已往我国社会学文籍中，以社会问题一类为最多。但此类书籍大都讨论西洋社会问题，其专论本国问题者，为数甚少。今后全国社会学者宜各就所长，对各种范围较小的问题，分别作详尽的研究，以期彻底了解本国社会问题的特质及其可能解决的途径。

二、加紧探讨中国社会事业与社会行政。我国社会学者向来不重视社会事业与社会行政的研究，似不必讳言。自社会部成立后始引起一般社会学者的注意。今后宜有一部分社会学者专在此方面努力，藉以研究我国社会事业与社会行政的实际状况及其可能发展的途径。

三、切实研究中国社会建设方案。今后全国社会学者应根据上述有关社会问题、社会事业与社会行政的材料，从社会组织、社会福利、社会服务及社会运动各方面，详细探讨当前及今后全国的需要，审慎拟订各种社会改革方案，藉供政府参考。

从以上所述各方面的努力，希望今后社会学者能根据社会学理论与本国社会事实，创建一种适合于中国社会需要的应用社会学，藉以促进国家民族的向上发展。

第三,社会学人才的训练。最后,我们对于社会学人才的训练,亦感觉非常重要。我国社会学者大多数集中于全国各大学社会学系,极少数分布于中央及各省市行政机关。近年因大学课程加多,社会事业发达,人才殊有缺乏之虞。今后一面尚应勖励年轻有志的社会学者赴国外深造,一面在国内各大学中人才设备比较充实的社会学系及社会学研究所中,培育青年学者,使能各专一门,展其所长,以应全国迫切的需要。能如此,则中国社会学的前途,当有无限希望。

附　录

一、中国社会学重要文献分类简表

(一)普通社会学类

书名	册数	章数或页数	译著者	原著者	出版年	出版处	备注
社会学	2	10 章	章炳麟译	岸本能武太(日)	光绪二十八年(1902)	上海广智书局	
群学肄言	4	16 章	严复译	H. Spencer(英)	光绪二十九年(1903)	上海文明编译局	初版系线装本
社会学提纲	1		吴建常译	F. H. Giddings(美)	光绪二十九年(1903)		
社会学原理	1	12 章	马君武译	H. Spencer	同上	西江欧化社	
社会学	1	198 页	缺名编译	(英)	同上	上海作新社	
社会学原理	1				同上		
社会学	1	13 章\146 页	欧阳钧编译	远藤隆吉(日)	宣统三年(1911)	商务印书馆	
近世社会学	1	15 章\382 页	覃寿公译	远藤隆吉(日)	民国九年(1920)	泰东书局	
社会学及现代社会问题	1	15 章\359 页	赵作雄译	C. A. Ellwood(美)	同上	商务印书馆	
社会学入门	1	18 章\90 页	德普、延年		民国十二年(1923)	世界书局	
社会学要旨	1	14 章\118 页	常乃悳		民国十三年(1924)	中华书局	
社会学大纲	1	190 页	曹聚仁等		民国十三年(1924)	民智书局	
社会学原理	1	331 页	陶乐勤译	Blackmar(美)	民国十三年(1924)	新文化书店	
社会学概论	1	13 章\174 页	瞿世英译	Bogardus(美)	民国十四年(1925)	商务印书馆	

社会学概要	1		郭伯棠		民国十六年（1927）	世界书局	
社会学原理	1	18章\284页	朱亦松		民国十七年（1928）	商务印书馆	
社会学ABC	1	9章\122页	孙本文		同上	世界书局	
社会学述要	1	184页	杨幼炯		同上	泰东书局	
社会学大纲	1		王平陵		同上	泰东书局	
社会学的领域	1	112页	孙本文		民国十八年（1929）	世界书局	
社会学概论	1	13章\200页	刘叔琴译	加田哲二（日）	民国十九年（1930）	开明书局	
社会学总论	1	5章\92页	杜季光译	高田保马（日）	同上	商务印书馆	
社会学概论	1	13章\154页	陈翊林		同上	中华书局	
社会学大纲	2	14编\1652页	孙本文主编		民国二十年（1931）	世界书局	原系社会学丛书十四册合编
社会学大纲	1	18章\180页	余天休		同上	北平文化学社	
社会学纲要	1	9章\165页	张资平		同上	商务印书馆	
社会学概论	1	21章\385页	伍绍垣译	高田保马（日）	同上	华通书局	
社会学要论上卷	1	3篇\244页	邓深译		民国二十一年（1932）	新京书店	
社会学原理	2	16章\850页	应成一		民国二十二年（1933）	民智书局	
社会学大纲	1	17章\378页	周谷城译	Gillin & Blackmar（美）	同上	大东书局	
社会学概论	1	9章\143页	汤增扬		民国二十二年（1933）	大东书局	
社会学原理	1	15章\458页	张世文译	MacIver（美）	同上	商务印书馆	
社会学纲要	1		赵卓甫译	Hayes（美）	同上	百城书局	
社会学纲要	1	153页	刘天予		民国二十三年（1934）	中华书局	
社会学原理	2	26章\717页	孙本文		民国二十四年（1935）	商务印书馆	
理论社会学	1	20章\356页	简贯三		同上	中华书局	
社会学导言	1	8章\197页	张沄译	Ginsberg（英）	民国二十五年（1936）	商务印书馆	
社会学原理	1	24章\521页	高达观译	Bougle & Raffault（法）	同上	同上	
社会学概论	1		张我军译	加田哲二（日）	？	北新书局	

白季二氏社会学大纲	1		吴泽霖、陆德音	Gillin & Blackmar(美)	民国二十六年(1937)	世界书局	
社会学原理	2	28 章\552 页	孙本文		民国三十三年(1944)	商务印书馆	系修订本部定大学用书
社会学	1	8 章\154 页	毛起鵕		民国三十二年(1943)	正中书局	
社会学原理	1	7 章\196 页	姜蕴刚		民国三十三年(1944)	成都华西大学	
社会学名词	1	28 页	国立编译馆		民国三十年(1941)	正中书局	

(二)社会进化与社会变迁类

书名	册数	章数或页数	译著者	原著者	出版年	出版处	备注
族制进化论	1	13 章\70 页	缺名译	有贺长雄(日)	光绪二十八年(1902)	上海广智书局	
社会进化论	1	18 章\175 页	萨端译述	?	民国四年(1915)	商务印书馆	
家庭进化论	1	12 章\90 页	严恩椿		民国六年(1917)	商务印书馆	
社会进化史	1	35 章\230 页	蔡和森		民国十三年(1924)	民智书局	
社会进化史	1	25 章\386 页	陶孟和等译	Muller-Lyer(德)	民国十三年(1924)	商务印书馆	
社会进化原理	1	10 章\116 页	蒋文鹤		民国十七年(1928)	上海卿云图书公司	
古代社会	2	4 篇\1038 页	杨东莼译	Morgan(美)	民国十八年(1929)	昆仑书店	
社会进化	1	8 章\116 页	黄凌霜		民国十八年(1929)	世界书局	
社会变迁	1	8 章\130 页	孙本文		同上	同上	
社会进化史	1		黄菩生		同上	商务印书馆	
社会进化史 ABC	1		刘叔琴			世界书局	
社会进化论	1	8 章\269 页	王斐荪译	Barnes(美)	民国十八年(1929)	新生命书局	
文化进化论	1		钟兆麟译	Ellwood(美)	民国二十二年(1933)	世界书局	
社会变动论	1	22 章\617 页	同上	Sorokin(美)	同上	同上	
社会进化与政治学说	1	9 章\225 页	廖凯声译	Hobhouse(英)	民国二十四年(1935)	商务印书馆	

社会进化史	1	7章\149页	刘炳藜		同上	中华书局	
社会变迁	1	35章\279页	费孝通、王同惠	Ogburn(美)	民国二十四年(1935)	商务印书馆	
中国家族社会之演变	1	5章\146页	高达观		民国三十三年(1944)	正中书局	
蜕变中的中国社会	1	28节\322页	李树青		民国三十四年(1945)	商务印书馆	

(三)社会问题类

甲、通论

书名	册数	章数或页数	译著者	原著者	出版年	出版处	备注
社会学与现代社会问题	1	15章\359页	赵作雄译	Ellwood(美)	民国九年(1920)	商务印书馆	即见上普通社会学类
社会问题详解	1		盟西译	高岛素之(日)	民国十年(1921)	同上	
社会问题	1	209页	王造时、赵廷为译	Ellwood(美)	民国十一年(1922)	同上	
社会问题	1	14章\191页	陶孟和		民国十三年(1924)	同上	高中教本
社会问题	1	11章\121页	相菊潭			同上	
社会问题	1	88页	孙本文		民国十六年(1927)	世界书局	
主要社会问题	1	15章\363页	杨濂译		民国十七年(1928)	商务印书馆	
社会问题纲要	1		刘炳藜		民国十九年(1930)	中华书局	
社会学与社会问题	1		卜愈之		民国二十年(1931)	世界书局	高中教本
同上	1		吴泽霖		民国二十一年(1932)	中华书局	同上
同上	1		冯和法		民国二十二年(1933)	黎明书局	同上
现代社会主要问题	1		朱亦松		民国二十三年(1934)	钟山书局	
社会问题与社会政策	1	8章\144页	周宪文		同上	中华书局	
国内几个社会问题讨论	1		许仕廉			北平朴社	
中国社会问题参考资料索引	1	15章\162页	俞庆棠		民国二十五年(1936)	江苏省立教育学院	

新社会问题	1	222 页	陈希豪		民国二十五年(1936)	正中书局	
中国社会问题	1	4 章\136 页	孙本文		民国二十八年(1939)	青年书局	
现代中国社会问题	4	34 章 \ 1103 页	孙本文		民国三十一至三十二年(1942—1943)	商务印书馆	

乙、人口问题

书名	册数	章数或页数	译著者	原著者	出版年	出版处	备注
中国人口论	1	8 章\178 页	陈长蘅		民国七年(1918)	商务印书馆	
人口问题	1	6 章\198 页	武堉干译	Cox(英)	民国十四年(1925)	同上	
民生主义与人口问题	1		王警涛		民国十二年(1923)	民智书局	
人口论 ABC	1	13 章\124 页	孙本文		民国十七年(1928)	世界书局	
中国人口问题	1	6 章\83 页	文公直		民国十八年(1929)	三民书店	
中国人口问题	1	11 章\159 页	许仕廉		民国十九年(1930)	商务印书馆	
三民主义与人口政策	1	12 章\342 页	陈长蘅		民国十九年(1930)	同上	
人口问题	1		吴应图		民国	中华书局	
人口问题概论	1	220 页	杨开渠译	矢内原忠(日)	民国二十年(1931)	开明书店	
人口问题研究	1	206 页	刘天表		民国十九年(1930)	黎明书局	
人口问题批评	1		丁振一译	河上肇(日)	民国	南强书局	
人口问题新论	1		刘剑横		民国十九年(1930)	泰东书局	
中国人口问题	1	16 章	孙本文主编		民国二十一年(1932)	世界书局	
人口论纲要	1		许仕廉		民国二十三年(1934)	中华书局	
人口问题	1	22 章\450 页	陈达		民国二十三年(1934)	商务印书馆	
现代人口问题	1	12 章\492 页	柯象峰		同上	正中书局	

中国乡村人口问题之分析	1	12 节\71 页	言心哲		民国二十四年(1935)	商务印书馆	
世界人口之危机	1		陈浴春译	Thompson(美)	同上	民智书局	
中国人口问题	1		张我军译	饭田茂三郎(日)	民国	人文书局	
世界人口问题	1	8 章\200 页	吴泽霖、叶绍纯		民国二十七年(1938)	商务印书馆	
人口学原理	1	12 章\380 页	杨振先		民国三十年(1941)	福建省研究院	
现代中国人口问题	1	7 章\292 页	孙本文		民国三十二年(1943)	商务印书馆	即现代中国社会问题第二册
中国人口问题的统计分析	1	4 章\109 页	主计处统计局		民国三十三年(1944)	正中书局	
人口统计新论	1		朱祖晦			作者书局	
世界人口状况	1		侯厚吉		民国十九年	大东书局	
最近中国人口统计	1		王士达			社会调查所	
中国人口与食粮问题	1	4 章\164 页	乔启明、蒋杰		民国二十六年(1937)	中华书局	

丙、家族问题

书名	册数	章数或页数	译著者	原著者	出版年	出版处	备注
家庭问题	1	10 篇\177 页	易家钺译	Ellwood(美)	民国九年(1920)	商务印书馆	
西洋氏族制度研究	1	12 章	易家钺		民国九年(1920)	同上	
西洋家族制度研究	1	10 章\284 页	易家钺		民国十年(1921)	同上	
中国家庭问题	1		易家钺、罗敦伟		民国十一年(1922)	泰东书局	
中国之家庭问题	1	3 部\324 页	潘光旦		民国十七年(1928)	新月书店	
家庭与社会	1		吉来德		民国十七年(1928)	商务印书馆	

家族制度ABC	1		高希圣		民国十八年(1929)	世界书局	
中国家庭改造问题	1	440页	麦惠庭		民国十九年(1930)	商务印书馆	
家庭问题新论	1	111页	梁绍文		民国二十年(1931)	佛子书屋	
家族制度史	1		黄石译	Goodsoll(美)		开明书店	
北平郊外之乡村家庭	1	8章\151页	李景汉		民国十八年(1929)	商务印书馆	
现代中国家族问题	1	9章\243页	孙本文		民国三十一年(1942)	同上	即现代中国社会问题第一册
家庭新论	1	98页	王政		民国三十三年(1944)	中国文化服务社	
婚姻法与婚姻问题	1	9讲\181页	李宜琛		民国三十五年(1946)	正中书局	

丁、劳工问题

书名	册数	章数或页数	译著者	原著者	出版年	出版处	备注
中国劳工问题	1		马超俊		民国十六年(1927)	民智书局	
劳动问题与劳动法	1		李剑华		民国十七年(1928)	太平洋书局	
中国劳工问题	1	9章\626页	陈达		民国十八年(1929)	商务印书馆	
中国妇女劳动问题	1		钟贵阳		民国二十一年(1932)	女子书店	
劳动问题大纲	1		陈振鹭		民国二十年	大学书店	
今日中国劳工问题		14章\462页	骆传华		民国二十二年(1933)	青年协会	
中国劳工问题		9章\224页	何德明		民国二十六年(1937)	商务印书馆	
现代中国劳资问题		10章\265页	孙本文		民国三十二年(1943)	同上	即现代中国社会问题第四册
国际劳工组织		6章\88页	程海峰		民国三十三年(1944)	正中书局	

戊、农村问题

书名	册数	章数或页数	译著者	原著者	出版年	出版处	备注
农村问题	1	98 页	杨开道		民国十九年（1930）	世界书局	
中国农民问题的研究	1		文公直		民国十八年（1929）	三民书店	
农村问题与社会理想	1		刘钧译	那须浩（日）	民国二十年（1931）	神州国光社	
中国农村问题	1		太平洋书店		民国二十二年（1933）	太平洋书店	
中国农村问题之研究	1		翟克		民国二十二年（1933）	中山大学	
中国农村之改进	1		蔡衡溪		民国　年*	河南教育厅	
中国农村问题	1		钱亦石		民国二十四年（1935）	中华书局	
农村复兴之理论与实际	1		章鹏若		民国二十三年（1934）	商务印书馆	
中国农村问题	1		李景汉		民国二十六年（1937）	同上	
乡村建设理论	1	甲乙丙部\472 页	梁漱溟		民国二十六年（1937）	邹平乡村书店	
现代中国农村问题	1	8 章\229 页	孙本文		民国三十二年（1943）	商务印书馆	即现代中国社会问题第三册

己、其他问题

书名	册数	章数或页数	译著者	原著者	出版年	出版处	备注
中国天灾问题	1		黄泽苍		民国二十四年（1935）	商务印书馆	
难民的东北流亡	1		陈翰笙		民国九年（1920）	中央研究院	
饥荒的中国	1		吴鹏飞译	Mallory（美）	民国	民智书局	
失业问题研究	1		鲁竹书		民国	世界书局	

* 原文如此，经查核，应为民国二十三年。——编者注

婚姻问题总论	1		郝伯珍		民国	大公报	
妇女问题	1		张佩芬		民国	商务印书馆	
妇女问题的各方面	1		金仲华		民国	开明书店	
中国妇女问题	1	3 章\222 页	郭箴一		民国二十六年(1937)	商务印书馆	
中国贫穷问题	1	12 章\416 页	柯象峰		民国二十四年(1935)	正中书局	
劫后灾黎	1	166 页	吴景超		民国三十六年(1947)	商务印书馆	
自杀问题	1	180 页	石涵泽		民国十九年(1930)	华通书局	

(四)社会心理学类

书名	册数	章数或页数	译著者	原著者	出版年	出版处	备注
群众心理	1		吴旭初译	Le Bon(法)	民国九年(1920)	商务印书馆	
群众	1		钟建闳译	Le Bon(法)	民国	泰东书局	
民族进化的心理定律	1		张公表译	Le Bon(法)	民国	商务印书馆	
革命心理	1	3 篇	杜业师译	Le Bon(法)	民国十六年(1927)	同上	
社会心理学绪论	2	上 295 页\下 171 页	刘延陵译	McDougall(美)	民国十一年(1922)	同上	
社会心理学	1	14 章\311 页	金本基译	Ellwood(美)	民国	同上	
社会心理之分析	1	13 章\232 页	梁启勋译	Wallas(英)	民国十二年(1923)	同上	
社会心理学新论	1	7 章\155 页	陆志韦		民国十三年(1924)	同上	
群众心理及自我的分析	1	12 章\114 页	夏斧心译	Freud(奥)	民国十八年(1929)	开明书店	
社会心理学	1	15 章\491 页	赵演译	Allpot(美)	民国二十年(1931)	商务印书馆	
群众心理学	1	9 章\162 页	高觉敷		民国二十三年(1934)	中华书局	
社会心理学根本原则	1		刘天予		民国	大公报	
社会心理学史	1	3 章\94 页	高觉敷译	Young(美)	民国二十四年(1935)	商务印书馆	

群众心理与群众领导	1		张九如		民国二十四年(1935)	同上	
听众心理学	1	11章\138页	张孟休		民国三十七年(1938)	商务印书馆	
心理社会学论	1	29章\261页	刘宝环译	Palante(法)	民国二十六年(1937)	商务印书馆	
谣言的心理	1	6章\68页	陈雪屏		民国二十八年(1939)	同上	
听众心理学	1	13章\223页	阮春芳译	Hollingworth(美)	民国三十二年(1943)	中国文化服务社	
群众心理	1	20页	萧孝嵘		民国三十四年(1945)	军委会干训班	
信仰心理	1	7篇\72页	陈坚节译	Halbwachs	民国三十四年(1945)	商务印书馆	
社会心理学	2	30章\552页	孙本文		民国三十五年(1946)	同上	

(五)社会思想与社会学史类

甲、社会思想

书名	册数	章数或页数	译著者	原著者	出版年	出版处	备注
社会思想ABC	1	123页	徐逸樵		民国十八年(1929)	世界书局	
社会思想史	1		钟兆麟译	Bogardus	民国二十一年(1932)	同上	
社会思想史	2	28章\764页	徐卓英、顾润卿译	Bogardus	民国二十六年(1937)	商务印书馆	即上书之另一译本
近世社会思想史纲	1	6篇\363页	张资平译	小泉信三(日)	民国二十四年(1935)	大东书局	
中国社会思想史	1	5章\96页	郭真		民国十八年(1929)	平凡书局	
先秦诸子政治社会思想述要	1		嵇文甫		民国二十三年(1934)	开拓书店	
先秦社会思想小史	1		汪波			三民书店	
社会思想	1	31章\208页	孙本文		民国三十四年(1945)	商务印书馆	

乙、社会学史

书名	册数	章数或页数	译著者	原著者	出版年	出版处	备注
社会学史要	1	7 章\121 页	易家钺		民国十年(1921)	商务印书馆	
社会学史纲	1	5 章\135 页	李剑华		民国十九年(1930)	世界书局	
近世六大家社会学	1	6 章\216 页	崔载阳		民国十九年(1930)	民智书局	
近世社会学成立史	1	4 章\228 页	刘叔琴译	加田哲二(日)	民国二十年(1931)	开明书店	
近世社会学成立史	1	4 章\223 页	李培天译	同上	民国十八年(1929)	启智书局	即上书之另一译本
当代社会学学说	1	14 章\1284 页	黄凌霜译		民国二十四年(1935)	商务印书馆	
近代各国社会学思想史	1		叶法无		民国二十三年(1934)	大陆书局	
法国现代社会学	1		杨堃译	Dieat(法)	民国二十二年(1933)	建设图*	
社会学小史	1	4 章\82 页	魏重庆		民国二十九年(1940)	商务印书馆	
世界著名社会学家之生平及其学说	1	90 页	陈定闳		民国三十五年(1946)	同上	
近代社会学发展史	1	8 章\227 页	孙本文		民国三十六年(1947)	同上	

(六)农村社会学类

书名	册数	章数或页数	译著者	原著者	出版年	出版处	备注
农村社会学	1	19 章\113 页	顾复		民国十三年(1924)	商务印书馆	
农村社会学	1	8 章\118 页	杨开道		民国十八年(1929)	世界书局	
农村社会学概论	1	17 章\454 页	言心哲		民国二十三年(1934)	中华书局	
农村社会学导言	1	7 章\128 页	言心哲		民国二十六年(1937)	同上	
农村社会学大纲	1	508 页	冯和法		民国二十一年(1932)	黎明书局	

* 原文如此，本书应于民国二十年(1931)由建设图书馆出版。——编者注

中国农村社会经济学	1	19 章\458 页	乔启明		民国三十四年(1945)	商务印书馆	
乡村社会学纲要	1	16 章\461 页	童润之		民国三十年(1941)	正中书局	
农村社会学史	1	13 章\195 页	韩云波译	铃木荣太郎(日)	民国三十三年(1944)	同上	

(七)都市社会学类

书名	册数	章数或页数	译著者	原著者	出版年	出版处	备注
都市社会学	1	4 章\84 页	吴景超		民国十八年(1929)	世界书局	
都市社会学原理	1	10 章\270 页	邱致中		民国二十三年(1934)	有志书屋	
实用都市社会学	1		邱致中		民国二十三年(1934)	同上	
都市论	1		林肇民译	米田庄太郎(日)	民国	新生命书局	

(八)社会学方法类

书名	册数	章数或页数	译著者	原著者	出版年	出版处	备注
社会学方法论	1	7 章\191 页	许德珩译		民国十三年(1924)	商务印书馆	
社会调查之原理及方法	1	221 页	蔡毓骢		民国十六年(1927)	北新书局	
社会调查方法	1	7 章\176 页	樊弘		民国十六年(1927)	商务印书馆	
农村调查	1		黄枯桐		民国十八年(1929)	同上	
乡村社会调查大纲	1	210 页	冯锐		同上	中华平民教育促进会	
社会调查方法	1		于恩德		同上	文化社	
社会研究法	1	9 章\128 页	杨开道		民国十九年(1930)	世界书局	
农村调查	1	5 章\116 页	同上		同上	同上	
实地社会调查方法	1	16 章\470 页	李景汉		民国二十二年(1933)	北平星云堂书店	
社会调查方法	1	16 章\692 页	言心哲		同上	中央大学讲义	

社会调查大纲	1	273页	同上		民国二十三年(1934)	中华书局	
农村社会调查	1	9章\380页	张锡昌		同上	黎明书局	
社会统计	1	16章\253页	曾乐平		民国二十四年(1935)	商务印书馆	
社会调查与统计学	1	38章\618页	陈毅夫		民国二十五年(1936)	江苏教育学院	近于三十六年八月改由商务重版分两册38章637页
社会研究法	1	203页	钱亦石、詹哲尊	Webb & Webb	民国二十七年(1938)	商务印书馆	
社会调查纲要	1	9章\100页	汪龙		民国三十三年(1944)	重庆商务日报	
乡村社区实地研究法	1	15章\130页	张少微		民国三十一年(1942)	文通书局	
社会调查	1	8章\75页	李景汉		民国三十三年(1944)	中央训练团	
农村社会调查方法	1	15章\212页	张世文		同上	商务印书馆	
社会调查方法与表格	1		孙本文				

(九)社会事业与社会行政类

书名	册数	章数或页数	译著者	原著者	出版年	出版处	备注
社会事业	1	187页	李剑华		民国十九年(1930)	世界书局	
社会事业	1		毛起鵕		同上	同上	
社会事业大纲	1		祁森焕			著者书店	
社会保险之理论与实际	1	7章\262页	吴耀麟		民国二十一年(1932)	大东书局	
社会事业与社会建设	1	13章\188页	言心哲主编		民国三十年(1941)	独立出版社	
社会事业与社会行政	1		马宗荣		民国三十一年(1942)	文通书局	
中国社会服务事业	1	4章\126页	王克		民国三十二年(1943)	商务印书馆	

民生主义与社会保险	1	5 章\82 页	祝世康		同上		
社会个案工作概要	1	8 章\130 页	吴榆珍		民国三十三年(1944)	中华书局	
医院社会工作	1	8 章\114 页	邹玉阶、宋思明		同上	同上	
社会保险	1	5 章\82 页	林良桐		同上	正中书局	
精神病之社会的因素与防治	1	9 章\74 页	宋思明		同上	中华书局	
社会救济	1	12 章\220 页	柯象峰		同上	正中书局	
战时社会救济	1		陈凌云		同上	商务印书馆	
现代社会事业	1	41 章\396 页	言心哲		同上	商务印书馆	
社会工作导论	1	7 章\126 页	蒋旨昂		同上	同上	
社会救济行政	1	4 章\179 页	陈续先		同上	同上	
边疆社会工作	1	7 章\84 页	李安宅		同上	中华书局	
战时社会行政研究	1	138 页	曾友松		同上	正中书局	
社会行政与社会事业	1		中山大学社会研究所		同上	广州中山大学	
社会行政概论	1	30 篇\184 页	孙本文等		同上	中国文化服务社	
社会保险概论	1	8 章\52 页	陈煜堃		民国三十五年(1946)	经纬社	
比较社会政策	2		马超俊、余长河		同上	商务印书馆	
社会行政概论	1	2 章\99 页	黄永滋		同上	福建改造出版社	
区位儿童福利个案工作	1	8 章\100 页	关瑞梧、李槐春		民国三十六年(1947)	中华书局	

(十)其他社会学研究类

书名	册数	章数或页数	译著者	原著者	出版年	出版处	备注
社会改造原理	1	250 页	王岫庐		民国九年(1920)	群益书社	

社会与教育	1	14 章\262 页	陶孟和		民国十一年（1922）	商务印书馆	
社会结构学	1	104 页	伏庐译	Russell（英）	同上	同上	
社会学上之文化论	1	6 章\161 页	孙本文		民国十六年（1927）	北平朴社	
文化与政治	1	2 章\230 页	许仕廉		民国十八年（1929）	同上	
社会约制	1	5 章\93 页	吴泽霖		民国十九年（1930）	世界书局	
文化社会学	1	3 章\271 页	张资平、杨逸棠译	关荣吉（日）	同上	乐群书店	
共同社会与利益社会	1		杨正宇译	波多野鼎（日）	民国	太平洋书局	此系德国 Tönnies 原著的节译本
德国系统的社会学	1	4 章\230 页	黄凌霜译	Abel（美）	民国二十一年（1932）	华通书局	
国民革命之社会学	1	6 章\175 页	袁业裕译	新明正道（日）	民国二十七年（1938）	商务印书局	
两性社会学	1	31 章\312 页	李安宅译	Malinowski（英）	民国二十六年（1937）	同上	
知识社会学	1	6 章\93 页	李安宅译	Mannheim（英）	民国三十三年（1944）	同上	
文化论	1	31 节\168 页	费孝通译	Malinowski（英）	同上	同上	
人文类型	1	7 章\157 页	费孝通译	Firth（英）	同上	同上	
社会学与教育	1	16 节\71 页	许孟瀛译	Roucek（美）	民国三十六年（1947）	同上	
第四种国家的出路	1	4 章\237 页	吴景超		民国二十六年（1937）	同上	
中国文化的出路	1	7 章\145 页	陈序经		民国二十三年（1934）	同上	
社会正义论	1	11 章\265 页	胡泽译	Hobhouse（英）	民国二十四年（1935）	同上	
社会分工论	1	576 页	王力译	同上		同上	
初民社会	1	560 页	吕叔湘译	Lowie（美）	民国二十四年（1935）	商务印书馆	
社会法则	1	392 页	黄文山译	Har（美）	同上	同上	
派克社会学论文集	1	314 页	燕京大学		民国二十二年（1933）	燕京大学	
教育社会学	1	226 页	雷通群		民国二十二年（1933）	商务印书馆	

(十一)社会实地调查类(以中文本为限)

书名	册数	章数或页数	译著者	原著者	出版年	出版处	备注
社会调查——沈家行实况	1	11章\172页	张镜予		民国十三年(1924)	商务印书馆	
翟城村	1		米迪刚等		民国十四年(1925)	北平中华报社	
广东番禺河南岛五十七村乡村调查	1	4篇\58页	冯锐		民国十四年(1925)	东南大学教育科	
成府人口调查	1		房福安		民国十七年(1928)	燕京大学	
北平郊外之乡村家庭	1	8章\151页	李景汉		民国十八年(1929)	商务印书馆	见前家庭问题类
北平生活费之分析	1	9章\92页	陶孟和		民国十九年(1930)	同上	
塘沽工人调查	1		林颂河			社会调查所	
社会调查汇刊	1	11章\59表	北平市社会局		同上	北平市社会局	
上海工人生活程度的一个研究	1		杨西孟		民国	社会调查所	
山东中兴煤矿工人调查	1		施裕寿等			社会调查所	
江阴社会调查	1	11篇\59页	江阴县党部整委会		民国十九年(1930)	江阴县党部	
浙江八县农村调查报告	1				同上	浙江大学农学院	
松花江下游的赫哲族	2	694页	凌纯声		民国二十二年(1933)	中央研究院	
定县社会概况调查	1	17章\828页	李景汉		民国二十二年(1933)	中华平民教育促进会	
江宁县淳化镇乡村社会之研究	1	45页	乔启明		民国二十三年(1934)	金陵大学农学院	
上海市人力车夫生活状况调查报告书	1	5章\184页	刘保衡等		同上	上海市社会局	
泗阳县社会调查	1	10章\46页	朱汉章		同上	泗阳县党部	

沙南疍民调查报告	1			同上	岭南社会研究所
华北农村问题的实际考察	1		王镜铭	同上	
南京贫儿调查	1	120页	言心哲	同上	中央大学
南京社会	1		社会局	民国二十四年(1935)	南京社会局
旧凤凰村社会调查报告	1	10章\70页	伍锐麟	同上	岭南大学
两广瑶山调查	2	140页	庞新民	同上	中华书局
农村家庭调查	1	6章\152页	言心哲	同上	商务印书馆
南宁社会概况	1		广西省府统计室	民国二十六年(1937)	广西省府
南洋华侨与闽粤社会	1		陈达	同上	北平京华书局
衡山社会概况调查	1		张世文	同上	中华平民教育促进会
成都市生活费之研究	1	4章\86页	杨蔚	民国二十九年(1940)	金陵大学农学院
西康社会之鸟瞰	1	9章\102页	柯象峰	同上	正中书局
社会调查集刊	2		龙冠海主编	同上	自印
炉山黑苗的生活	1	8章\75页	吴泽霖、陈国钧	民国二十九年(1940)	大夏大学社会研究部
赣县七鲤乡社会调查	1		李柳溪	民国三十年(1941)	江西干训团
四川省选县户口普查总报告	1	5章\174页	主计处统计局	民国三十二年(1943)	统计局
北碚社会概况调查	1		社会部统计处	同上	社会部
昆厂劳工	1		史国衡	同上	商务印书馆
禄村农田	1		费孝通	同上	同上
成都社会概况调查	1		社会部统计处	民国三十三年(1944)	社会部

雷波小凉山之倮民	1		徐益棠	同上	自印
云南省户籍示范工作报告	1	9章\384页	陈达等	同上	清华大学国普查研究所
云南呈贡昆阳户籍及人事登记报告	1	10章\248页	陈达	民国三十五年(1946)	同上油印本
战时的乡村社区政治	1	7章\126页	蒋旨昂	民国三十三年(1944)	商务印书馆
凉山夷家	1	9章\133页	林耀华	民国三十六年(1947)	同上
西北游牧藏区之社会调查	1	10章\168页	俞湘文	同上	同上
疍民的研究	1	10章\212页	陈序经	同上	同上
新疆史地及社会	1	13节\56页	陈希豪	同上	正中书局

二、中国各大学社会学教授姓氏录(以笔划为次\包括副教授、讲师在内)

——民国三十六年十二月调查

姓名	籍贯	出身	任职学校	备考
方与约	美国		岭南大学	原名 Fisher
王政	云南	留美	前中央大学	
王克		留日	社会教育学院	
王燕生	北平		四川大学	
王启树			乡村建设学院	
尹德华			中山大学	
毛起鵕	江苏		中央大学	
史迈士	美国		金陵大学	原名 Snrythe
左任侠		留法	沪江大学	
朱亦松	江苏	留美	社会教育学院	
朱约庵	江苏	留美	中央大学	
吉志廷		留美	辅仁大学	
李瓘		留美	前金陵大学	
李景汉	河北	留美	清华大学	
李剑华	四川	留日	前复旦大学	

李泰华	山东	留英	前中央大学	
李树青	辽宁	留美	清华大学	
李安宅	河北	留美	华西大学	
吴桢		留美	金陵大学	
吴文藻	江苏	留美	前燕京大学	
吴景超	安徽	留美	清华大学	
吴泽霖	江苏	留美	清华大学	
吴百思	广东	留美	中央大学	
吴文晖	广东	留英	中央大学	
吴榆珍	浙江	留美	金陵女子文理学院	
何联奎	浙江	留英	中央大学	
何德鹤	安徽	留法	复旦大学	
何昌明	广东	留美	金陵大学	
余天休	广东	留美	前齐鲁大学	
汪德亮	广东	留美	齐鲁大学	
岑家梧	广东	留日	中山大学	
言心哲	湖南	留美	复旦大学	
林耀华	福建	留美	燕京大学	
林嘉通	福建	留美	燕京大学	
林楚君	广东		广东法商学院	
周信铭	广东	留美	中山大学	
邱长康	福建	留德	前中央大学	
金武周			沪江大学	
柯象峰	安徽	留法	金陵大学	
胡体乾	吉林	留美	前齐鲁大学	
胡鉴民	江苏	留法	四川大学	
胡庆钧			云南大学	
范定九	湖南	留美	金陵大学	
范伯仁			辅仁大学	
俞庆棠	江苏	留美	江苏教育学院	
姜蕴刚	四川		华西大学	
孙本文	江苏	留美	中央大学	
郝继隆	美国		中央大学	原名 O'Hara
时昭瀚	湖北	留美	前光华大学	
高达观	安徽	留法	中山大学	
高惠亚	美国		岭南大学	原名 Cower
高植	安徽		中央大学	
高迈	江苏		前复旦大学	
徐益棠	浙江	留法	金陵大学	
徐蕴辉	山东	留美	复旦大学	
倪逢吉	浙江	留美	燕京大学	
桂丹华	安徽	留法	前中央政治学校	
梁钊韬	广东		中山大学	

马长寿	山西		金陵大学	
康宝忠	陕西	留日	前北京大学	
许仕廉	湖南	留美	前燕京大学	
许德珩	江西	留法	北京大学	
许烺光	广东	留英	前云南大学	
张鸿钧	河北	留美	前燕京大学	
张春江	江苏	留美	沪江大学	
张世文	河北		华西大学	
张雪岩	山东	留美	燕京大学	
张少微	安徽	留美	社会教育学院	
张迦陵	广东	留法	东吴大学	
张镜予	浙江		前大夏大学	
张宗颎		留美	南开大学	
张子毅		留美	云南大学	
陈达	浙江	留美	清华大学	
陈文仙	福建	留美	金陵大学	
陈仁炳	广东	留美	圣约翰大学	
陈跃云	广东	留美	珠海大学	
陈序经	广东	留美、德	南开大学	
陈钟声	浙江	留美	前中央大学	
陈汉标	广东	留美	岭南大学	
陈定闳	江苏		中央大学	
陶孟和	北平	留英	前北京大学	
郭骥	浙江	留英	中央大学	
毕高恩	美国		沪江大学	原名 S. K. Bigham
傅尚霖	广东	留英	中央大学	
乔启明	山西	留美	前金陵大学	
汤铭新	江西	留美	金陵女子文理学院	
华丁夷	江苏		前上海法学院	
温广汉	安徽	留英	前西北大学	
黄文山	广东	留美	中山大学	
黄迪	福建	留美	前燕京大学	
黄翠凤	广东	留美	岭南大学	
费孝通	江苏	留英	清华大学	
冯汉骥	湖北	留德	华西大学	
喻兆明	安徽	留美	复旦大学	
雷勉	美国		辅仁大学	
雷洁琼	广东	留美	燕京大学	
葛维翰	美国		华西大学	
董家遵	广东		中山大学	
熊芷	湖南	留美	前乡村育才院	
叶法无		留法	前中央政治学校	
赵承信	广东	留美	燕京大学	

杨堃		留法	北平中国学院
杨开道	湖南	留美	上海商学院
刘子明	山东	留德	辅仁大学
刘蕖	广东	留日	中山大学
刘绪贻	湖北	留美	武汉大学
刘桂灼		留美	乡村建设学院
刘及辰	河北	留日	社会教育学院
潘光旦	江苏	留美	清华大学
蒋旨昂	河北	留美	华西大学
邓深泽	湖南	留日	前中央大学
邓金鎏		留美	燕京大学
蔡尚思			沪江大学
慎闻达	浙江	留美	暨南大学
郑德超		留美	协和大学
郑安仑			大夏大学
卫惠林	山西	留法	东方语专
钱长本	江苏	留美	东吴大学
龙冠海	广东	留美	金陵女子文理学院
应成一	浙江	留美	复旦大学
谢征孚	湖南	留法	中央大学
谢健弘	广东	留美	广东法商学院
谢哲邦	广东	留美	前中山大学
戴世光		留美	燕京大学
简贯三	河南	留日	前河南大学
萧鼎瑛	江苏		前金陵大学
瞿菊农	江苏	留美	前乡村育才院
邝炯燊	广东	留日	贵州大学
魏重庆	浙江	留日	辅仁大学
罗荣宗	四川	留美	华西大学
罗振菴			云南大学
罗致平	广东		岭南大学
关威廉	美国		辅仁大学
关瑞梧	广西	留美	燕京大学
严景耀	浙江	留美	燕京大学
苏克友	广东	留美	前东吴大学
苏希轼	江苏		大夏大学
苏汝江	四川	留美	清华大学
钟爱华	美国		岭南大学
龚贤明	浙江	留比	前中央大学
Pommerenki	美国		岭南大学
Knecht	美国		岭南大学
Putnan	美国		岭南大学

孙本文先生学术年表*

1892 年(光绪十七年)

1 月,生于江苏省吴江县。

1909 年(宣统元年)

考入位于苏州的江苏两级师范学校就读。

1915 年

8 月,考取北京大学文科哲学门。

1916 年

秋季,选修由康宝忠(心孚)教授在北京大学讲授的社会学课程,这也是中国现代国立大学首次开设的社会学课程。

1918 年

毕业于北京大学文科哲学门。同年任教于南京高等师范附属中学。

1920 年

考取为江苏省公费留美学生。翌年 4 月赴美,7 月就读于伊利诺大学(University of Illinois)研究院。

1922 年

获伊利诺大学社会学硕士学位。同年进入哥伦比亚大学(Co-

---

* 本年表由陆远撰写。

lumbia University)研究院,攻读社会学、社会心理学与统计学课程。在校期间,受美国早期重要社会学者 F. H. Giddings、R. S. Woodworth、W. F. Ogburn 等人影响较大。

1924 年

7 月,进入纽约大学(New York University)研究院,主修方向为社会学、高级社会心理学、教育心理学及统计学。翌年 6 月,获得纽约大学哲学博士学位,博士论文题为《美国对华舆论之分析》(*China in the American Press: A Study in the Basis and Trend of American Public Opinion toward China as Revealed in the Press*)。同年,进入芝加哥大学(University of Chicago)进行博士后研究。

1926 年

自美回国。在复旦大学社会学系任教授,讲授社会调查、社会学、社会问题、社会心理学等课程。

1927 年

《社会学上之文化论》由北平朴社出版,是归国后第一本公开出版的著作。本年,又有《社会问题》一书,由世界书局出版。

1928 年

由孙本文、潘光旦等人倡议,上海、南京等地各大学社会学者十余人共同组织"东南社会学会",孙本文当选为常务委员兼会刊《社会学刊》编辑主任。

本年出版著作 3 种:《社会学 ABC》、《人口论 ABC》(均为世界书局出版发行),《文化与社会》(上海东南书局出版发行)。

1929 年

2 月,担任中央大学社会学系教授。此后直至逝世,一直在该校任教。秋季起,兼任社会学系主任。冬季,"东南社会学会"扩大为全国性的社会学学术组织“中国社会学社”,其会刊《社会学刊》仍由孙本文担任主编。

自本年开始,组织并主编出版“社会学丛书”,其中包括孙氏自著3种:《社会学的领域》、《社会的文化基础》、《社会变迁》。此外12种,由孙本文约请国内知名社会学者撰写。

本年发表的重要论文有:“孙末楠的学说及其对于社会学的贡献”(《社会学刊》1卷1期)、“文化与优生学”、“再论文化与优生学”(《社会学刊》1卷2期)、“文化的传播及其选择作用”(《国立中央大学半月刊》1卷1期)等。

1930年

2月,“中国社会学社”成立大会暨第一届年会在上海举行,当选为第一届正理事(理事长)、社长兼《社会学刊》编辑主任。兼任国民政府教育部高等教育司司长、中华教育文化基金会董事。

本年发表的重要论文有:“中国文化研究刍议”(《社会学刊》1卷4期)、“人口问题中之文化要素”(《国立中央大学半月刊》1卷14期)等。

1931年

2月,参加在南京举行的“中国社会学社”第二届年会,作“中国社会学之过去、现在和未来”主题讲演,继续当选为正理事。

主编《社会学大纲》由世界书局出版。

年底,辞去教育部高等教育司司长职务。

1932年

中央大学社会学系撤销,改任学校教务长,并仍在哲学系社会学组授课。

主编《中国人口问题》由世界书局出版。

1934 年

8 月，中央大学社会学系恢复，仍担任系主任。

编著《社会学用书举要》由中国社会科学出版部出版，主编《从社会学到社会问题》由中华书局出版。

1935 年

2 月，赴上海参加“中国社会学社”第四届年会。

代表著作《社会学原理》由商务印书馆出版，前后再版 11 次。

本年另有“现代社会心理学之流派及其最近趋势”（《东方杂志》32 卷 7 号）等论文发表。

1936 年

1 月，在南京参加“中国社会学社”第五届年会。

发表“关于社会建设的几个基本问题”（《社会学刊》5 卷 1 期）等论文。

1937 年

1 月，赴上海参加“中国社会学社”第六届年会。

秋冬之交，因中日战事，南京危急，随校迁往四川重庆沙坪坝。

本年发表的重要论文有：“中国文化在世界上的地位”（《政治季刊》1 卷 2 期）、“现代社会学的起源、发展及其最近趋势”（《社会学刊》5 卷 2 期）等。

1939 年

著作《中国社会问题》由青年书店出版，主编《社会组织》由世界书局出版。本年起，担任国立编译馆社会学名词审查委员会主任委员。

1941 年

兼任中央大学师范学院院长。

本年发表“中国农村问题”、“中国农村建设运动”(《青年中国季刊》1 卷 3 期)等论文。

1942 年

担任中央大学社会学系主任、教授、师范学院院长。

经国民政府教育部学术审议委员会评议,被聘为 30 位“部聘教授”之一。同时担任国民政府考试院考选委员会典试委员,担任社会学与社会行政学科的出题、阅卷等事宜。

《现代中国社会问题》第一册《家族问题》由重庆商务印书馆出版。

1943 年

2 月,“中国社会学社”第七届年会因为战争原因,分重庆、成都、昆明三地举行,在重庆参加年会,并与柯象峰、陈达一同当选为常务理事。

《现代中国社会问题》第二册《人口问题》、第三册《农村问题》、第四册《劳资问题》由商务印书馆出版。

1944 年

中国社会学社与国民政府社会部合办《社会建设》月刊,担任主编。

本年发表的重要论文有:“社会学体系发凡”(《国立中央大学社会学科季刊》1 卷 2 期)、“社会学之近今趋势”、“社会心理学之近今趋势”(《国立中央大学社会学科季刊》2 卷 1 期)、“社会学与社会行政”(《社会建设》创刊号)、“近时社会学上一种新理论——S 学说”(《东方杂志》40 卷 16 期)等。

1945 年

著作《社会思想》由商务印书馆出版。

1946 年

抗战胜利后，随中央大学由重庆迁回南京。

代表著作《社会心理学》由商务印书馆出版。

1947 年

兼任中央大学社会学研究所主任。

参加“中国社会学社”第八届年会，宣读“国内二十位社会学者对于社会学上几个基本问题的意见”，草拟“中国社会学今后应取之途径”，第三次当选为学社理事长。

著作《近代社会学发展史》由商务印书馆出版。

1948 年

为纪念社会学系成立暨孙本文系主任执教二十周年，中央大学社会学系特设立奖学金。

参加“中国社会学社”第九届年会，宣读论文“二十年来之普通社会学”。

代表著作《当代中国社会学》由南京胜利出版公司出版。

此外，主编《现代社会科学趋势》由商务印书馆出版，另有“晚近中国社会学发展的趋向”(《社会学刊》6 卷)、“社会建设的基本知识”(《社会建设》复刊 1 卷 1 期)、“现代社会学研究的范围”(《学原》2 卷 3 期)等论文及若干社会调查报告发表。

1949 年

4 月，担任中央大学第二届“校务维持委员会”主席，率领师生维持学校秩序，直至 5 月将学校移交南京市军管会代表。

同年，“中央大学”更名为“南京大学”，社会学系撤销，并入政治系。

1950 年

担任南京大学政治系教授。同年，被聘为保卫世界和平委员会南京分会社会组研究员；参加南京市政协党史研究会；担任江苏省社科联理事、南京市经济学会理事、副理事长、《江海学刊》编委会委员等职。

1951 年

进入华东革命大学政治研究院学习并进行思想改造。

1953 年

担任南京大学地理系统计学教授。同年起担任江苏省政协委员。

1957 年

发表"八亿人口是最适宜的人口数量"（5 月 11 日《文汇报》）。

1962 年

发表"现代资产阶级社会学概况"（《江海学刊》1 月号）、"康有为和章太炎最早把资产阶级社会学传入中国"（《江海学刊》4 月号）。

1965 年

在南京大学讲授"哲学英语选读"课程。

1972 年

本年开始，参加了欧洲国别史和联合国文献资料的翻译工作。

1975 年

晚年仍坚持学术著述，有"评论德国古典哲学家黑格尔"等译著，及"现代西方资产阶级哲学流派简介"、"中国人口计划生育问题"等手稿。

1979 年

2 月 21 日，因病在南京逝世，享年 88 岁。

孙本文与20世纪上半叶的中国社会学*

周晓虹

20世纪上半叶是中国历史上一个充满矛盾和悖论的时代：一方面，王朝崩溃、军阀混战、外敌入侵、内战频仍将中国人民一次次置于水深火热之中；另一方面，民国初生、思潮汹涌、民情鼎沸、百业待兴也带给苦难的中国一次次重生的希望。在这一时期中，因急速的社会变迁而获得生命力的社会学，也在传入中国之后获得了第一次勃兴，尤其在1937年日本入侵之前达到了欧美以外的巅峰地位①，并且迄今难以超越。而赋予这一时期中国社会学以学术灵魂的，当属两大学派：其一是以吴文藻为代表的、在人类学调查和社区研究基础上发展而来的社会学"中国学派"②；其二是以孙本文为代表的、强调文化与心理因素对社会之影响的"综合学派"③。从某种意义上说，本文将讨论的孙本文及其代表的综合学派更是

---

* 谨以此文纪念孙本文先生诞辰120周年。

① 〔美〕大卫·阿古什：《费孝通传》，董天民译，时事出版社1985年版，第73页。O'Hara, Albert R., "The Recent Development of Sociology in China", *American Sociological Review*, 1961, 26(2): 928—929.

② 李培林："20世纪上半叶社会学的'中国学派'"，《社会科学战线》2008年第12期。

③ 郑杭生、李迎生："中国早期社会学综合学派的集大成者"，《江苏社会科学》1999年第6期。

彼时学院社会学中居于正宗地位的主流形态。①

一、儒家思想、西洋学术与马克思主义的三重洗礼

1892年1月23日,孙本文生于江苏省吴江县震泽镇吴溇乡张港村(现为七都镇吴溇村)②,后随父迁至邻近的薛埠村。张港和薛埠毗邻太湖,距离费孝通研究的吴江县庙港镇开弦弓村都不过十余公里,因此有着十分相近的农业生态,居民大多以蚕业为生。孙家虽为世代书香人家,长期以教书为业,但也以蚕业为辅,这甚至影响到孙家子女们的职业选择。③

孙本文4岁开始启蒙,在父亲孙禄开设的私塾中苦读10年。

① 早在1948年,燕京大学社会学系主任赵承信教授就提出,中国社会学的主要派别是:孙本文代表的文化学派和辩证唯物论派,但前者是在社会学界占优势的正宗、主流,后者尽管在青年中影响很大,但并非正宗(赵承信:"中国社会学的两大派",《益世报》1948年1月22日)。在这里,赵承信没有提及同在燕京的吴文藻及其学派,恐怕是将这一学派主要视为人类学而非社会学的学派。

② 在诸多有关孙本文的生平介绍中,都因混淆了阴历和公历日期,而误将孙本文的出生之年写成1891年(如许妙发:"论孙本文在旧中国社会学界的作用和影响",《社会》1984年第1期;陈树德:"孙本文和《社会学原理》",《读书》1984年第3期;韩明谟:《中国社会学史》,天津人民出版社1987年版)。准确地说,孙本文出生于清光绪十七年十二月二十四日,公历应为1892年1月23日(陈定闳:《孙本文研究》,未发表的研究手稿)。

③ 孙本文的弟弟孙本忠,后来成为中国著名的桑蚕专家,1949年前任中央大学桑蚕系主任、教授,1949年后任中国农业科学院桑蚕研究所研究员。其实,受到这样影响的还包括同属吴江的费孝通一家。不仅费孝通的姐姐费达生一生以蚕丝为业,而且还义无反顾地嫁给了自己的老师——中国蚕桑界的泰斗郑辟疆。选择蚕桑为业,也许和杨清媚所说的一样,也是那一代知识分子对乡土工业的一份"士绅的关怀"(参见杨清媚:《最后的绅士——以费孝通为个案的人类学史研究》,世界图书北京出版公司2010年版,第106页)。

13岁起先后在震泽镇明体学堂和吴江县立小学接受新式教育。1909年,小学毕业后的孙本文考入苏州的江苏两级师范学校,毕业后到吴江县立小学任教。1913年,孙本文以优异成绩考取北京大学哲学系。在大学四年中,孙本文一向学业优秀,而更为重要的是在三年级时,选修了留学日本的康宝忠(字心孚)教授首次开设的社会学课程。这不仅对他后来由哲学转向社会学的职业选择产生了极大的影响,而且因为康宝忠心仪美国社会学家富兰克林·吉丁斯(Franklin Henry Giddings,旧译"季亭史")的学说之故,孙本文一生也成为像吉丁斯一样具有鲜明心理还原主义色彩的社会学家。

1918年9月,大学毕业以后的孙本文受南京高等师范附中之聘,担任国文及哲学教员。1920年孙本文考取江苏公费留美生,翌年四月赴美。1921年7月—1922年6月,孙本文入美国伊利诺大学研究院,攻读社会学,并获伊利诺大学硕士学位。硕士毕业后,孙本文前往纽约,入哥伦比亚大学社会学系。哥伦比亚大学吸引孙本文的地方在于,它不仅设有仅晚于芝加哥大学的世界上第二个社会学系①,而且名师聚集,除了有"世界上第一批社会学教授"②之称的社会学系主任吉丁斯以外,还有因研究社会变迁而闻名遐迩的社会学家奥格本(William F. Ogburn,旧译"乌格朋"),以及在心理学系任教的社会心理学家加德纳·墨菲(Gardner Murphy)和罗伯特·伍德沃思(Robert S. Woodworth,旧译"吴伟士")。

① Faris, R., *Chicago Sociology*: *1920—1932*, San Francisco: Chandler Publishing Company, 1967, p. 11.

② 周晓虹:《西方社会学理论与体系(第一卷·经典贡献)》,上海人民出版社2002年版,第198页。

两年以后，因为考虑节省开支，在完成博士研究之后去芝加哥大学社会学系“朝圣”，孙本文从哥伦比亚大学转至纽约大学，师从美国早期社会学中心理学派的另一代表性人物莱斯特·沃德(Lester F. Ward)的追随者彭德尔(R. M. Binder)。1925年孙本文凭“美国对华舆论之分析”一文①，获纽约大学博士学位。这一年的9月，孙本文来到芝加哥大学社会学系，在短短的半年中，他选修了罗伯特·帕克(Robert Park)的“集体心理”以及埃尔斯沃斯·法里斯(Ellsworth Faris)的“高级社会心理学”和“社会态度”等课程，并受到托马斯(William Thomas，旧译“汤麦史”)等人的深刻影响。②

1926年，回到上海的孙本文在大夏大学担任了一学期课程后，于当年9月应聘担任复旦大学社会学系教授。3年后，孙本文应中央大学之邀，担任社会学系主任和教授，并在此后20年中先后任民国政府教育部高教司司长(1930—1932)、中央大学教务长、师范学院院长等职，1942年担任民国政府教育部首批“部聘教授”。1949年后中央大学改名为南京大学，1953年院系调整中社会学系被取消，孙本文调任地理系教授，讲授统计学及国民经济计划；1963年，孙本文调任政治系教授，从事资产阶级社会学之批判；1977年南京大学哲学系恢复后调任哲学系教授。1979年2月21日，孙本文病逝于南京。

综观孙本文的一生，可以说他早年受到了儒家思想和西洋学术的双重浸淫，晚年在强大的政治压力下，又开始接受马克思主义

① 孙本文博士论文的英文标题为：China in the American Press: A Study of the Basis and Trend of American Public Opinion toward China as Revealed in the Press。

② 参见本书第254、275页。

的熏陶。在人生的第一阶段，即4岁到13岁之间的整整10年中，孙本文熟读"四书五经"，接受了儒家思想的启蒙教育。孙本文所接受的这种传统教育十分正规，不仅因为在孙本文的童年和少年时代，中国的旧式教育尚未退出历史舞台（孙本文恰恰是在1905年废除科举之后开始接受新式教育的），而且因为孙家世代为儒，有"十三代秀才"之美誉，其祖父孙忆轩是秀才，其父孙禄是贡生，都以乡村塾师为生，这为孙本文的旧学打下了牢固的根基，并影响到他后来的社会学中国化之努力。

孙本文人生的第二个阶段，从1921—1949年，其中尤为重要的是1921—1926年留学美国的五年，这是他的学术思想形成的主要时期。在这五年中，孙本文受到了美国早期社会学中的心理学派的深刻影响，这种影响主要来自其攻读博士学位期间所在的哥伦比亚大学和纽约大学，也来自其后来短期访学的芝加哥大学。尽管芝加哥大学的社会学家对社会行为的解释持一种齐美尔式的互动观点，并不能够归入心理还原主义阵营，但他们和信奉心理主义的哥伦比亚大学的吉丁斯、纽约大学的彭德尔一样，都对社会心理学充满了浓厚的兴趣。① 孙本文的另一思想来源是文化学派的奥格本，尽管孙本文一再申明自己"属于综合派之林"②，而不是单纯的

① 事实上，在1930年前，社会心理学是美国社会学家的常规选择专业。据统计，1930年在美国社会学协会的1832名会员中，37%的人是社会心理学家；而到了1990年，这个比例在13265名会员中下降到19%。（参见Riley, Mathilda White, "Membership of the American Sociological Association:1950—1959", *American Sociological Review*, 1960, 25: 914—926; Ennis, James G., "The Social Organization of Sociological Knowledge: Structural Models of the Intersections of Specialties", *American Sociological Review*, 1992, 57: 259—265。）

② 见本书第255页。

文化学派或心理学派，但他又坚信“人类社会活动的根本活动的要素，就是心理影响和文化影响”①。我们后面会看到，这种观点事实上一直支配着1949年前孙本文长达二十余年的社会学学术生涯。

孙本文人生的第三个阶段，始自1949年，终于1979年，长达整整30年。尽管孙本文本人对中国共产党领导的革命并无反感，事实上他还积极支持第二个儿子孙世石参加中共的地下活动②，并于1949年在中央大学教授会的推荐下担任了校务维持委员会主任，积极护校，直到将中央大学移交至接管南京的军管会，但他对马克思主义理论的接受毕竟是被动的。1949年前，孙本文写道：“我人反对用唯物史观解释社会学，使社会学误为一种史观，一种主观的见解”③；而1949年后，迫于急速转变的政治形势，孙本文几度宣布“与资产阶级社会学”决裂④，转而学习马克思主义，甚至回信给向他索要著述的西方学者说：“我终于明白，我的所有著作只值得付之一炬，因此我无可奉送。以前我忽视了卡尔·马克思的著作的学习，现在我每天都要花几个小时来读他的书。请不要再来信。”⑤历史的吊诡在于，或许因为1949年前与国民政府走得太近，革命后的孙本文对政治乃至对自己的专业都报以谨慎的态度，这反而使他未像北京的社会学家一样因幻想着恢复社会学而在1957年

① 孙本文：《社会学ABC》，世界书局1928年版，第24页。

② 孙世石早年在清华大学求学时加入中国共产党，是“一二·九”运动学联领导党组成员之一，抗日战争期间在武汉附近牺牲，1949年后被授予“革命烈士”称号。

③ 孙本文：《社会学原理》（下册），商务印书馆1944年版，第632页。

④ 孙本文：“帝国主义时代资产阶级社会学的思想内容及其对旧中国的影响”，《新建设》1956年第11期；“坚决反对资产阶级社会学复辟”，《文汇报》1957年10月4日。

⑤ O'Hara, Albert R., “The Recent Development of Sociology in China”, *American Sociological Review*, 1961, 26(2): 928—929.

的“反右”斗争中被一网打尽。①

二、文化决定论与心理还原主义的综合学派

自1927年出版《社会学之上的文化论》一书至1949年的22年间，孙本文出版的个人著作有19种之多，其中最著名的有《社会学原理》(1935/1944)、《现代中国社会问题》(1942—1943)、《社会心理学》(1946)，以及《当代中国社会学》(1948)。在这些著作中，孙本文系统阐发了自己的社会学观点和理论体系。有意思的是，尽管孙本文一生鼓吹文化和心理两大因素对人类社会行为的决定性作用，但他却毫不犹豫地将自己列为“整体论者”或“综合学派”。在他看来，综合学派“代表一种综合的趋向。其要点在于认识社会的整个性及其各种因素的复杂性，并欲确立社会学派的体系”。②

尽管孙本文将自己归于“综合学派”，并一再声称“著者重视文化，同时也重视心理因素，而且亦不蔑视其他如地境及生物因素”③，但事实上真正贯穿其社会学研究的主要线索就是两条：文化

① 在1956年底到1957年上半年，非常积极活动欲图恢复社会学学科建制的包括陈达、吴景超、费孝通、吴文藻、潘光旦、雷洁琼、袁方等在北京的社会学家们。与孙本文不同，他们中的许多人在1949年前就与新生的红色政权有着千丝万缕的联系。后来，除了雷洁琼以外，他们几乎无一漏网，成了“右派分子”。而对社会学同样无法割舍的孙本文却采取了极其冷静的态度，在回信给问及恢复社会学事宜的前中央大学学生陈定闳时，孙本文写道：“此乃北方诸教授之主张，我愿观其变。”(陈定闳：《孙本文研究》，未发表的研究手稿)

② 见本书第270页。

③ 见本书第259页。

和心理，就像他多次表示的那样："著者个人见地，以受美国乌格朋、汤麦史两教授的影响为最大"[①]；而"人类社会行为的根本活动的要素，就是心理影响和文化影响"[②]。

孙本文的文化决定论观点来自于哥伦比亚大学教授威廉·奥格本。在1922年写成的《社会变迁》一书中，奥格本提出了后来为文化学派所恪守的两个原则：第一，社会变迁主要是文化的变迁，促成文化变迁的四大因素是发明、积累、传播和调适[③]；第二，"由于现代社会变迁的源泉主要在于物质文化"，而知识、信仰、制度和风俗等非物质文化或适应文化总是略慢一步，因此，在不同文化及其变迁之间存在差异，及所谓文化滞差或文化堕距(Culture Lag)。[④]

作为奥格本的弟子和传人，孙本文对上述文化理论的传播称得上不遗余力。不仅他自诩为"国内社会学界提倡重视文化研究的第一人"[⑤]，而且人们也公认"在中国，孙本文是第一个介绍和研究文化理论的，因此他被视为文化社会学家"。[⑥] 在他"最有分量的代表作"[⑦]《社会学原理》中，孙本文以一种与奥格本酷似的语气写道："文化为人类社会普遍的要素，无文化即无社会。人类之所以异于禽兽者以其有文化，故文化为人类的特产，亦即为人类所不可

① 见本书第275页。

② 孙本文：《社会学ABC》，第24页。

③ Ogburn, William F., *Social Change, With Respect to Culture and Original Nature*, New York: The Viking Press, 1950, p. 377.

④ Ogburn, William F., *Social Change, With Respect to Culture and Original Nature*, p. 200.

⑤ 见本书第259页。

⑥ Li, Hanlin and Others, "Chinese Sociology, 1898—1986", *Social Forces*, 1987, 65(3):612—640.

⑦ 韩明谟：《中国社会学史》，第120页。

或离的要素”；如果用简单的语言来说，“文化实为社会成立的基本要素”。[①] 既然孙本文和奥格本一样将文化视为社会的基本要素，他自然也会再进一步，在社会变迁和文化变迁之间划上等号：“社会变迁，简单说，就是社会现象的变迁”，而最终“社会变迁似只是文化变迁而已”。[②]

如果说孙本文的文化决定论的观点来自奥格本，那么他的心理还原主义的观点如上所述则来自一系列美国早期社会学家。按时间顺序，孙本文接受的影响先后来自哥伦比亚大学的吉丁斯、纽约大学的彭德尔和芝加哥大学的托马斯。其实，在这些人的背后，还有一个孙本文虽无直接接触，却无法摆脱其影响的布朗大学教授莱斯特·沃德。不仅彭德尔是沃德的学生，作为美国社会学会第一任主席，沃德事实上影响整整美国第一代社会学家，包括萨姆纳（William Sumner，旧译“孙末楠”）、吉丁斯、罗斯（Edward A. Ross）和埃尔伍德（Charles A. Ellword），“一直到20世纪二三十年代，我们还可以在社会学芝加哥学派对社会心理因素的强调中，发现莱斯特·沃德的精神踪迹”。[③]

美国第一代社会学家基本上都是倡导心理进化的还原主义者，是19世纪下半叶生物还原主义退场后的顶班人。此时，解释社会的力量已经不是斯宾塞时代的生物学，而是加布里尔·塔德（Gabriel Tarde）求助的心理学。比如，沃德就坚信：“社会力量也是在人的群体状态中发生作用的心理力量”[④]；而吉丁斯同样认定“社

① 孙本文：《社会学原理》，商务印书馆1935年版，第297—298页。

② 同上书，第544—545页。

③ 周晓虹：《西方社会学历史与体系（第一卷·经典贡献）》，第194—195页。

④ Ward, Lester F., *The Psychic Factors of Civilization*, Boston: Ginn & Co., 1893, p. 123.

会，就其词语原意来说，是指同伴关系、交谈和交往，一切真正的社会事实就其本质而言，都是心理事实"。①

从哥伦比亚大学到纽约大学，再到芝加哥大学，孙本文在美国的五年学术生涯决定了他与心理社会学进而与心理学主义的终生纠葛。他的心理还原主义倾向鲜明地表现为这样几个方面：(1)和自己的老师吉丁斯一样，孙本文认为社会事实就是心理事实，因为"从本质上讲，社会只是人与人的活动——人与人的行为；仅就这'行为'的观点说，竟可以把'社会'看作'心理'的现象"②；(2)既然"我们所见人类社会上种种方面的活动，无非是人类社会行为的表现"③，那么，十分自然的是，"社会学是研究社会行为的科学，凡与社会行为有关系的各种现象，社会行为的共同特点，以及社会行为间的互相关系，社会行为的规则及其变迁等，都在社会学研究范围之内"④；(3)受到托马斯的影响，孙本文对"社会态度"给予了高度的关注，并较早用此来解释在社会问题的浮现过程中主观建构的意义⑤，他意识到"社会问题的有无，须视社会上多数人态度为转移"，因此，"社会问题的产生，其关键在社会态度"⑥；其实，单单论及社会态度对社会问题的建构作用并不足以说明一个人就持有心理主义立场，孙本文的问题在：止步于此，未再进一步追述社会问

① Giddings, Franklin H., *Principle of Sociology*, New York: Macmillan, 1896, p. 3.

② 见本书第255页。

③ 孙本文：《社会学ABC》，第24页。

④ 孙本文：《社会学原理》(修订版上下册)，商务印书馆1944年版，第16页。

⑤ Blumer, H., "Social Problems as Collective Behavior", *Social Problem*, 1971, 18(3): 298—306; Spector M. & Kitsuse, J. I., *Constructing Social Problem*, Second Edition, New York: Aldine de Gruyter, 1987.

⑥ 见本书第254页。

题的客观基础,以及人们建构时所依赖的解释性框架还受制于客观的社会及舆论环境[①];(4)正因为信奉心理主义,作为中国社会学的一代宗师,孙本文的"社会心理学"用今天的眼光来看却并不属于"社会学家的社会心理学";我们这样说的理由在于,孙本文虽然"视'社会心理学'为社会学中一基本部门"[②],但他研究的却是"社会中个人的行为;一方面研究社会对于个人行为的影响,一方面研究社会所受个人的影响"[③],在这样的表述中,从齐美尔(Georg Simmel)到乔治·米德(George Mead)所倡导的个体和群体间的"互动"是没有位置的。因此,借用孙本文先生自己的话来说,他的"社会心理学亦可谓之'个人社会学'或'心理社会学'"。[④]

三、中国社会学的建设者与评论人

对于20世纪上半叶的中国社会学而言,孙本文最重要的贡献并不是上述社会学思想、体系和观点,而是1926—1949年的二十余年间,他对中国社会学学科的制度化建设所起的推动作用。我们知道,在社会学不到二百年的短暂历史中,美国人阿尔比恩·斯莫尔(Albion W. Small)是一个不可或缺的人物:1892年,他在芝加哥大学建立了世界上第一个社会学系;1895年,他创办了世界上第

① Gamson, William A., *Talking Politics*, New York: Cambridge University Press, 1992, p.52.

② 见本书第255页。

③ 孙本文:《社会心理学》,(台湾)商务印书馆1991年版,第21页。

④ 同上书,第22页。

一本社会学专业杂志——《美国社会学杂志》(AJS);1905年,他又创办了至今统治着美国社会学界的美国社会学协会的前身——美国社会学学会(American Sociological Society)。上述学术建制的重要性在1978年中国社会学的重建中再度体现出来:费孝通将“学会、研究所、学系、图书资料中心和书刊出版部”称为“五脏”,将与之对应的包括社会学概论、社会调查方法、社会心理学在内的六门课程称为“六腑”[①],费孝通为重建中国社会学的“五脏六腑”作出了卓越的贡献。

从某种意义上说,孙本文在20世纪上半叶的中国社会学中所扮演的角色,就是此前斯莫尔在美国社会学中的角色,或此后费孝通在1980年代重建中国社会学中的角色。虽然早在1903年严复就翻译了斯宾塞的《群学肄言》,成为“西洋社会学输入中国的起点”[②];1906年京师法政学堂首次开设社会学课程;1913年,美国人葛学博(Daniel Kulp Ⅱ)在上海私立沪江大学首创社会学系;甚至1922年留美社会学家余天休还创建了中国最早的社会学团体——中国社会学会,并出版了双月刊《社会学杂志》,但这些零散的努力在上世纪20年代之前并未形成气候,“中国社会学会”更是在成立不久便无形消散。[③] 历史似乎在等待着孙本文出山。

1928年,留学美国的吴景超博士回国出任金陵大学社会学系主任,途经上海时,复旦大学教授孙本文为吴景超洗尘,遍邀上海

① 费孝通:“关于社会学的几个问题”,《费孝通文集》第八卷,群言出版社1999年版,第287页。

② 许士廉:“中国社会学运动的目标经过和范围”,《社会学刊》1931年第2卷第2期。

③ 参见许妙发:“旧中国的社会学团体”,《社会》1983年第4期。

各大学社会学教授作陪。席间，清一色留美博士孙本文、吴景超、吴泽霖、应成一和钱振亚提议成立地区性的东南社会学会，10月学会成立，并出版会刊《社会学刊》，孙本文等出任首任编委。这一地区性学会的成立推动了全国性的社会学团体的成立。1929年，出任中央大学社会学系主任的孙本文联合北京的许士廉、陶孟和、陈达，以及东北的刘强，在原有东南社会学会的基础上，成立中国社会学社，并担任第一任正理事（会长）。1930年2月，中国社会学社在上海成立，《社会学刊》也改为中国社会学社会刊。

在此后近二十年内，尽管其间历经八年抗战，但中国社会学社仍先后召开过9次年会，主题涉及人口、家庭、社会规划和战后社会建设等等，而“中国社会学社”的中心人物是孙本文。① 鉴于中国社会学社是1949年前近三十年间中国社会学界“唯一的学社”②，孙本文在中国社会学社的地位事实上反映出他在整个中国社会学界的地位。作为那一时期中国社会学界的领头羊，孙本文不仅是社会学的建设者，而且常常跳出局外，充当了“首席评论人”的角色。我们这里一再引证的《当代中国社会学》就既是中国社会学的一部简史，也是其发展状况的一份诊断书。

在《当代中国社会学》开篇中，孙本文写道：“本书讨论当代中国社会学，似应限于现时中国流行的社会学；但现时流行的社会学是由过去社会学演进而来，不有过去，何有现在！而况中国社会学从西洋传入以来，甫逾50年，凡奠定中国早期社会学的基础之人，都是当代学者。因此，本书虽名为‘当代社会学’，实则无异一部中

① Wong, Siu-lun, *Sociology and Socialism in Contemporary China*, London: Routledge & Kegan Paul, 1979, p.21.

② 见本书第293页。

国社会学简史。”[①] 按照孙本文的自述，他撰写《当代中国社会学》的目的在：(1)使初学之人明了中国社会学的起源与发展的经过状况；(2)使初学之人能在此小册子中知道中国社会学发展时期中各种译著的性质与内容，以及各位社会学者的学历景况，借以明白中国社会学思想的来历及其流派。[②] 虽然孙本文一再声明，这本书是为“初学之人”了解中国社会学而撰写的，但显然作者更加希望通过这部著作对社会学在中国的50年历程做出历史性的总结。

《当代中国社会学》全书不过二十余万字，分为上下两编，但两编的篇幅却极不相称：上编占全书正文的80%，述及中国社会学的起源与发展，包括普通社会学、社会进化与社会变迁、社会问题、社会心理学、社会思想与社会学史、农村与都市社会学、社会学方法、社会事业与社会行政以及其他社会学等八个部门的发展进程，并在最后一章介绍了实地调查、社会学课程、社会学团体和刊物的具体情况；下编仅占全书正文的20%，讨论分析了20世纪上半叶中国社会学的主要派别和基本观点，其中包括注重心理、文化、生物、经济、整体(综合)、社会问题和社会实地调查等七个社会学学派。孙本文之所以能够在社会学界纵横捭阖，不仅在于他留学美国期间曾受到了最好的社会学训练，而且在于他回国后“始终参加这二十余年以来的社会学运动；比较对社会学有贡献的学者无不相熟，他们的个性和造诣大体上知道得还清楚”[③]，这一切使他成为那个时代中国社会学最合适的评论人。

令人遗憾的是，尽管此时的孙本文还无法猜测1949年的革命将会使旧中国的社会学遭遇何种命运，但作为20世纪上半叶中国

① 见本书第1页。
② 参见本书第5页。
③ 见本书第5页。

学院社会学的“掌门人”，他似乎已经觉察到一个时代的行将就木，而恰逢此时由他个人写成的《当代中国社会学》，庶几也就成了即将黯然退场的旧中国社会学家们的集体谢幕词。

四、从社会学建设走向社会建设

孙本文终生从教，是1949年前学院派社会学家的扛鼎式人物，但他并不是一个“一心只读圣贤书，两耳不闻窗外事”的“书呆子”。1949年前，孙本文就一直尝试着将所学知识服务于社会，这促使他力图从相对狭隘的社会学建设走向更为宽广的社会建设。

在一般人的头脑中，“社会建设”一词始于中国共产党的十六届四中全会(2004)，但事实上这一概念却早在1910年代和1930年代就曾两度流行。[①] 1917年，在张勋复辟之后，孙中山先生有感于中国民主政治建设的缺失，撰写了《民权初步(社会建设)》一文，其后收入《建国方略》，构成了他关于国家建设基本构想内容的重要组成部分；1935年，孙本文在《社会学原理》中专辟“社会建设与社会指导”一节，并于次年写成“关于社会建设的几个基本问题”，再作深入探讨；1943年，担任副理事的孙本文主持了以“战后社会建设问题”为主题的中国社会学社第7次年会，[②] 1944年更是

① 参见陆学艺：“关于社会建设的理论与实践”，《国家行政学院学报》2008年第2期；鞠春彦：“孙本文社会建设思想评述”，《学习与实践》2008年第8期。

② 在7届中国社会学社中，孙本文曾担任第1—2届正理事(会长)，其后正理事分别由陈达(第3届)、许士廉(第4届)、吴景超(第5届)、吴泽霖(第6届)和柯象峰(第7届)担任，并同时设副理事一名。唯独第7届因考虑战时联系不便，在正理事之外，设两位副理事：陈达和孙本文(见本书第246页)。

联合中国社会学社和国民政府社会部合办了《社会建设》月刊，自任主编，连续多年探讨社会建设问题①，并最终“确立了现代社会建设思想的基本体系”②。

比较而言，尽管都使用了“社会建设”的概念，但孙中山侧重的是政治建设，他将宪政和民主自治视为现代国家社会建设的主要内容；而孙本文虽然认定“社会建设的范围甚广”，但他侧重的却是原本意义上的“社会”的建设。1935年，孙本文写道：“依社会环境的需要与人民的愿望而从事的各种建设，谓之社会建设”③；1936年，他进一步论述道：“我们所谓社会建设，其实质言之，只是谋社会的生存与发展的各种建设的总名。凡可以维持社会的生存，促进社会的发展的，无论其为物质建设、经济建设、政治建设、心理建设、文化建设，均应在社会建设范围之内。我们故不必谓一切建设，都为社会建设。如此广泛的意义，殊不能表明社会建设的真谛。但社会建设的范围，确为最广；物质、经济、政治等建设，确不能完全划出范围之外。要之，社会建设是整个社会的建设，其着眼点在整个的社会，而不在物质、不在经济、不在心理等等，却同时注重物质、经济、心理、政治等等的建设。”④

从1930年代开始一直延续到1940年代末期的社会建设运动，是在现代化或社会变迁和民族复兴的双重变奏下推进的。⑤ 从现

---

① 韩明谟：《中国社会学史》，第73—74页。

② 宣朝庆、王铂辉：“一九四〇年代中国社会建设思想的形成”，《中国社会科学》2009年第6期。

③ 孙本文：《社会学原理》下册，第643页。

④ 孙本文：“关于社会建设的几个基本问题”，《社会学刊》1936年第5卷第1期。

⑤ 参见宣朝庆、王铂辉：“一九四〇年代中国社会建设思想的形成”，《中国社会科学》2009年第6期。

代化或社会变迁的角度说,自1840年西方资本主义进入中国后的近百年间,一方面,在来自外部世界的生存挑战和现代化示范面前,中国被迫踏入现代的门槛,一个有着数千年历史的农业文明向自己十分陌生但却充满生机的工业文明做出让步之后,也开始了向后者的缓慢但越来越迅速的转变;另一方面,在西方的冲击下,传统的农耕文明几近崩溃,社会秩序和社会结构濒临瓦解,贫困问题、人口问题、劳工问题和农村问题日益突出。在这样的背景下,不但当时的民国政府在慈善公益、劳动救济和合作互助方面颁布了一系列的法规,希望将社会建设纳入国家建设的轨道,而且许多知识分子也投身社会变革与社会建设,希望以一己之力,实现“民族自救”或“民族富强”。1930年代晏阳初和梁漱溟领导的“乡村建设运动”,以及孙本文的“社会建设”主张都是这种努力的典型体现。其中,孙本文更是明确提出,中国社会建设的主要动因,就是解决剧烈社会变迁造成的种种社会失调问题。①

除了社会建设的内涵和动因之外,孙本文还充分阐明了社会建设的目的、要素和途径。就社会建设的目的而言,简单地说,就在于充实增进社会生活的内容,使全社会及各个人均得到全面完满的生活,并向上发展。而实现社会建设的四种基本要素是:人才、资源、计划和组织。在这四大要素中,包括行政人才和专业人才在内的人才为第一要素;第二要素“资源”是当时颇为困难的经费来源,1936年前的中国尽管希望初起、百业待兴,但毕竟千疮百孔、民生凋敝,能够用于社会建设的资金是十分有限的;第三要素

① 参见孙本文:“关于社会建设的几个基本问题”,《社会学刊》1936年第5卷第1期。

是详密周到且切实可行的计划，孙本文意识到，“指导社会变迁的手段是进行社会建设，核心是制定有效的社会计划”①；第四要素是组织即实施社会建设计划的机构，用孙本文自己的话来说：“大概人才工作的支配，资源的挹注，计划的推进，以及建设时期一切事项的进行，全依仗组织的完善。”② 最后，孙本文将社会建设的主要途径归为法令、教育和宣导三条，认为由此推进，“那么社会建设的完成，自有相当的把握”。③

1937年后，随着日本帝国主义的入侵，不仅乡村建设运动陷于失败，整个中国社会和中国民众面临的生存危机更是空前紧迫，连曾任孙中山秘书的国民党元老邵元冲在“三十年来中国社会建设之演进”一文中也提出，为了民族的生存发展和国家基础的建立，需要从社会方面做一番切实的建设工作。④ 面对社会变迁尤其是民族生存的双重压力，以孙本文为代表的中国社会学家意识到了用社会学知识改造中国社会，实现救亡图存的重要性，他们积极参与了刚刚建立的民国政府社会部的工作，帮助拟定社会政策，建立社会行政体系，推广社会服务，培养社工人才。⑤ 而随着抗日战争胜利在望，孙本文更是深谋远虑，他意识到了战后恢复中社会建设的重要性，因此将1943年在重庆、昆明和成都三地举行的中国社

① 宣朝庆、王铂辉：“一九四〇年代中国社会建设思想的形成”，《中国社会科学》2009年第6期。

② 孙本文：“关于社会建设的几个基本问题”，《社会学刊》1936年第5卷第1期。

③ 鞠春彦：“孙本文社会建设思想评述”，《学习与实践》2008年第8期。

④ 参见邵元冲：“三十年来中国社会建设之演进”，《东方杂志》1934年第31卷第1号。

⑤ 参见阎明：《一门学科与一个时代：社会学在中国》，清华大学出版社2004年版，第219—225页。

会学社第7届年会的主题定为“战后社会建设问题”，并于次年率中国社会学社与民国政府社会部合办起《社会建设》的刊物，探讨社会行政、儿童福利、劳工救济、国民住宅、社会安全等诸多问题。甚至在国共全面交战的1948年，孙本文还想着“切实研究中国社会建设方案……借供政府参考”①，这既反映了知识分子面对危机时的天真与无奈，也反映了社会学家介入现实时的执拗与不甘。

五、创建一种中国化的社会学体系

社会学是发源于欧美社会的一门社会科学，因此，自社会学在清末进入中国之后，长期以来从事社会学研究的中国学者都面临着如何用西方的知识解释中国社会现实的问题。早在1930—1940年代，中国第一代社会学家在用西方的理论和方法研究中国社会的现实时，就产生了使社会学知识适用于中国社会即使之中国化的具体设想。“当时提出中国化的设想，既是中国沦为半封建半殖民地、且不断接受西方文化后产生的一种独特的社会现象，又是中国知识分子不满足于被动地接受包括社会学和社会心理学知识在内的西方文化、作西方文化传声筒的一种特定的心理状态。”② 在社会学中国化的第一波浪潮中，以吴文藻为代表的社会学“中国学派”和以孙本文为代表的学院社会学“综合学派”都作出了自己的艰苦努力。如果说有什么区别的话，那么可以说“认识国情和改造

① 见本书第298页。

② 周晓虹：“全球化与本土化：社会心理学的现代双翼”，《社会学研究》1994年第5期。

社会，这是社会学‘中国学派’的主旨追求”[①]，而建立符合中国现实的社会学理论体系则是学院社会学家的着力所在。

在学院社会学家的“中国化”努力中，孙本文是一个中流砥柱式的人物。早在1930年2月中国社会学社成立之时，在孙本文的主导下就明确提出：“把建设一种中国化的社会学”作为自己的目标；而孙本文则清楚地意识到：“采用欧美社会学上之方法，根据欧美社会学家精密有效的学理，整理中国固有的社会思想和社会制度，并依据全国社会学实际状况，综合而成有系统有组织的中国化的社会学”，是中国社会学界“今后之急务”。[②] 虽然我们下面将会谈到，这种设想未必能够实现真正意义上的中国化的社会学，但毕竟社会学“中国化”的概念始自孙本文，而“这标志着社会学本土化运动在中国的正式开始”。[③]

孙本文建构中国化的社会学理论体系的努力，突出地表现在他的《社会学原理》(1935/1944)和《社会心理学》(1946)两书中。最早在撰写《社会学原理》一书时，孙本文就力图“引证事实之处，凡可得本国材料，即用本国材料……盖欲使此书成为我国人适用之书”[④]。十多年后，在撰写《社会心理学》一书时，更是集22年教学之大成，“以取材本国历史故事为主，兼及西史与报章时事，并尽量采择重要实验例证”[⑤]，这使得《社会心理学》一书在作者自己看

① 李培林：“20世纪上半叶社会学的‘中国学派’”，《社会科学战线》2008年第12期。

② 孙本文：“中国社会学的过去、现在和将来”，中国社会学社编：《中国人口问题》，世界书局1932年版，第18—19页。

③ 陈新华：“留美生与20世纪二三十年代的中国社会学”，《社会科学研究》2003年第2期。

④ 孙本文：《社会学原理》(修订版上下册)，例言第2页。

⑤ 孙本文：《社会心理学·序》，(台湾)商务印书馆1991年版。

来,“确已做到社会心理学中国化的地步”①。

在这一系列努力之下,1948年,在《当代中国社会学》中,孙本文继续阐发了三年前在“五十年来的中国社会学”(1945)一文中提出的社会学中国化的设想。孙本文将这一设想分为三个部分:第一,建立中国自己的理论社会学,其具体的路径包括:(1)整理中国固有的社会史料;(2)实地研究中国社会的特性;(3)系统编辑社会学基本用书。第二,建立中国自己的应用社会学,其具体的路径包括:(1)详细研究中国社会问题;(2)加紧探讨中国社会事业与社会行政;(3)切实研究中国社会建设方案。第三,训练社会学人才。②

平心而论,尽管孙本文在1949年前的二十多年间,为建立中国化的社会学理论体系作出了自己的努力,他甚至也在《现代中国社会问题》(1942—1943)一书中依据当时中国的社会实际深入讨论了家族、人口、农村和劳资等主要的社会问题,但毋庸讳言,用今天的眼光来看,孙本文乃至20世纪上半叶整个学院派社会学家们“有关‘社会学中国化’的认识是肤浅的,所作的努力也是初步的”③。我们看到,在《当代中国社会学》中,孙本文给出的社会学中国化的基本路径是:“充分收集并整理本国固有的社会资料,再根据欧美社会学家精审的理论创建一种完全中国化的社会学体系。”④ 在这里,显而易见的是,完全中国化的社会学体系 = 欧美社

① 见本书第139页。

② 参见本书第296—299页。

③ 郑杭生、李迎生:“中国早期社会学综合学派的集大成者”,《江苏社会科学》1999年第6期。

④ 见本书第298页。

会学家的理论 + 中国固有的社会资料。这种中国化的努力显然可以归入费孝通后来所批评的“用西洋传来的科学方法和已有的社会学理论去观察与分析中国现实”①的旧模式。

孙本文的社会学中国化设想所存在的问题，并不在对中国现实的忽视，甚至也不在对中国社会特点的忽视。在《当代中国社会学》中，他清醒地告诫社会学界：“除整理历史材料以供研究我国社会的特性外，尚应从多方面对现实社会作详尽精密的调查与研究，藉以彻底了解我国社会的本质。”②孙本文的中国化设想或分析模式存在的主要问题，在于他一开始就等于假设，欧美社会学家的所谓“精审理论”是“放之四海而皆准”的，因此我们可以不假思索地“拿来”解释中国社会的现实。在这里，借用马克思的术语来讨论，“批判的武器”本身是不需要经过“武器的批判”的。

西方理论对中国社会的解释力的问题，自西方社会科学进入中国以后就一直是一个常常引起争议的问题。今天，大多数从事社会科学研究的学者都已经认识到，包括社会学在内的整个现代社会科学都是18—19世纪欧洲社会转型或所谓“现代性”的产儿，这一点决定了社会学及一般社会科学中的基本理论都源于西方的历史经验和西方人对社会结构及人类行为的认识。有鉴于人类社会及人类行为存在不同程度的共性，应该承认这些知识体系也具有不同程度的普适价值。但是，如果我们不假思索地就将这些舶来的观点用于中国社会的解释与分析，不但会出现用西方的理论“裁剪”中国社会的现象，而且也会在有关中国社会的研究中最终

① 费孝通：“中国社会学的成长”，《社会学研究》1984年第7期。

② 见本书第297页。

丧失中国学术的主体性或主体价值。①

为此,从1930年代以来,在有关中国社会科学的中国化或本土化讨论中,就一直有人提出,应该尝试从中国的现实出发,对西方的理论进行改造甚或提出符合中国社会的新理论。远的有社会学家吴文藻,1944年在为"社会学丛刊"作序时,这位社会学"中国学派"的领军人物就写道:"我们的立场是:以试用假设始,以实地证验终。理论符合事实,事实启发理论,必须理论和事实揉和一起,获得一种新综合,而后现实的社会学才能根植于中国土壤之上,又必须有了本此眼光训练出来的独立的科学人才,来进行独立的科学研究,社会学才算彻底的中国化。"② 显然,在这里,对西方理论的立场是"试用",方法是实地"证验",目的是"理论和事实揉合在一起,获得一种新综合"。近的则不胜枚举:自1970年代开始,在台湾就曾掀起过大规模的社会科学本土化讨论,比如,心理学家杨国枢认为心理学研究的中国化包括四个层次:(1)重新验证国外的研究发现;(2)研究国人的重要与特有现象;(3)修改或创立概念与理论;(4)改变旧方法与设计新方法;③社会学家林南积数十年的研究之体会提出,超越西方的"公认"理论去建构新理论的三个步骤是:(1)敏锐感知东方经验世界;(2)对另一种理论图式的思考和研究;(3)对一个理论的理论性、经验性结果进行推导和分析;他

---

① 参见黄宗智:"学术理论与中国近现代史研究——四个陷阱和一个问题",《经验与理论:中国社会、经济与法律的实践历史研究》,中国人民大学出版社2007年版;吕德文:"在中国做海外中国研究",《社会》2007年第6期。

② 吴文藻:"《社会学丛刊》总序",《论社会学中国化》,商务印书馆2010年版,第4页。

③ 参见杨国枢:"心理学研究的中国化:层次与方向",杨国枢、文崇一主编:《社会及行为科学研究的中国化》,中央研究院民族学研究所1982年版。

并且深信，“对这些东方模式的认知，不仅给了我们希望，也给了我们线索去建构或再建构理论”；[①] 而进入21世纪之后，伴随着大规模的全球化，大陆学者也围绕社会科学的中国化以及中国社会科学的主体性展开了更为激烈的讨论，同样形成了诸多颇具建设性的认识和看法。[②] 不过，无论今天有关社会科学中国化的讨论如何深入，也无论今天给出的理论设想如何精进，唯一不能忽视的事实是：我们是从孙本文的设想开始起步的，而这也是我们在这位社会学家一百二十周岁诞辰之日，重新咀嚼孙本文思想的价值所在。

① 林南：“中国研究如何为社会学理论作贡献”，周晓虹主编：《中国社会与中国研究》，社会科学文献出版社2002年版。

② 参见王铭铭：《社会人类学与中国研究》，广西师范大学出版社2005年版；邓正来：《学术与自主：中国社会科学研究》，北京大学出版社2008年版；周晓虹：“中国研究的可能立场与范式重构”，《社会学研究》2010年第2期。